인터페이스 없는
인터페이스

The Best Interface Is No Interface
The Simple Path to Brilliant Technology
by Golden Krishna

인터페이스 없는 인터페이스
사용자 경험을 품은 최소한의 인터페이스 디자인 원칙

초판 1쇄 발행 2018년 1월 19일 2쇄 발행 2018년 5월 19일 지은이 골든 크리슈나 옮긴이 진현정·허유리 펴낸이 한기성 펴낸곳 인사이트 편집 김강석·이지연 디자인 윤영준 제작·관리 박미경 용지 월드페이퍼 출력 소다미디어 인쇄 현문인쇄 후가공 이지앤비 제본 자현제책 등록번호 제10-2313호 등록일자 2002년 2월 19일 주소 서울시 마포구 잔다리로 119 석우빌딩 3층 전화 02-322-5143 팩스 02-3143-5579 블로그 http://blog.insightbook.co.kr 이메일 insight@insightbook.co.kr ISBN 978-89-6626-305-9 책값은 뒤표지에 있습니다. 잘못 만들어진 책은 바꾸어 드립니다. 이 책의 정오표는 http://www.insightbook.co.kr에서 확인하실 수 있습니다. 이 도서의 국립중앙도서관 출판예정도서목록(CIP)은 서지정보유통지원시스템 홈페이지(http://seoji.nl.go.kr)와 국가자료공동목록시스템(http://www.nl.go.kr/kolisnet)에서 이용하실 수 있습니다.(CIP제어번호: CIP2017035321)

UX
insight

인터페이스 없는
인터페이스

골든 크리슈나 지음

진현정 · 허유리 옮김

인사이트
insight

옮긴이의 글

아이폰 3가 국내에 처음 출시되었을 즈음, 사내에서 진행했던 아이디어 회의의 풍경이 떠오릅니다.

당시 애플이 탄생시킨 앱 생태계는 충격 그 자체였습니다. 모두가 그 성공에 무척이나 격앙되어 있었고 열광적으로 반응했습니다. 이후 회의에서 나온 모든 아이디어의 결말은 언제나 새로운 애플리케이션을 만드는 것으로 마무리가 되곤 했었습니다. 이 책의 저자가 언급했던 "앱, 앱 그리고 더 많은 앱..."이라는 제목의 신문기사처럼 말이죠. 수많은 앱에 대한 아이디어가 쏟아졌던 회의실을 나서면서도 석연치 않은 마음에 고개를 갸웃거렸던 기억이 생생합니다.

그로부터 약 8년이 지났습니다.

*The Best Interface is No Interface*라는 제목으로 접한 골든의 글은 8년 전에 가졌던 그 의문에 대한 대답이자 확신을 주기에 충분했습니다. 분명 앱이라는 존재는 이제껏 겪어보지 못했던 새로운 경험을 가져왔지만, 반대로 수많은 가능성을 오직 앱이라는 솔루션으로 욱여넣어(?) 버리는 안타까운 결과를 초래하기도 했습니다. 새로운 경험이긴 하지만 좋은 경험인가에 대해서는 충분히 고민해보지 못한 것도 사실이니까요.

좋은 사용자 경험을 위해 시작한 화면설계인데, 오히려 화면부터 그리고 보는 잘못된 관습에 대한 지적도 깊이 와 닿았습니다. UX라는 개념이 존재하지 않던 시절에도 사용자 경험에 대한 고민 없이 화면이 설계(UI)되지는 않았을 것입니다. 훌륭한 사용자 경험을 위해서는 사용자가 이루고자 하는 목표와 평소 그 일을 처리했던 행동방식에 대한 철저한 고민이 필요하다는 기본원칙을 이렇게 또 한 번 되새겨봅니다.

오늘도 그 어디에선가 더 좋은 사용자 경험을 만들기 위해 고민하고 있을
UI 기획자에게,
사용자를 관찰하며 전략을 도출하고 있을 UX 디자이너에게,
더 멋진 그래픽으로 네모를 완성하고 있을 GUI 디자이너에게,
마지막으로 네모 없이도 더 좋은 세상을 꿈꾸고 있는 모두에게,
응원과 존경의 마음을 전합니다. 고맙습니다.

허유리, pxd 책임연구원

아이폰의 등장으로부터 온갖 애플리케이션이 생겨나고 그로 인한 일상의
변화들에 대한 서술에 매우 공감하며 저자의 글을 마주했다. 한때 혁신으
로 나타난 앱과 스크린이 이제는 일상에 깊이 자리한 지금에 "우리는 사용
자에게 정말 더 나은 경험을 제공하고 있는 것인가?"를 다시금 생각해보
게 한다.

또한, 인터페이스가 없는 것이 최고의 인터페이스라는 저자의 주장은
다양한 사례를 근거로 서술되고 있기 때문에 UX 디자인의 교양서로서의
가치도 충분하며, 숙련자나 업계의 전문가에게는 매몰되어 있었던 스크
린 기반의 디자인 사고에서 벗어나 다시 한번 우리의 일을 제대로 해낼 수
있는 환기점이 되어 줄 것이다.

진정으로 사용자를 위하는 것이 무엇인지를 고민하는 UX 디자이너라
면 이 책의 많은 부분에 동의하리라 생각한다. 사용자 경험 디자인에 대한
기본적인 원칙들을 점검해 볼 수 있는 계기가 될 것이다.

진현정, pxd 책임연구원

추천의 글
엘리스 햄버거(Ellis Hamburger)

전화벨은 왜 울려야 하는가?

처음 전화기가 발명되었을 당시, 벨소리는 사람들의 이목을 집중시켜 중요한 메시지가 도착했음을 알려주는 역할을 하였다. 긴급한 상황을 알리는 경보음처럼 전기적으로 트드득하거나 콰르르하는 날카로운 소리가 났다. 사람들은 이런 상황을 무척 좋아했다. 마치 옛 여행자들이 비행기 탄 것을 자랑하거나 상황에 맞춰 옷을 제대로 갖춰 입었던 것처럼, 당시 전화기를 사용했던 사람들은 즉석에서 전화를 받을 수 있다는 사실에 행복해 했다. 설사 전화를 받으려고 화장실에서 튀어나오거나 반쯤 걸친 속옷바람으로 엉거주춤 나오게 되더라도 말이다.

그러나 오늘날, 전화벨 소리는 그저 성가신 존재일 뿐이다. 왜 사람들은 내가 하는 일을 방해하는 전화를 하기 전에 지금 전화가 가능한지 문자로 먼저 볼 수 있게 하지 못할까? 심지어 어떤 사람은 이런 말을 하기도 한다. "도대체 왜 전화 한 거야?" 오늘날 우리는 스크린 등이 범람하는 시대에 살고 있다. 그 어느 때보다 사용자들은 스스로 의도하지 않은 인터랙션을 하는 데 좀 더 적은 시간을 보내고 있는 것이다. 전화벨은 더 이상 예전만큼 유용하게 느껴지지 않는다. 오히려 대부분의 상황에서 방해가 된다는 생각에, 요즘 출시되는 인기 있는 커뮤니케이션 앱들 중 어떤 것은 알림음을 완전히 삭제하기도 한다.

내가 더 버지(The Verge)[1]에서 리포터로 일하던 시절, 스냅챗(Snap-chat)[2]의 CEO인 에반 스피겔(Evan Spiegle)을 인터뷰한 적이 있었다. 그 당시는 비디오 챗(Video Chat)과 텍스트 전송 기능을 가지고 있는 스냅챗의 서비스가 런칭되기 전이었다. 에반이 했던 말 중에 나를 완전히 사로잡았던 대목이 있었는데, "앞으로 100년간 컴퓨팅에서의 가장 큰 제약사항은 메타포에 대한 아이디어일 것이다"라는 내용이었다. 그는 "스냅챗의 경우, '나는 당신과 대화하고 싶어요'라는 메타포를 잘 이해한 서비스다. 즉, 상대방이 보고 싶고, 보게 되기를 기대하는 마음이 이 서비스에 담겨 있다. 스냅챗은 이러한 맥락을 이해함으로써, 더 넓은 시각으로 세상을 바라보며 더욱 발전하는 서비스가 될 것"이라고 했다. 기존 페이스타임(Face time)이나 스카이프(Skype)에서 친구들과 비디오 채팅을 하려면 상대의 동의를 구해야 했던 반면, 스냅챗은 두 사용자가 함께 대화창 안에 들어와 있어야 비디오 채팅을 시작할 수 있도록 강제한다.

그렇기 때문에 사전에 대화 환경을 만들어야 하는 페이스타임과 달리, 스냅챗은 간단하게 대화를 시작할 수 있다. 상대방이 로그인하여 같은 대화창에 있다면 바로 비디오챗을 시작할 수도 있다. '나랑 대화할래요?'라는 텍스트가 벨소리를 완전히 대체해버리는 것이다.

만약 스냅챗이 단지 순간적으로 사라지는 메시지에만 초점을 맞췄다고 생각한다면 에반이 고민했던 거대한 그림 중의 일부만 보고 있는 것과 마찬가지다. 그는 우리가 실제 일상생활에서 대화하는 방식 그대로를 어떻게 디지털로 옮겨올 것인가에 대해 고민하고 있다. 메시지가 순간적으로 사라지는 방식은 고민의 과정 중에 나타난 작은 발견이었다.

여기서의 핵심은 벨소리를 텍스트로 대체했다거나 상대방이 확인한 사진을 자동으로 사라지게 만들었다는 점이 아니다. 중요한 것은 사용자들이 어떻게 커뮤니케이션 도구를 사용하는지, 실제 삶에서는 어떻게 행동하고 있으며, 어떻게 정보의 조각들을 받아들이는지를 이해하는 것이다. 따라서 이 스냅챗의 사례는 인터페이스를 어떻게 바꾸거나 수정할지를 고민할 게 아니라, 가능하다면, 아예 기능 자체의 삭제를 고려해볼 수도 있다는 걸 잘 설명해주고 있다.

사람들은 도구를 사용할 때, 최소한의 노력으로 최대한 생산적이고 실용적인 결과를 얻을 수 있는 방법을 선택한다. TV 채널을 변경해야 하는 상황이라면 간편하게 리모컨의 버튼만 누르면 된다. 왜 채널 변경에 스와이프(swipe) 기능을 사용한다고 손을 흔들어대야 하는가? 아니, 차라리 보고 싶은 채널의 이름을 말로 하면 되는데 왜 굳이 버튼을 눌러야 할까? 더 나아가 사용자가 매주 일요일마다 베어스(Bears) 팀의 경기[3]를 시청했다면, 그 채널을 자동으로 틀어주면 될 텐데 굳이 채널 이름을 외칠 필요가 있을까?

나는 우리가 매일 수행하는 업무나 일상적으로 나누는 대화, 그리고 아주 사소한 잔심부름까지도 그 본질을 파고들면 다음 세대를 위한 혁신적인 도구를 만들어낼 수 있을 것이라 믿는다. 여기서 핵심은 그동안 배웠던 인터페이스는 잊어버리고, 최신 트렌드인 단명성(ephemerality) 같은 것 대신에 우리의 직관을 따라가는 것이다.

개인적으로는 조너선 아이브(Jonathan Ive)의 말이 대부분 진부하고 모호하고 추상적으로 느껴질 때가 많았지만, 최근 베너티 페어(Vanity Fair)[4]와의 인터뷰는 나에게 울림이 매우 컸다. 그는 "사람들이 무언가를 사용하면서 어려움을 겪는 경우, 그것을 문제로 인지하는 것은 자연스러운 인간의 본성 중 하나다"라고 했다. 그가 80년대 중반, 컴퓨터에 처음 좌절했던 경험을 예로 들면서 했던 말이다.

조너선은 그 이후로도 계속해서 사용자들의 변화하는 니즈를 고민하고 적용해나가면서 그만의 업적을 세상에 남겼다. 또한 이 과정에서, 비록 과거의 문제를 해결했던, 검증된 솔루션일지라도 향후 생겨나는 문제들까지 항상 해결하는 것은 아니라는 사실도 인정하게 되었다. 사실 이전까지 애플(Apple)은 새로운 제품의 아이디어가 나오면 거리낌 없이 아이팟(iPod)의 클릭 휠처럼 증명된 솔루션을 일단 적용하는 모습을 보여왔다.

요즈음처럼 인터페이스에 대한 관심과 열정이 뜨거운 때 딴죽을 건다는 것은 자칫 민감한 일이 될 수도 있다. 내가 처음 골든 크리슈나의 생각을 접했던 곳은 한 강연장이었는데 무려 1,500명이 넘는 관중들 앞에서 그가 생애 첫 발표를 하던 자리였다. 내가 이 이야기를 더 버지에 올리자, 오히려 대중들은 구글과 같은 대기업의 강연보다 더 많은 관심을 가져주었다. 왜냐하면, 사람들은 낡고 다른 것을 본뜨지 않은 새로운 아이디어에 목말라하는 본성을 갖고 있다. 그 해결책이 비록 소소하고 외견상으로 대단하지 않더라도 더 나은 해결책에 대한 희망에 몰두한다.

띠링, 띠링.

엘리스 햄버거는 2012년부터 2015년까지 기술 뉴스와 문화 정보를 다루는 웹사이트인 더 버지의 기자였다. 그는 현재 스냅챗 마케팅 부에서 일하고 있다.

감사의 글

가족
Meghan Gordon
Gopal TK Krishna
Rajakumari Krishna
Alvin Krishna
Dean Krishna
Reena Krishna
Veer Krishna
Asha Krishna

평론해 주신 분들
Doug LeMoine
Bob Lindstrom
Nate Clinton
Nancy Peterson
Megan Lynch
Darren Meiss
Susie Pitzen
Jakub Linowski
Timo Arnall

강연을 도와주신 분들
Alan Cooper
Sue Cooper
Teresa Brazen
Jeff Bruss
Tim Kadlec
Meghan Sitar
Patrick McCabe
Morgan Curran
Martin Thörnkvist
Lovisa Wachtmeister
Руслан Карболсунов
Толибова Камилла
Татьяна Назарова
Григорий Коченов
Александр Богданов
Maxime Ruel
Maxine Sherrin
John Allsopp
Eric Thomas
David Allen Ibsen
Kevin Farnham
Katie Del Angel
Jeff Cram

도움 주신 분들
Manolo Almagro
Paul Amsbary
Marc Apon
Anmol Bahl
Thomas Barrett
Justin Basini
Jakop Berg
Amanda Bergknut
Samuel Bowden
Andreas Brændhaugen
Justin Brodeur
Harvey Brofman
Fredrik Broman
Ganesh Burle
Amber Case
Shannon Carmody
Filipe Catraia
Jackie Chang
Paul Chavez
Amit Chopra
Fionn Corcoran-Tadd
Vanessa D'Aleman
Glen Davis
Rodrigo Del Castillo
John Dial
Sherry Ding
Kasper Duhn
Peter Duyan
Sharif Ezzat
William Felker
Gustavo Ferreira
Andy Field
Tom Fletcher
Jerry Gabra
Radu Gidei
Thomas Grah
Theo Green
Ammon Haggerty
Charles Hall
Holger Hampf
Lars Holst-Lyberg
Francisco Jaimes
Tom Jay
James Jefferson

Elias Jones
Phil Jones
Jeffrey S. Jones
Ruslan Karbolsunov
Michael Kattenbeld
Patrick Keenan
Stefanie Kegel
April Kincheloe
Darren Klynsmith
Andrea Koenemann
Jon Kohrs
Prashanth Krish
Sathish Krishnan
Paul Kurchina
Katrina Lee
Erik Levitch
Jason Levy
Kate Lindeen
David Linssen
Rodny Lobos
Andrew Lunde
May Tia Ly
Alessio Macrì
Patrick McCabe
Joe Minkiewicz
Marc Minor
Andy Morris
Sjoerd Mulder
Sanjay Nayak
Cassini Nazir
Greg O'Hanlon
Roger Dean Olden
Leighton Ong
Julian Ozen
Joe Pacal
William Pate
Janne Pajulahti
Michael Pataki
Marina Pavlovic Rivas
Nicholette Piecuch
Alec Pollak
Jean-Francois Poulin
Anita Qiao
Alison Ray
Suzie Ripperton

Joel Rosado
Philipp Saile
Bryan Sieber
Baard Slaattelid
Chad Smith
Daniel Spagnolo
Mike Standish
Grayson Stebbins
Marta Strickland
Gabriel Svennerberg
Jean Tashima
Nancy Thompson
Mathew Tizard
Shaun Tollerton
Yusuf Ziya Uzun
Pau Valiente
Erik van der Meer
Job van der Zwan
Emma van Niekerk
Alex van Tienhoven
Torben Vejen
Rob Verrilli
Pavel Vilenkin
Ben Virdee-Chapman
Nina (Zhuxiaona) Wei Lea Westort
Kiera Westphal
Lisa Wills
Alexandra Woolsey-Puffer
Oleg Yusupov
Honey Mae

관심을 가져주신 분들
Rex Hammock
Candra Provenzano
Garrett Heath
Jesus Gil Hernandez
Matt McInerney
Nick Fogle
Kontra
Valle Hansen
Brian Lemond

차례

들어가며

문제점

도전

결론

들어가며

1장 서문
여러분은 왜 이 책을 샀는가?

어떤 이유로 이 책을 구매했는지는 모르겠지만...

지금은 그야말로 출판시장이 죽었다고들 이야기하는 21세기다. 기술 분야의 책을 즐겨 읽는 사람들이라면 아마 이 사실을 더 잘 알고 있을 것이다. 두고두고 팔릴 만한 명작 소설이라면 또 모를까. 이 책은 그저 인터페이스에 대한 기술 이론서다. 혹시 이론서라는 말에 벌써부터 지루해 하거나 후회하는 독자가 있을지도 모르겠다.

어쩌면 인터페이스라는 용어 자체가 지난 10년 동안 가장 많이 읽힌 디자인 에세이 중 하나에서 나온 것이라 이 책을 선택했는지도 모르겠다. 혹은 사우스 바이 사우스웨스트(South by Southwest, SXSW)¹에서 내 키노트를 들었을 수도 있겠다. (누군가는 올해의 발표 중 최고였다고 평가했다.) 그것도 아니라면 인터넷에 올려진 아래의 댓글을 발견하지 못했거나.

▉▉ 이 사람 완전히 괴짜네.

이 댓글은 실제로 인터넷에 올라와 있던 글이었는데, 나를 꽤 제대로 본 느낌이다. 나는 이 책을 통해 물방울무늬를 좋아하는 내 개인적인 취향을 이야기하듯이, 훌륭한 인터페이스에 대해서 이러저러한 내용으로 떠들어 보려고 한다. 사실 엄밀히 말하면 나는 인터페이스라는 용어 자체도 정확하게 사용하고 있지 않다.

보통 우리가 쓰는 인터페이스라는 단어는 사전적 정의(문에 있는 손잡이처럼 다른 무언가와 상호작용하는 매개)에서 시작하여, 컴퓨터 화면의 버튼과 아이콘 같은 요소들을 아우르는 GUI(Graphical User Interface, 그래픽 사용자 인터페이스)를 뜻하는 것으로 그 의미가 점점 좁혀져 왔다.

문자 그대로 해석하는 직역 애호가나 사전 편찬자에게 미리 양해를 구하며, 이 책에서는 GUI를 곧 인터페이스라는 단어로 대신하려고 한다. 줄여 쓰는 요즘 추세를 받아들일 필요도 있는 것 같다.

몇 해 전, 저명한 MIT 테크놀로지 리뷰(MIT Technology Review)에 "신문의 두 가지 인터페이스"[2]라는 제목의 기사가 실린 적이 있다. 이 기사는 일반적인 신문에 대한 내용이 아니라 신문사 웹사이트의 인터페이스에 대한 것이었다.

100년이 넘는 역사를 가진 크리스천 사이언스 모니터(Christian Science Monitor)[3]에서도 "넷플릭스(Netflix) 업데이트 발표, 똑똑해진 스마트 TV 인터페이스"[4]라는 제목의 기사를 실은 적이 있다. 이 또한 물리적인 리모컨에 대한 내용이 아니라 소프트웨어 업데이트에 따른 새로운 인터페이스에 대한 내용을 다뤘다.

"애플 TV: 단순해진 인터페이스, iCloud를 통해 더 쉬워진 미디어 접근"[5]이라는 워싱턴 포스트(Washington Post) 기사 또한, 하드웨어 인터페이스가 아닌 새로운 인터페이스를 포함하고 있었다.

주택용품 업체인 로우스(Lowe's)[6]가 최신형 문손잡이를 광고한다고 해서 여러분은 '인터페이스의 혁신'이라고 생각하지 않는다. 우리가 인터페이스라는 단어를 그렇게 쓰지 않기 때문이다.

이 정도면 인터페이스의 의미론적 설명은 충분한 것 같다. 지금 여러분이 보고 있는 이 책은 아이디어에 대한 이야기이자, 즉각적인 실천을 요구하는 메시지라고 할 수 있다. 지난 50년 동안 이루어진 가장 위대한 발명 중 하나가 우리를 점점 끔찍한 길로 이끌고 있기 때문이다.

인터넷에는 이런 독자 댓글도 있었다.

■ 제목*이 다 말해주네요.

이 책에서 다룰 내용은 내가 처음으로 밝혀낸 것이 아니다. 여러분도 곧 알게 되겠지만 마크 와이저(Mark Weiser)나 앨런 쿠퍼(Alan Cooper), 돈

* 원서의 제목은 The Best Interface is No Interface: The Simple Path to Brilliant Technology(훌륭한 인터페이스는 보이지 않는다: 눈부신 기술에 이르는 단순하지만 멋진 방법)이다.

노먼(Don Norman)과 같은 전문가들은 나보다 앞서 이미 오래전부터 그 조짐을 느꼈을 것이다.

나는 이제부터 인터페이스에 대한 비극적이고도 광적인 애착을 이야기하려고 한다. 세상은 인터페이스를 향해 무조건적인 찬사를 보내고 있지만, 오히려 그 과도한 열정이 제대로 타오르려는 불씨를 막아서고 있는 듯하다. 디지털 인터페이스에 대한 애착은 이제 정도를 넘어서고 있다. 그 집착이 오히려 미래의 혁신을 망치고 있음을 알아야 할 것이다.

2장 스크린에 기반한 사고
애플리케이션을 만들자

어디선가, 어느 특별한 순간에, 우리는 사랑에 빠진다.

언제부터였는지는 정확히 알 수 없지만 세상 모든 관계가 그렇듯, 애플리케이션(application)에 대한 우리의 사랑도 눈깜짝할 사이에 이루어진 것 같다. 애플리케이션(이하 앱)이 없던 과거가 잘 기억나지 않을 정도로, 지금은 한치의 의심도 없이 열정적으로 사랑하게 되었다. 멋지고 세련되며 아름답기까지 한 인터페이스를 가진 앱을 말이다.

"아이폰(iPhone)이 대단한 이유는 스키를 타러 가기 전에 산 정상의 눈 상태를 알고 싶은 경우, 그럴 때 사용할 수 있는 **당신을 위한 앱이 존재한다**는 거죠."[1] 이 달콤한 속삭임은 지금으로부터 한참 전인 2009년 즈음 시작되었다.

여기서 국제 스키&스노보드 소매협회가 같은 시기에 발표했던 '미국인 중 겨우 2.6%가 1년에 고작 8일 정도만 스키를 즐긴다'는 통계[2]는 잠시 잊기로 하자. 중요한 것은 아이폰에는 그럴 때 사용할 수 있는 앱이 존재한다는 것이다.[3] 아이폰은 마치 바다 요정 사이렌(Siren)의 노랫소리처럼 한 번 들으면 빠져나올 수 없는 존재가 되어버린 것 같다. 사람들이 그렇게 사랑에 빠지는 이유가 뭐냐고? 글쎄... 그걸 설명할 수 있을까?

애플의 광고가 계속될수록 우리는 점점 더 빠져든다. "당신의 차가 주차된 정확한 위치를 알고 싶다면..."

나를 재촉하지 않아도 이 단락이 어떻게 마무리될지 다들 알 것이다. 애플만의 트레이드마크라고 할 수 있는 다음 6개의 어절이 의도치 않게 우리의 기술적 창의성을 가두어버렸다.

There's an app for that™(여기 당신을 위한 앱이 있습니다).

전세계의 약 7억 8천만 명 정도가 깨끗한 물을 마시지 못하고 있으며[4], 그

부유하다는 미국에서조차 50만 명 이상의 사람들이 노숙자로 살고 있다[5]는 현실적인 통계는 미안하지만 잠시 잊어버려라.

우리는 이러한 사회적 이슈들을 겪으며 기술을 발전시켜 왔다. 이는 기술적으로 끊임없이 혁신하고 실패하는 과정을 통해, 더 나은 일상을 만들어온 경험이 있었기 때문이었다. 그리고 그 결과, 우리는 세상이 정말로 필요로 했던 그것, 즉 '앱'을 수도 없이 만들어냈다.

그러나 유감스럽게도 스마트폰, 스마트워치, 태블릿 등에서 눈에 띄지 않고 조용히 돌아가는 이상적인 앱은 찾아보기 힘들다(이 책의 후반부에서 더 자세히 다룰 예정이다). 대신 피상적인 앱들이 스와이프(swipe)나 핀치(pinch) 등의 기능을 내세워, 마치 그것만이 세상이 원하는 전부인 양 쏟아지고 있을 뿐이다.

사랑은 언제나 오래 참고 사랑은 언제나 온유하며
사랑은 앱 다운로드를 위해 기꺼이 99센트를 지불하네.

요즈음의 기사나 칼럼, 또는 대부분의 섹션은 최신 앱들에 대해 놀랄 만큼 헌신적인 분위기이다. 기사를 작성하는 리포터들은 그들이 얼마나 유행에 민감한지(그렇다. 우리도 앱에 대해서라면 잘 알고 있다.) 드러내고 싶어하는 데다가 마치 옥시토신처럼 느껴지는 터치스크린에 거의 도취되어 있다.[6]

앱 그 자체로는 그것이 어디서나 누구에게나 가치를 제공한다고 보장할 수는 없다. (쉿! 우리가 아끼는 만큼 앱에 대한 예의는 지켜주도록 하자.) 앱의 탄생은 경이롭고 기적적인 복음에 비유되곤 한다. 누군가가 실제로 동작하는 개발 코드를 입력하여, 애플이나 구글의 앱 스토어에 올린다는 사실은 마치 어둠 속에서 광명을 찾은 것과 같은 엄청난 축복이다.

뉴욕타임스(New York Times)는 '금주의 앱'을 선정하면서, '특별한 스마트 앱'이라는 연재[7] 칼럼에서 '날씨를 알려주는 앱'[8]이라는 제목의 글을 실었다. '날씨를 앱으로 확인할 수 있다'니… '잘 작동한다'?! 앱에 대한 사랑이 정말 충만하던 시기였군. 경제 위기가 닥쳤던 시기에 뉴욕타임스는 블룸버그(Bloomberg) 앱이 '기본적인 주식시장 데이터'를 제공한다는 이

유를 들어 '금주의 앱'[9]으로 선정했다. 뭐라고? 참 대단하지 않은가.

아마 앱에 대한 사랑은 여러분도 마찬가지일 것이다. 분위기를 잡고 한 잔 가득 샤블리 포도주를 따르며 노라 존스(Norah Jones)의 노래를 틀어놓고 펼쳐든 USA 투데이(Today)에서 '인생을 변화시킬 5개의 새로운 앱'[10]이라는 기사를 읽는다. 아마 "내 인생을 바꿔줄 앱, 앱, 그리고 더 많은 앱..."이라고 쓰인 첫 번째 줄부터 마음이 녹아내릴 것이다.

혹은 "아, 그냥 CNN이나 보면서 앱에 대한 집착을 버려야겠다"라고 할 수도 있겠다. 하지만 다시 생각해보길 바란다. 여기 실제 CNN의 헤드라인들을 소개한다.[11]

눈더미에 갇혔나요?
여기 당신을 위한 앱이 있습니다.[12]

울적한가요?
여기 당신을 위한 앱이 있습니다.[13]

위험지역에서 좀 더 안전한 곳을 찾고 있습니까?
여기 당신을 위한 앱이 있습니다.[14]

원격 섹스를 하고 싶다면?
여기 당신을 위한 앱이 있습니다.[15]

화장실 휴지가 떨어졌나요?
여기 당신을 위한 앱이 있습니다.[16]

기도가 필요한가요?
여기 당신을 위한 앱이 있습니다.[17]

일급비밀정보를 전달해야 한다면?
여기 당신을 위한 앱이 있습니다.[18]

호텔이나 비행기에서 맞춤 서비스가 필요하세요?
여기 당신을 위한 앱이 있습니다.[19]

갑자기 건강에 대한 관심이 생겼나요?
여기 당신을 위한 앱이 있습니다.[20]

이동 중에 예배를 드려야 한다면?
여기 당신을 위한 앱이 있습니다.[21]

당신의 매력지수를 확인하고 싶다면?
여기 당신을 위한 앱이 있습니다.[22]

고래 보호 운동에 참여하고 싶다면?
여기 당신을 위한 앱이 있습니다.[23]

누가 죽었나요?
여기 당신을 위한 앱이 있습니다.[24]

체포되었을 땐?
여기 당신을 위한 앱이 있습니다.[25]

어디 아픈 데가 있나요?
여기 당신을 위한 앱이 있습니다.[26]

새해 전야라면?
여기 당신을 위한 앱이 있습니다.[27]

가수 '스팅(Sting)'의 이력이 궁금하다면?
여기 당신을 위한 앱이 있습니다.[28]

위치 추적이 필요한가요?
여기 당신을 위한 앱이 있습니다.[29]

성직자가 되고 싶다면?
여기 당신을 위한 앱이 있습니다.[30]

잠들기 어려울 땐?
여기 당신을 위한 앱이 있습니다.[31]

결혼 계획이 있으신가요?
여기 당신을 위한 앱이 있습니다.[32]

유월절이 궁금하세요?
여기 당신을 위한 앱이 있습니다.[33]

심장마비에 대처하려면?
여기 당신을 위한 앱이 있습니다.[34]

대학에 가려면?
여기 당신을 위한 앱이 있습니다.[35]

출산을 앞두고 있나요?
여기 당신을 위한 앱이 있습니다.[36]

주택 보안에 대해 궁금하다면?
여기 당신을 위한 앱이 있습니다.[37]

돈을 절약하고 싶으신가요?
여기 당신을 위한 앱이 있습니다.[38]

월드컵이 궁금할 땐?
여기 당신을 위한 앱이 있습니다.[39]

저녁 식사를 준비하려면?
여기 당신을 위한 앱이 있습니다.[40]

브리트니 스피어스(Britney Spears)에 대해 알고 싶으세요?
여기 당신을 위한 앱이 있습니다.[41]

화장실 휴지가 떨어졌든, 위치 추적을 시도했든, 혹은 누군가 생을 마감했을지라도, "여기 당신을 위한 앱이 있습니다.[TM]"

구글 트렌드(Google Trend)[42]에 따르면 저스틴 비버(Justin Bieber), 원디렉션(One Direction), 하느님(God) 모두 '앱(app)'만큼 많이 검색된 적은 없었다고 한다.

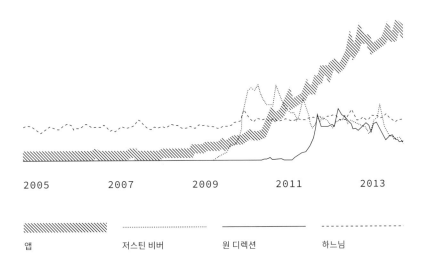

앱   저스틴 비버   원 디렉션   하느님

대부분의 주요 자동차 회사가 스마트폰 앱을 만들어왔다는 사실은 별로 놀랍지 않다. 누군들 앱의 매력에 빠지지 않을 수 있을까? 120여 년 동안 항상 똑같은 네 바퀴가 달린 무언가를 만들어왔으니[43] 새로운 시도를 할 만도 하다. 어떤 앱들은 자동차의 문을 열 수 있다는 기능을 내세워 언론에 발표되거나 블로그에 올라오기도 했다.

"BMW 앱만 있으면 자동차 문을 열거나 에어컨을 켤 수 있어요.
더 많은 걸 할 수도 있죠."

이 말은 "더 좋은 자동차 열쇠를 만들려면 어떻게 해야 하지?"라는 질문을 던지게 한다.

대부분의 자동차 문열림 앱은 비슷하게 작동한다. 제대로 된 설명을 위해 최신 모바일 OS가 적용된 아이폰에서 BMW 앱이 실제로 어떻게 사용되는지 살펴보기로 하자. 애플은 이것을 "세계에서 가장 진보된 형태를 갖춘 모바일 OS"라고 설명하고 있다.

1. 자동차가 있는 곳으로 걸어간다.

주차된 차의 운전석으로 다가간다.
자동차 문을 열고 싶다.

2. 스마트폰을 꺼낸다.

나는 자동차 문을 열고 싶다. 주머니에 손을
넣어 아주 조심스럽게 스마트폰을 꺼낸다. 얇
디 얇은 금속과 유리로 이루어진 내 소중한 스
마트폰을 주차장 시멘트 바닥에 절대 떨어뜨
리고 싶지 않기 때문이다.

 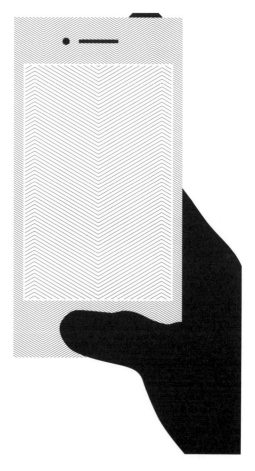

3. 스마트폰을 켠다.

나는 자동차 문을 열고 싶다. 거의 무의식적
으로 스마트폰을 응시한 채, 다시 제대로 잡고
메인 버튼을 눌러서 스마트폰을 켠다.

4. 스마트폰 잠금을 해제한다.

나는 자동차 문을 열고 싶다. 스마트폰을 응시
한 채, 하단의 원형 홈버튼을 눌러서 지문인식
으로 잠금을 해제한다.

5. 마지막으로 실행했던 앱을 종료한다.

나는 자동차 문을 열고 싶다. 스마트폰의 잠금을 풀자 마지막으로 사용했던 앱 화면이 보인다. 다시 홈버튼을 눌러 앱을 빠져나온다. (트윗을 보느라 정신이 팔리면 안 되는데... 혹시 영국 왕세손 조지 왕자의 최근 모습을 보신 분이 있을지... 어찌나 폭풍성장을 하고 있는지 놀라울 따름이다. 잠깐, 내가 무슨 소리를 하고 있지?)

6. 방금 종료한 앱이 속해 있던 폴더를 빠져나온다.

나는 자동차 문을 열고 싶다. 마지막으로 실행했던 앱이 폴더 안에 들어있었기 때문에 다시 홈버튼을 눌러서 폴더를 빠져나와야 한다.

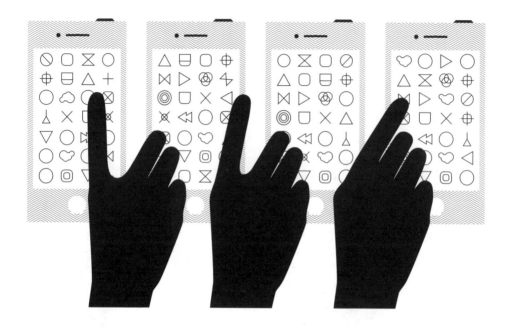

7. 엄청나게 많은 아이콘 중 자동차 앱을 찾는다.

나는 자동차 문을 열고 싶다. 홈 스크린의 왼
쪽, 오른쪽 화면을 넘겨가며 엄청나게 많은 수
의 앱을 일일이 살펴본다. 앱의 아이콘과 그
밑에 엄청나게 작은 글씨로 표시된 이름을 보
면서 겨우겨우 앱을 찾는다.

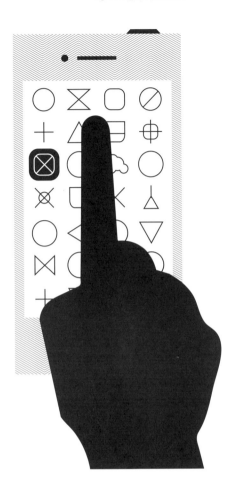

8. 아이콘을 선택하여 앱을 실행한다.

나는 자동차 문을 열고 싶다. 아이콘을 눌러
자동차 앱을 실행한다.

9. 앱 로딩을 기다린 뒤, 문열림 버튼이 화면 어디에 있는지 찾아본다.

나는 자동차 문을 열고 싶다. 아름다운 미국 북부의 지도가 보인다.

10. 메뉴의 기능을 추측해보면서 제어 버튼을 선택한다.

나는 자동차 문을 열고 싶다. 선택할 수 있는 버튼이 너무 많다. 어서 문열림 버튼이 나타나길 바라면서 앱 하단에 있는 제어(control) 버튼을 누른다.

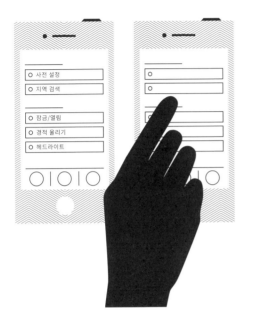

11. 문열림 버튼을 선택한다.

나는 정말 자동차 문을 열고 싶다. 선택할 수 있는 버튼이 몇 개 더 보인다. 버튼 리스트의 가장 상단에 잠금/열림 버튼이 있다. 그 버튼을 선택한다.

12. 슬라이더를 밀어서 잠금 장치를 해제한다.

아, 나는 정말 자동차 문을 열고 싶다. 왼쪽은 잠금, 오른쪽은 열림인 양방향 슬라이더가 뜬다. 문을 열기 위해 오른쪽으로 슬라이더를 민다.

13. 차 손잡이를 당겨 문을 연다.

앱 화면에 "데이터가 성공적으로 전송되었습
니다"라는 문구가 뜬다. 이게 도대체 무슨 소
리인가 싶었지만 어쨌든 문이 열렸으니 됐
다... 아, 모든 걸 얻은 기분이다! 가슴이 벅차
서 말이 안 나올 지경이다...[44] 이제 문이 열렸
다. 나는 자동차 문을 열 수 있다!

잠깐, 13단계나 필요하다고? 이게 대체 무슨 일이지? 나는 그냥 차로 걸어가서 문을 열어야겠다고 생각한 것밖에는 없는데? (이렇게 복잡할 리가 없는데...)

1. 자동차가 있는 곳으로 걸어간다. ——————————————————— **나**

2. 스마트폰을 꺼낸다.

3. 스마트폰을 켠다.

4. 스마트폰 잠금을 해제한다.

5. 마지막으로 실행했던 앱을 종료한다.

6. 방금 종료한 앱이 속해 있던 폴더를 빠져나온다.

7. 엄청나게 많은 아이콘 중에 자동차 앱을 찾는다.

8. 아이콘을 선택하여 앱을 실행한다.

9. 앱 로딩을 기다린 뒤, 문열림 버튼이 화면 어디에 있는지 찾아본다.

10. 메뉴의 기능을 추측해보면서 제어 버튼을 선택한다.

11. 문열림 버튼을 선택한다.

12. 슬라이더를 밀어서 잠금 장치를 해제한다.

13. 차 손잡이를 당겨 문을 연다. ——————————————— **나의 목표**

1과 13단계를 제외한 나머지는 내가 앱의 인터페이스로 처리해야 했던 단계들이다.

1. 자동차가 있는 곳으로 걸어간다.

2. 스마트폰을 꺼낸다. ——————————————————————————

3. 스마트폰을 켠다.

4. 스마트폰 잠금을 해제한다.

5. 마지막으로 실행했던 앱을 종료한다.

6. 방금 종료한 앱이 속해 있던 폴더를 빠져나온다.

7. 엄청나게 많은 아이콘 중에 자동차 앱을 찾는다.   디지털 인터페이스

8. 아이콘을 선택하여 앱을 실행한다.

9. 앱 로딩을 기다린 뒤, 문열림 버튼이 화면 어디에 있는지 찾아본다.

10. 메뉴의 기능을 추측해보면서 제어 버튼을 선택한다.

11. 문열림 버튼을 선택한다.

12. 슬라이더를 밀어서 잠금 장치를 해제한다. ————————————

13. 차 손잡이를 당겨 문을 연다.

나는 목표가 있었고, 그것을 달성하기 위해 스크린을 사용해야 했다. 고맙게도 이 앱 덕분에 단지 자동차 문을 열기 위해 12개가 족히 넘는 단계를 수행했다.

인터페이스에 대한 애착이 이렇게 뒷통수를 때릴 줄이야... 과연 이 앱이 자동차 열쇠보다 낫다고 할 수 있을까? 냉정하게 다시 생각해보자. 이건 정말 아닌 것 같다.

그래. 미련을 버리는 게 쉽지는 않아.

"훌륭한 인터페이스는 보이지 않는다"의 첫 번째 원칙은 모든 것을 스크린을 통해서 해결하려는 것을 피하고 사용자가 경험하는 일반적인 과정과 행위를 고려하라는 것이다. 에드워드 터프티(Edward Tufte)는 사용자가 복잡하고 혼란스러운 상황을 흔히 겪게 되는 것은 정보 자체의 문제가 아니라, 잘못된 디자인 때문이라고 설명했다.[45]

만약 이 단계에서 불필요한 인터페이스를 걷어낸다면 아래의 두 단계만 남게 된다.

1. **운전자가 자신의 차에 다가간다.**
2. **운전자가 자동차 문을 연다.**

이 두 단계 외에는 전부 불필요해 보인다. 말도 안 된다고? 이 13단계짜리 앱이 나오기 전, 즉 모든 문제가 스크린으로 해결되리라고 여겨지기 전인 약 10년 전 즈음에 이미 지멘스(Siemens)는 이 문제를 해결했다.[46] 최초로 메르세데스 벤츠(Mercedes-Benz)에 적용된 이 솔루션을 살펴보자. 운전자가 물리적인 자동차 손잡이를 잡으면 자동차는 저주파 무선 신호를 보내서 자동차 열쇠가 근접한 위치(운전자의 옷 주머니 혹은 지갑 등)에 있는지 확인한 뒤, 별도의 행동을 요구하지 않고도 즉시 잠겨있던 차 문을 열어준다.

이쯤 되면 더 나은 자동차 열쇠를 만들었다고 할 수 있지 않을까? 누군가는 "이봐요, 자동차 열쇠를 차 안에 두고 잠가버리면 어떻게 할 건데요? 그럴 때 앱이 필요한 거잖아요"라고 할 수도 있을 것이다. 감정에 휩쓸리지 말고 냉정하게 생각해보자. 자동차는 열쇠의 위치를 인식할 수 있기 때문에 차 안에 열쇠가 있다고 판단되면 절대 문은 잠기지 않는다. 그럼 이제 트렁크가 궁금하시려나? 트렁크 역시 마찬가지다. 다시 말하면 차 열쇠가 자동차 안에 있을 때는 절대 차 문이 잠기지 않는다.

지멘스는 디지털 스크린에 집착하는 대신, 사용자의 자연스러운 행동에 기반해 디자인 컨텍스트를 재구성함으로써 메르세데스의 훌륭하고 우아한 자동차 탑승 솔루션을 창조해낼 수 있었다. (여러분이 벤츠를 타지 않더라도 이 솔루션이 친숙하게 느껴지는 이유는 이미 여러 자동차 회사가 이 솔루션을 사용하고 있기 때문일 것이다.) 이제 지멘스가 정말 자동차 열쇠를 개선했다고 느껴지는가?

일반적인 행위를 고려한다는 것은 여러분도 평소에 하던 행동대로 (디자인) 할 수 있다는 것을 의미한다. 디지털 인터페이스를 사용하지 않는다면 사용자가 학습할 시간을 줄일 수 있고 장애를 해결하는 데 불필요한 에너지를 쓰거나 과도하게 스크린을 사용할 필요가 없다. 이것이 바로 훌륭한 디자인적 사고이며 특히, 우리 주변의 일상적인 문제를 해결할 때 더 의미가 있다.

그리고 이 책, 『인터페이스 없는 인터페이스』는 이러한 내용을 담고 있다.

오늘날 과도하게 스크린에 집착하게 된 우리를 돌아보며, 어쩌다 이렇게 되었으며 왜 아직 벗어나지 못하고 있는지, 그 집착이 얼마나 끔찍한 것인지를 알아보려고 한다. 또한 사람들이 스크린 너머에서 어떻게 행동하는지를 다시 살펴보면서 고리타분한 앱에 대한 애착을 끊고자 한다.

이 책은 나 홀로 외치는 이야기가 아니라, 모험 정신을 가진 사업가나 스타트업, 디자이너, 엔지니어, 기기(gadget) 애호가, 그리고 이제 막 기술에 눈을 뜬 이들에게 풍부한 아이디어를 줄 것이다. 미래 기술을 어떻게 바라봐야 하는지에 대해, 또는 날씨 앱보다 더 매혹적인 무언가를 만들기 위한 새로운 방법을 보여줄 것이다.

앞으로 다룰 주제들은 여러분과 여러분이 속한 사회에 대한 내용들을 담고 있다. 이 책은 교과서가 아니니 마치 맥줏집에서 친구와 함께 편하게 수다 떨듯, 멋진 기술로의 여정을 이야기해보자.

그런 의미에서, 다 같이 건배!

문제점

3장 스크린을 갖다 붙이자!
더욱 얇아진 TV! 더 빨라진 컴퓨터!
그리고 의식하지 못한 채 번져버린 끔찍한 트렌드

이제 웬만큼 검증된 자격을 갖추지 않고서는 기술 서적을 쓰기 어려워졌다. 교사에서 벤처자본가에 이르기까지 이 사회의 모두가 기술의 중요성을 계속해서 강조해왔기 때문이다.

우리 모두의 노력에 박수를...

하드 드라이브에 고화질의 영화 파일이 가득 채워져 있다고 가정해보자.
이 점의 크기는 2006년 당시 가장 큰 하드 드라이브에 저장할 수 있었던
영화 파일의 개수를 나타낸다.

•

약 180여 개 (750GB 하드 드라이브에 영화 파일 한 개당 4GB 기준)

7년 뒤에는 하드 드라이브의 용량이 더욱 커져서

125일을 내리 볼 수 있을 만큼의 영화 편수를 저장할 수 있게 됐다.

약 1,500여 개(6,144GB 하드 드라이브에 영화 파일 한 개당 4GB 기준)

이 페이지의 검은색 영역은 2000년 당시
초고속 광대역 인터넷을 사용할 수 있었던
미국 성인 인구의 비율(15%)을 나타낸다.

15%

**10년 후, 초고속 광대역 인터넷을 사용할 수 있는 인구가
이 페이지의 검은색 영역(94%)을 차지할 만큼 역전되었다.**

94%

우리는 좋아하는
것들을 더 빨리 얻고,
더 많이 저장할 수
있게 되었다.
이 단락의 높이가
2009년 당시
미국에서 가장 빠른
스마트폰으로

3분짜리 노래를   3년 후에는
다운받는 데 걸렸던   이만큼
속도를 나타낸다면,   빨라졌다.

3초   1초

그간 이루어 온 기술의 발전에 대해서는 가히 자축할 만하다. 우리는 태양의 눈부심을 줄일 수 있는 물질을 발명했으며 종이에 인쇄된 잉크보다도 선명한 스크린을 만들었다. 단순히 쓸모 있는 인터넷을 만든 수준이 아니라 손바닥 안에서 거의 전세계를 넘나드는 새로운 세상을 만들어낸 것이다. 그것도 매우 빠른 속도로 말이다. 우리는 얼마나 대단한 사람들인가.

이렇게 기술적으로 성취해낸 일들이 많지만 한편으로는 굉장히 끔찍한 트렌드가 생겨나고 있다. 기술을 경험하는 방식에서조차 특정한 유행이 전염병처럼 퍼지고 있는 것이다.

나는 UX 디자이너다. 즉, 내 직업은 사람들이 겪는 일상의 문제들을 이해하고, 기술을 이용하여 그것들을 해결하는 것이다. 자포스(Zappos)의 이노베이션 랩에서 근무하는 동안에는 미래의 서비스 회사가 어떻게 고객의 문제를 해결해야 하는지를 고민했었고, 삼성의 이노베이션 랩에 있을 때는 새로운 서비스와 가전제품들이 사용자들의 문제를 어떻게 해결할지 함께 고민하고 디자인했다. 디자인 컨설팅 회사인 쿠퍼(Cooper)에서는 클라이언트의 고객들을 위해 매일매일의 문제를 해결하곤 했었다.

내 역할은 사람들의 문제를 해결하는 것이다. 그러나 업계에서 일하다 보면 오히려 사람들의 문제를 해결하는 일에서 점점 더 멀어지고 있는 것만 같다. 우리는 전세계적으로 만연한, 따라하기(me-too, 미투)식 사고방식이 초래하는 기술적 무력감에 휩쓸리고 있다. 이러한 사고방식은 우리를 진정한 혁신에서 멀어지게 한다.

1. 바이오콘 밸리, 2. 비트 밸리, 3. 브라질리언 실리콘밸리, 4. CFK 밸리, 5. Cwm 실리콘, 6. 사이버 디스트릭트, 7. 사이베라바드, 8. 댈러스 포트워스 실리콘 프레리, 9. 두바이 실리콘 오아시스, 10. 에트나 밸리, 11. 푸드 밸리, 12. 헬스 밸리, 13. 일리노이 실리콘 프레리, 14. 이자르 밸리, 15. 리마 밸리, 16. 메저먼트 밸리, 17. 메디컬 밸리, 18. 멕시칸 실리콘밸리/실리콘밸리 사우스, 19. 미드웨스트 실리콘 프레리, 20. 필리콘 밸리, 21. 러시안 실리콘밸리, 22. 실리콘 알레, 23. 실리콘 앨리, 24. 실리콘 앵커, 25. 실리콘 비치, 26. 실리콘 보더, 27. 실리콘 브리지, 28. 실리콘 커널, 29. 실리콘 커널, 30. 실리콘 케이프, 31. 실리콘 코스트, 32. 실리콘 코리도, 33. 실리콘 데저트, 34. 실리콘 독, 35. 실리콘 독스, 36. 실리콘 펜, 37. 실리콘 포레스트, 38. 실리콘 글렌, 39. 실리콘 골리, 40. 실리콘 고어지, 41. 실리콘 걸프, 42. 실리콘 하버, 43. 실리콘 힐, 44. 실리콘 힐스, 45. 실리콘 라군, 46. 실리콘 레인, 47. 실리콘 몰, 48. 실리콘 말리, 49. 실리콘 밀, 50. 실리콘 페닌슐라, 51. 실리콘 피어, 52. 실리콘 라운드어바웃, 53. 실리콘 샌드바, 54. 실리콘 사바나, 55. 실리콘 작센주, 56. 실리콘 상티에, 57. 실리콘 십야드, 58. 실리콘 샤이어, 59. 실리콘 쇼어, 60. 실리콘 슬로보다, 61. 실리콘 슬로프, 62. 실리콘 스파, 63. 실리콘 St, 64. 실리콘 서프, 65. 실리콘 스웜프, 66. 실리콘 타이가, 67. 실리콘밸리, 68. 실리콘밸리 오브 차이나, 69. 실리콘밸리 오브 인디아, 70. 실리콘밸리 오브 인도네시아, 71. 실리콘밸리 오브 사우스 코리아, 72. 실리콘밸리 오브 타이완, 73. 실리콘밸리 오브 노스, 74. 실리콘 빈야드, 75. 실리콘 와디, 76. 실리콘 워크, 77. 실리콘 웰리, 78. 실리콘 우즈, 79. 실리코튼 밸리, 80. 솔라 밸리 81. 티치노 밸리 지역 82. 와이오밍 실리콘 프레리(실리콘 레인지라고도 불림)

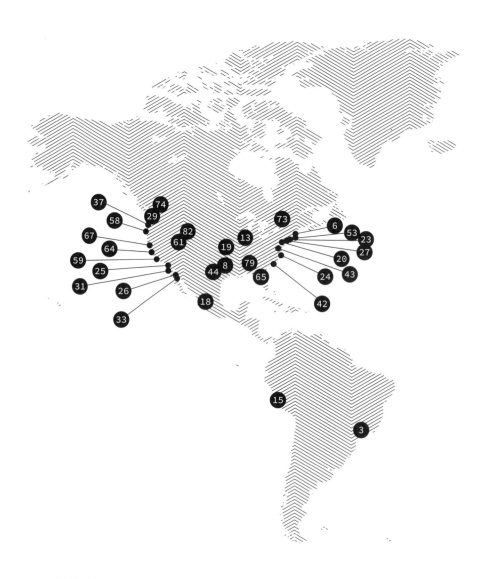

전세계의 '이노베이션 센터'(출처: *Wired magazine, Inc.* magazine, CNBC, Wikipedia)

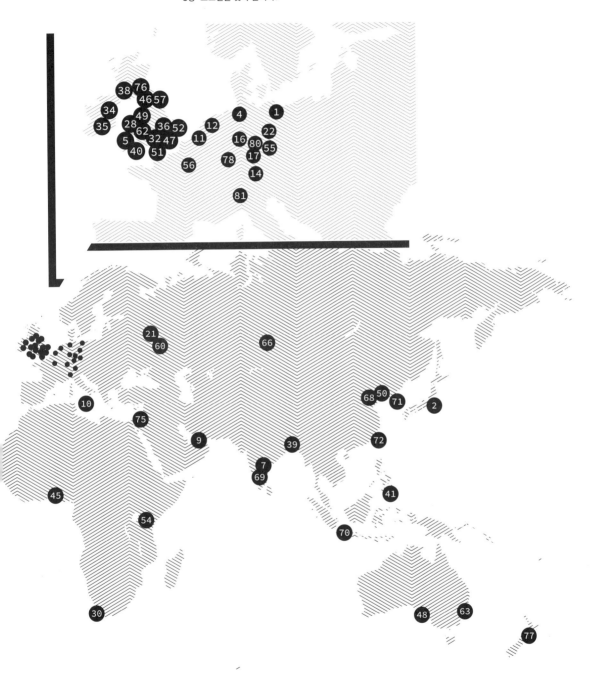

오, 결국 남들이 다 가는 곳을 너도 가게 되겠지...

구글과 애플에서 고문으로 일했던 가이 카와사키(Guy Kawasaki)는 한때 이런 조언을 하기도 했다. "당신이 해야 할 일이 하나 더 있다면, 단순히 실리콘밸리를 하나 더 만드는 데 그칠 게 아니라 더 높은 목표를 추구하는 것이다. 우리에게 본때를 보여달라."[1]

여러 사상가나 공상가, 디자이너, 엔지니어, 개발자와 기업가 들은 다양한 위치에서 기술을 통해 사용자의 경험을 풍성하게 만들기 위해 성큼 나아가고 있으며 앞으로도 그럴 것이다. 그러나 글로벌 시장에서의 경쟁이 과열됨에 따라, 좀 더 깊이 사고하거나 근본적인 해결안을 고민하기보다는 빠르게 수행하고 고쳐버리는 데만 더욱 치중하게 되었다. 결국, 나를 포함한 많은 사람은 마치 습관처럼, 고민 없이, 반사적으로 네모난 스크린에 갇혀버렸다. 지난 몇 년간 해왔던 것처럼 앞으로도 계속 그래야만 할 것 같은 고정관념의 덫에 스스로 사로잡히고 만 것이다.

자, 지금부터 우리 스스로를 매우 혁신적으로 일하는 회사의 직원이라고 가정하고, 다음 질문을 살펴보자.

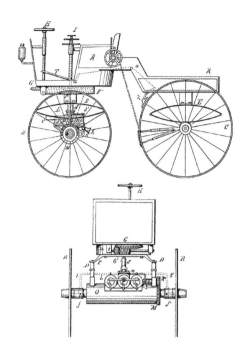

출처: USPTO(United States Patent and Trademark Office, 미국 특허청)

Q: 어떻게 하면 더 매력적인 자동차를 만들 수 있을까?

위 그림은 최초의 자동차 특허 설계도 중 하나다. 당시 기술자들이 운송수단
이 가진 실질적인 문제를 해결한 것이다. 그 결과, 자동차는 우리 삶의 모습을
완전히 변화시켰다. 도시가 만들어지는 방식 또한 달라졌다. 우리가 만날 수
있는 사람, 우리가 볼 수 있는 것, 그리고 볼 수 있는 시간과 장소 역시 바꿔놓
았다.

그로부터 100년이 넘게 흐른 오늘날, 기술자들은 그간의 진보된 기술을 활
용해 어떻게 자동차를 발전시켜왔을까?

출처: John Weippert, Tom Worthington/CC BY 3.0

A: 스크린을 갖다 붙이자!

누가 운전하면서 도로를 쳐다보겠는가? 터치스크린을 들여다보는 게 훨씬 재미있다.

세계적으로 최고의 혁신기업 중 하나인 테슬라(Tesla)는 자동차 중앙 콘솔에 17인치 터치스크린을 장착했다. 물론 싫어하는 사람들도 있다. 더 버지의 한 기자는 "나는 내 차에 웹 브라우저가 있는 게 싫다. 내 주변의 운전자들이 그걸 달고 있는 건 더더욱 싫다"고 말하기도 했다.[2] 그래도 중앙 콘솔에 스크롤바를 넣은 일은 정말 대단한 것 같다.

자동차에서 터치스크린을 장착하는 매력적인 옵션이 여럿 있을 테지만 그 중에서도 BMW 미니(Mini)는 속도계의 한가운데 스크린이 있다. 정말이다. 이제 운전하면서 속도에 관심을 두는 대신, 페이스북이나 트위터를 할 수 있다.[3]

운전할 땐 도로를 잘 살펴야 한다고? 에이 무슨 소리... 스크린을 잘 봐야지...

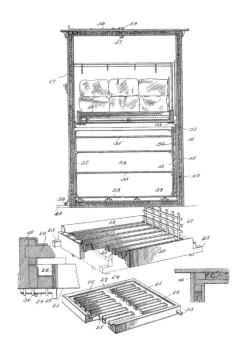

출처: USPTO

Q: 어떻게 하면 더 멋진 냉장고를 만들 수 있을까?

위 그림은 최초의 냉장고 특허 설계도 중 하나다. 당시의 기술자들은 음식을 신선하게 보관할 수 있어야 한다는 근본적인 문제를 해결했다. 더 말할 필요도 없이, 냉장고는 우리 삶의 방식을 완전히 바꿔놓았다. 냉장고 덕분에 국내외의 식품 유통산업은 엄청난 변화를 겪었으며, 이 고마운 혁신 덕분에 사람들은 더 손쉽게 신선하고 건강한 음식들을 고를 수 있게 되었다.

냉장고 스크린(출처: Electrolux)

A: 스크린을 갖다 붙이자!

그렇다! 나는 여기 이 냉장고 스크린에서 내 앨범의 사진을 보고 싶었다. 다른 제조사들은 얼음을 꺼내면서 에버노트를 업데이트[4]하거나 냉장고 문에서 판도라(Pandora)[5]를 들을 수 있게 하는 등의 환상적인 기능도 제공하고 있다. 오늘날 가장 멋진 냉장고는 당연히 얼음정수기 위에서 페이스북과 트위터를 할 수 있는 스크린이 달린 모델이다.[6]

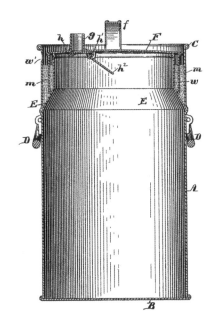

출처: USPTO

Q: 어떻게 하면 더 미래지향적인 쓰레기통을 만들 수 있을까?

런던의 재활용 쓰레기통(출처: Bonnie Alter/CC BY 2.0)

A: 스크린을 갖다 붙이자!

여러분이 이 사실 하나는 분명히 알았으면 좋겠다. 더 좋은 쓰레기통을 만들려면 하나에 47,000달러짜리 LCD를 달면 된다. 이 LCD 스크린을 통해 우리는 밖에서 비를 쫄딱 맞으면서도 이 지역의 현재 날씨를 굳이 또 확인해 볼 수 있다. 런던 시는 최첨단 미래 도시의 이미지를 보여주기 위해 2012년 올림픽 게임을 앞두고 100개가 넘는, 이 믿어지지 않는 쓰레기통을 설치했다.[7] 뭐 어떤가? 스크린은 정말 미래적이니까.

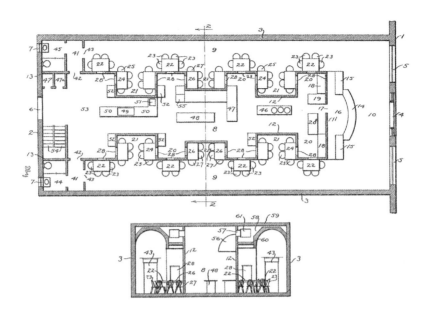

출처: USPTO

Q: 어떻게 하면 주문이 더 편리한 레스토랑을 만들 수 있을까?

출처: 골든 크리슈나

A: 스크린을 갖다 붙이자!

아, 계속 같은 말을 하려니 입이 아플 지경이다.

칠리스(Chili's)나 애플비(Applebee)는 약 1,000여 곳의 레스토랑에 이런 터치스크린 주문 시스템을 설치하였다. 점원들과의 대화를 불편해하는 고객들을 위한 것이었다. 칠리스의 수석 부사장은 월스트리트저널(The Wall Street Journal)과의 인터뷰에서 "스크린에서 커피나 디저트를 보여주면 이러한 인터페이스를 통해 고객들이 더 많은 음식을 주문할 것"이라고 했다.[8] 미국인들의 식생활 측면에서는 대단한 시스템이다. 어차피 친구들과 밥을 먹을 때도 내내 스마트폰에서 눈을 떼지 않으니, 테이블에 스크린이 하나 더 생긴다고 해서 뭐가 문제될 건가?

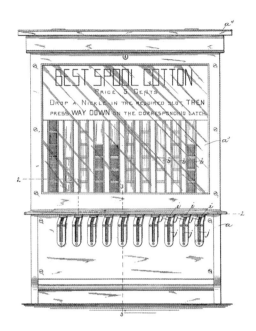

출처: USPTO

Q: 어떻게 하면 매출을 더 올려줄 자판기를 만들 수 있을까?

출처: IntelFreePress/CC BY SA 2.0

A: 스크린을 갖다 붙이자!

내가 사려는 물건들을 투명한 유리 너머로 보고 있어야 하는 게 참 마음에 안 들었는데 정말 고마운 자판기다. 그래서 코카콜라나 펩시가 투명한 유리 대신, 터치 인터페이스가 달린 자판기를 만들고 엄청나게 많은 메뉴와 에러 메시지를 보여주면서 음료수를 주문하게 했나 보다. USA 투데이는 코카콜라의 눈물겨운 노력을 이렇게 소개했다. "10대를 겨냥한 이 터치스크린 자판기는 원하는 맛을 취향대로 만들어 적은 용량도 주문할 수 있게 한다. 배수구로 물이 빠지는 속도보다 더 빠르게 판매율이 떨어지고 있는 이때, 이 자판기는 밀레니엄 세대들을 완전히 사로잡아 탄산음료를 더 많이 사게 하고 싶은 코카콜라사의 최고 기대주다.

역시, 터치스크린은 매출을 올려주는 확실한 방법이야.[9]

4장 UX ≠ UI
인터페이스를 설계합니다. 그게 제 일이니까요.

우리는 잘못된 길로 가고 있지만, 그게 우리만의 잘못은 아니야.

다음의 목록을 살펴보자. 절대, 이름 없는 회사나 실패가 뻔히 보이는 작은 사업체들의 목록이 아니다. 모두 기술 분야에서 엘리트로 선정된 기업들이자, 식스티 미닛츠(60 Miniutes)[1]와 테크 크런치(Tech Crunch)[2]에서도 인정한 인지도 높은 성공 기업들이 최근 실제로 공개한 구인 목록이다.

시니어 UX/UI 디자이너
아마존(Amazon), 워싱턴 주 시애틀

UX/UI 디자이너
애플(Apple), 캘리포니아 주 쿠퍼티노

관리자급 UX & UI 디자이너
HP, 캘리포니아 주 서니베일

UX/UI 개발자
어도비(Adobe), 캘리포니아 주 새너제이

UX/UI 디자이너
삼성 텔레커뮤니케이션즈(Samsung Telecommunications), 미국 캘리포니아 주 새너제이

UX/UI 모바일 디자이너
델(Dell), 텍사스 주 라운드 록

시니어 UX/UI 디자이너
고프로(GoPro), 캘리포니아 주 카디프바이더 시

UI/UX 디자이너
에버노트(Evernote), 텍사스 주 오스틴

UX/UI 디자인 인턴
페블(Pebble), 캘리포니아 주 팰로앨토

시니어 UX/UI 디자이너
누크(Nook), 캘리포니아 주 팰로앨토

e-커머스 UX/UI 디자이너
비츠 바이 드레(Beats by Dre), 캘리포니아 주 로스앤젤레스

관리자급 UX/UI 모바일 디자이너
로지텍(Logitech), 캘리포니아 주 뉴어크

알다시피 UI와 UX는 각각 'user interface'와 'user experience'의 줄임말(별로 좋아보이지는 않지만)이다. 인사과 담당자는 좋은 의도를 가지고 열심히 이 목록을 만들었을 것이다. 그러나 이 두 개념의 구분이 모호한 상태에서 디자이너를 채용했고, 이는 사용자 경험을 만드는 접근 과정에서 매

우 큰 영향을 끼쳤다. 사용자 경험을 디자인하는 데 있어, 너무나 만연하면서도 암묵적으로 스크린에 갇힌 접근 방식이 깔려 있는 것이다. 그 결과, 오늘날 우리는 터치하고, 선택하고, 쓸어넘기고, 클릭하고, 마우스를 움직이는 등의 디지털 인터페이스에 지배당하게 되었다. 인터페이스를 설계하는 것이 디자이너를 채용하는 목적이 되어버린 것이다.

HP의 CEO인 멕 휘트먼(Meg Whitman)은 "우리는 지속적으로 혁신(Innovation Engine)을 해내야 한다"[3]고 했으며, 아마존의 CEO인 제프 베조스(Jeff Bezos)는 "우리의 초점은 고객에서부터 시작하는 워킹 백워드(Working Backwards) 접근 방법으로 혁신한다"[4]고 말했다. 애플의 CEO인 팀 쿡(Tim Cook)은 "혁신은 애플의 기업문화에 굉장히 깊이 박혀 있다"[5]고도 했다.

그러나 막상 여러분이 UI 디자이너를 고용한다고 해도, 새롭거나 혁신적인 솔루션을 얻기는 힘들 것이다. 더 많은 UI를 만들 수는 있겠지만, 더 좋은 UX를 얻기는 어렵다는 의미다.

UI:

내비게이션, 하위 내비게이션, 메뉴, 드롭 다운, 버튼, 링크, 윈도, 둥근 모서리, 그림자, 오류 메시지, 경고, 업데이트, 체크박스, 비밀번호 입력란, 검색 영역, 텍스트 입력란, 라디오 버튼, 텍스트 영역, 호버(hover) 상태, 선택 상태, 프레스 상태, 툴팁, 배너 광고, 비디오 삽입, 스와이프 애니메이션, 스크롤, 클릭, 아이콘, 컬러, 리스트, 슬라이드 쇼, 대체 텍스트(Alt-text), 배지(badge), 알림, 그레이디언트, 팝업, 캐러셀(carousel), 확인/취소 등등.

UX:

사람, 행복, 문제 해결하기, 니즈 이해하기, 사랑, 효율성, 재미, 즐거움, 기쁨, 미소, 영혼, 따뜻함, 개성, 환희, 만족, 희열, 큰 기쁨, 활기, 축복, 도취, 편리함, 황홀감, 매력, 생산성, 유효성 등등.

우리는 종종 이 둘을 헷갈려 한다. 문제를 해결하기 위해 창의적이고 독창적이며 유용한 방법을 추구하기보다 스크린에서부터 시작하려고 한다. 일단 스크린에서부터 문제를 해결하는 것으로 우리의 직무를 규정해 버렸기 때문이다. 문제를 발견하면 우리는 스크린을 붙여버린다. UX는 사람에 대해 먼저 생각하는 대신, 직사각형 스크린과 애니메이션에서부터 시작되고 있다.

위대한 지성을 가진 사람들이 언제나 과학을 발전시키는 데 기여하거나 우리를 올바른 길로 이끌었던 것은 아니다. 그들은 석유회사와 맞먹는 규모의 이익[6]과 엄청난 정치적 영향력을 가진 스크린 기반의 거대 기업에서 일하면서 웹사이트나 앱과 같이 미화된 디지털 광고판들을 잔뜩 찍어내고 있다.[7] 즉, 사용자가 보는 모든 웹사이트나 앱의 화면에 광고를 집어넣어 그들의 시선을 현금화하고 있는 것이다.

페이스북의 전 매니저이자 클라우데라(Cloudera)[8]의 창업자인 제프 해머바커(Jeff Hammerbacher)는 "우리 세대는 사람들이 어떻게 하면 광고를 더 많이 클릭하게 만들지에 대해서만 생각한다. 정말 형편없다"[9]고 말했다.

분명 더 나은 길이 있을 것이다. 더 나은 사고를 해볼 수도 있을 것이다. 우리가 UI와 UX의 두 역할을 분명히 구분한다면, 더 새롭고 나은 경험을 정의해낼 수 있다.

그러나 안타깝게도 일부 핵심 기업들은 여전히 괴상하고 복잡한 덫에 갇혀 있다.

5장 UX 중독

뱃살 빼는 노하우를 알고 싶다면
여기를 클릭하세요

2.0

사용자가 관심을 가지는 영역

3.0

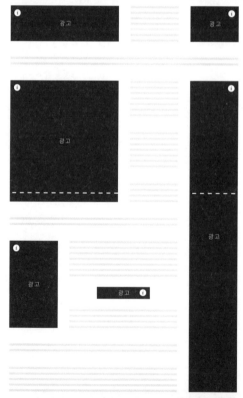

코카콜라와 맥도날드가 설탕 덩어리 음료수나 빅맥으로 돈을 버는 단순한 교환 방식은 기술 분야에 영향력이 있는 이들에게 더 이상 감동을 주기는 어려울 것이다. 게다가 프리미엄(Freemium)[1]을 비롯하여 일단 상품이나 서비스를 '공짜'로 제공하는 창의적이었던 전략들까지도 모두 길가로 나가떨어지고 있다. 대신 신문이나 잡지와 같은 매체들을 괴롭혔던 또 다른 전통적이고 오래된 거래 방식이 그 역할을 이어받았다. 그것은 바로 광고다.

'공짜 경제학'은 다음의 여러 가능성 있는 요인이 만들어낸 결과다. 고객이 즉시 돈을 지불할 의사를 느끼지 못할 때나, 통상적으로 공짜로 제공되었던 비즈니스를 값나가는 서비스로 만들고자 할 때, 테크놀로지 제품의 시장 크기나 영향력을 급격하게 넓히거나 높이고자 노력할 때 등이다. 오로지 이익만을 바라본 인터페이스 설계자들은 이 잔혹하고 초경쟁적인 전자 시장에서 살아남기 위해 모든 것을 공짜로 주도록 만들어버렸다.

크리스 앤더슨(Chris Anderson)이 저술한 『프리(Free)』[2]라는 경제 관련 책이 여러 사례와 방법을 담고 있음에도 불구하고, 기술 분야의 거물들은 공짜로 제공하기 위해 단 한 가지 방법만을 선택하고 있다. 그것은 바로 광고하고, 광고하고, 더 많이 광고하는 것이다. 가끔은 스폰서의 이야기나 프로모션용 포스트, 네이티브 광고[3]나 기사 형태의 광고가 보이기도 하지만 어쨌거나 이들도 모두 광고일 뿐이다. 정말 크리스가 경악할 일이다.

뱃살 빼는 노하우를 알고 싶다면 여기를 클릭하세요. 아마 깜짝 놀라실 거예요.

2011년 구글의 수익 380억 달러 중 무려 96%가 광고로 벌어들인 액수[3]였으며, 2012년 페이스북의 수익 50억 달러 중 84%가 광고를 통해 번 금액이었다.[4] 트위터의 2013년 4분기 실적의 90%[5], 야후의 2013년 수익 중 80%가 모두 광고로 얻은 것이다.[6]

여기서는 주요 기업들만 언급했을 뿐, 그들만의 이야기는 아니다. 이 수치는 계속해서 변동해 왔으며 앞으로도 그럴 것이다. 지금의 광고 기반 비즈니스는 홍보 시점에서 '데이터 비즈니스'와 같은 유행어로 가면을 쓰거나, 광고가 수익의 대부분을 차지하는 등 미디어 회사들의 고질적인 모습을 보여주고 있다. 이는 계속해서 광고에만 집중하게 만들며 다른 가치 있는 콘텐츠들을 오염시킬 우려가 있다. 구글이 하드웨어 회사인 네스트(Nest)를 인수하고 페이스북이 가상현실 디바이스인 오큘러스 리프트(Oculus Rift)를 인수했던 것처럼, 의미 있는 신제품들을 개발하거나 사들임으로써 광고를 통한 수익구조를 대체하면 좋겠지만 지금의 현실은 이러하다.

런칭 당시의 구글

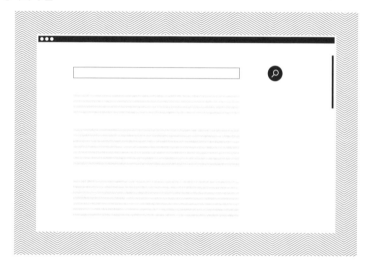

지금의 구글

■■■■ 여자도 얻고, 돈도 얻었으니, 전 이제 막돼먹은 인생을 살 준비가 됐어요![7]

이 말은 스테판 패터놋(Stephan Paternot)이 CNN에서 했던 발언이다. 1998년 11월 13일의 금요일, 그는 더글로브닷컴(theGlobe.com)[8]의 주가를 확인하고 있었다. 더글로브닷컴은 그가 1995년 코넬(Cornell) 대학교 학생 때 만든 웹사이트로서, 이날 베어스턴스(Bear Stearns) 은행에서 공개한 주가에 따르면 자그마치 606%의 성장수치를 나타냈다. 이것은 월스트리트에서의 상장 첫날 기록으로서는 최고치였으며, 다음날 아침에는 8억 4천 3만 달러에 육박했다.[9] 더글로브닷컴의 목표는 개인화된 광고를 판매할 목적으로 웹 커뮤니티의 거대한 트래픽을 이용하는 것이었다. 그러나 사이트는 필요한 만큼의 트래픽을 얻지 못했고, 지오시티(GeoCities)[10]와 같은 라이벌 회사의 사용자를 끌어오지도 못했다. 결국 창업자는 2000년 사임했으며, 2001년에는 나스닥 상장이 폐지됐다.[11]

이 사건은 테크놀로지 기업이라면 무슨 수를 써서라도 피하고 싶어 하는 끔찍한 상황 중 하나다. 오늘날 광고로 운영되고 있는 유명 서비스 회사들도 처음에는 사람들이 진짜로 원하는 바를 해결해 주는 제품이나 서비스에서 시작하였다. 아이디어를 공유하거나 옛 친구를 찾아준다거나, 아래층에 살고 있는 여성분이 솔로라는 사실을 알려주는 등의 진정한 니즈로부터 말이다. 그러나 이제는 대부분의 기업이 단지 유사한 비즈니스에 의해 사장되는 것을 피하고자, 쉽고 단순한 방식만을 따르고 있다. 주주들에게는 아주 최소한의 법적 의무만을 수행하면서 말이다. 광고 기반의 의료서비스인 닥터쿠프닷컴(DrKoop.com)이나 이제는 중단된 서비스인 더글로브닷컴은 사용자가 그들이 제공하는 인터페이스에 중독되도록 만들었다. 처음에는 사용자 경험을 고려한 이상적인 기능들로 인기를 얻었으나, 결국은 TV 시트콤과 같은 존재로 변해버렸다. 즉, 사람들이 아무 생각 없이 그저 멍하니 스크린만 쳐다보게 만든 것이다.

"광고는 웹이 만들어짐과 동시에 생겨난 원죄라고 생각한다." 팝업 광고를 만들어 낸 공로자 중 한 명인 에단 주커만(Ethan Zuckerman)은 더 애틀랜틱(The Atlantic)[12]에서 공식적으로(지면으로나마) 이렇게 사과했다. "인터넷의 위상이 이렇게까지 떨어진 것은 (비록 의도한 바는 아니지만) 기본적으로 광고가 온라인 콘텐츠와 서비스를 지원하도록 설계한 것이 직접적인 결과라고 할 수 있다."[13]

단기간의 수익만을 쫓는 의사결정자로 인해, 잘 다듬어진 인터페이스를 추구하는 일은 잊혀진 지 오래다. 모바일 웹페이지를 잠깐 방문하는 일로는 사람들의 진정한 만족을 끌어낼 수 없다. 대신, 서비스 제공자들은 화면 전체를 차지하는 광고나 팝업으로 그들의 앱을 설치해 주기를 구걸하면서 사용자가 해당 서비스에 더 오랜 시간을 할애하기를 바란다. 나중에라도 앱을 설치하게 되면 알림을 보내거나 앱 리스트에 남을 수 있지 않을까 하는 기대를 걸어보는 것이다.

혹은 일부 스타트업에서 하는 것처럼, 사용자의 연락처 접근 권한을 허용 받아 이메일 전송 이력이 있던 사람들에게 새로 출시한 서비스를 홍보하는 스팸메일을 보내버릴 수도 있다.

기업들의 일반적인 목표는 무슨 수를 써서라도 사용자가 앱에 더 오래 머무르며 로그인된 연결 상태를 유지하도록 하고, 더 많은 인터페이스를 사용하게 만드는 것이다. 그렇게 시선을 잡아두어야, 광고를 팔아 더 많은 돈을 벌 수 있으며, 주주들을 더욱 기쁘게 만들고 더 오랫동안 서비스를 지속할 수 있기 때문이다. 사용자들의 문제를 효율적으로 해결해 주는 일은 더 이상 중요한 문제가 아니다. 오히려 어떻게 중독시킬지를 고민한다. 오죽하면 뉴욕타임스의 헤드라인까지 "우리는 여러분이 더 오랫동안 야후에서 머물길 원한다(심지어 우리가 제공하는 광고에서도)"라고 했을까.

이 삐뚤어진 사용자 경험 모델은 스크린 기반의 사고에서 생겨난 많은 부정적인 결과 중 하나다. 결국 디자이너들은 사용자의 목표 달성을 지연시키도록 지시받고 있으며, 이는 사용자들이 필요로 하는 것을 결코 간편하게 얻을 수 없음을 의미한다. 그렇다. 회사란 원래 돈을 벌어야 하는 곳이다. 구글 같은 기업은 우리의 시선을 대가로 매우 유용한 도구를 무료로 제공하고 있기는 하다. 나 또한 마찬가지이지만 우리 모두 페이스북과 트위터 덕분에 가치 있는 정보들을 더 쉽게 찾고 공유할 수 있다는 것도 사실이다. 그러나 광고 기반의 비즈니스 모델을 가진 회사들은 결국 내부의 디자이너를 압박하여 다른 길을 가게 만들고 있다.

구글의 열 번째 기업공개(IPO)일에 월스트리트저널은 기업들의 다음과 같은 변화를 보고했다.

> **구글이 지금처럼 대중화되지 않았던 10년 전, 구글의 초기 설립자인 래리 페이지(Larry page)는 사용자들이 "구글을 벗어나, 가능한 한 빨리 원하는 장소로 갈 수 있는" 검색엔진을 만들고 싶다고 말했다. 그러나 오늘날 래리가 이끄는 구글은 그와는 완전히 반대 방향으로 가고 있다. "가능한 한 많은 정보를 제공하여 사용자들을 구글이라는 가상세계에 더 오래 잡아두고" 있다.[14]**

어떤 측면에서 이러한 기업들은 우리의 일상을 멋지고 환상적으로 변화시켰다. 그러나 이들이 목표로 하는 공개거래 방식인 '광고 우선의 비즈니스'는 매우 끔찍하다. 사용자들의 서비스 이용 시간을 줄인다는 것은 곧, 주주들의 수익을 욕 먹이는 것과 마찬가지다. 이들은 사용자들이 보는 페이지뷰나 체류 시간이 늘어날 때마다, 그것을 시간 외 수익으로 얻고 있기 때문이다.

여러 서드파티 서비스가 트위터의 플랫폼으로 흡수됨으로써 트위터가 더욱 강력해졌을 때, 즉 사람들이 트위터 콘텐츠를 더 쉽게 소비하고 공유하게 됐을 때, 분석가들은 우려를 표했다. 웰스 파고(Wells Fargo)[15]와 BTIG[16] 같은 금융회사들은 투자 부문에서 경계심을 드러냈다. 왜냐하면 약 14%에 이르는 트위터 사용자들이 광고를 피해 원하는 목표를 더 빨리 얻는 것을 허용하는 셈이었기 때문이었다.[17]

만약 기업이 그들의 노력을 한 바구니에만 모두 쏟아부어야 한다면 '좋은 디자인'보다는 '수치 중심의 광고' 쪽이 더 영향력을 가질 수밖에 없을 것이다.

■ 제 뉴스피드가 난잡해졌어요.

2013년 페이스북의 한 연구원은 위의 문장을 시작으로 팀 내에서 수행한 뉴스피드의 분석 결과를 발표했다.[18] 페이스북이 제공하는 사용자 경험의 핵심은 사용자들이 자신의 생각이나 감정 상태[19], 친구 관계, 이미지, 비디오, 광고 콘텐츠 등을 공유하는 것이다. 연구팀의 분석 내용에 따르면 그들이 수집한 사용자들의 주요 피드백은 '중요하고 재미있는 콘텐츠들이 그다지 관심 없는 내용의 피드에 묻혀버린다'는 것이었다.

결국 그들은 페이스북을 다시 디자인했다.

사용자들이 흥미를 느낄 만한 이야기이거나 자주 왕래했던 친구들의 소식, 좋아할 만한 이미지들에 우선순위를 매겨 제공하기 시작하였다. 마크 저커버그(Mark Zuckerberg)는 새롭게 디자인된 뉴스피드를 '개인화된 신문'[20]이라고 표현했다. 새로운 페이스북은 사용자가 관심 있어 하는 사이트를 불러오거나 친구로부터 나오는 가치 있는 콘텐츠들로 채워졌다.

그러나 그 이후, 페이스북은 다시 방향을 바꿔버렸다. 새로웠던 디자인은 사라졌다.

테크놀로지 저술가이자 기업가인 더스틴 커티스(Dustin Curtis)는 사람들이 데스크톱으로 웹사이트에 지나치게 잘 접근할 수 있기 때문에 반전이 일어난 것으로 보인다고 했다.[21] 그들은 원하는 것을 빠르게 잘 찾은 후에는, 그것에 만족하고 그 어느 때보다 더 빨리 페이스북을 떠나버렸다.

그가 쓴 "페이스북 데이터 팀의 문제점 조사"에 의하면 그들은 "페이스북의 뉴스피드가 너무 잘 돌아가는 게 문제라는 걸 발견했다"고 한다. 사용자 경험에 있어서는 최고였지만 페이스북 광고 수익에 있어서는 끔찍한 결과를 가져왔다는 것이다. 사이트에 머무는 시간이 더 적다는 것은 광고가 줄어든다는 뜻이고, 이는 곧 광고 기반의 수익이 줄어든다는 것을 의미하기 때문이다.

어떤 페이스북 디자이너는 더스틴의 보고서가 잘못된 것이라고 반박했다. 줄리 주오(Julie Zhuo)는 자신의 블로그를 통해, 새로운 페이스북 디자인이 사라진 이유는 단지 페이스북이 작은 사이즈의 모니터와 넷북에서 제대로 동작하지 않았기 때문이라고 했다.[22]

이는 페이스북이 루크 로블르스키(Luke Wroblewski)나 브래드 프로스트(Brad Frost)에 의해 대중화된 반응형 웹 디자인(어느 스크린 크기에서도 유연하게 모핑(morphing)이 이루어지며 적용되는 형태) 방식을 제대로 테스트해보지 않았다는 의미가 되어버린다. 설사 그녀의 말이 사실이었다고 해도, 사이트 체류 시간과 주가의 상관관계로 형성된 수익모델을 추구해온 관행은 어떤 IT 기업도 부정할 수 없을 것이다.

모닝스타(Morningstar)[23]의 한 분석가는 트위터의 주식에 대해 다음과 같은 내용의 기사를 썼다. "우리의 시각에서 보면, 트위터의 시장점유율, 사용자, 사용 시간이 늘어난 것이 가장 중요한 성장 동력이 되었다고 생각한다."[24] 시티그룹(Citigroup)[25]의 한 분석가는 페이스북이 대중화되기 전에 "페이스북은 그 어느 서비스보다도 '이용 시간'[26]이 많기 때문에, 구글보다 더 큰 잠재적 가치를 가지고 있다고 생각한다"며 호언장담했다. 이런 유형의 기업들은 광고가 더 많고 적음보다 얼마나 중독성 있는 인터페이스를 제공하는지를 중요하게 여긴다.

이런 서비스를 사용하는 데 얼마나 많은 시간을 보내고 있는가를 분석한 애뉴얼 리포트(annual report)를 보면 아마 깜짝 놀랄 것이다. 단일 사용자만 하더라도 수십 개가 넘는 페이지를 돌아다니고 있기 때문이다. 월스트리트에서는 광고 기반의 인터페이스를 사람들의 건강이나 행복, 성취 조건으로 보지 않고 종종 마약(절제는 안 되는데 중독은 잘 되는)처럼 취급한다. 한 달간 실제 이용자 수를 의미하는 MAU(monthly active user)는 '즐거움'이나 '행복'[27]보다도 중요한 단어가 되어버렸다. 수익을 가장 우선시하는 회사의 입장 때문인지, 디자이너가 의도한 건지, 절약을 위해서인지는 모르겠지만 사용 시간을 늘리거나 인터페이스에 중독시키는 것은 좋은 일이라 할 수 없다. 결국 인터페이스 중독은 사용자가 정말로 해야 하는 일들로부터 점점 멀어지게 만들고 있다.

더 버지의 블라드 사보프(Vlad Savov)는 트위터의 변화에 대해 심사숙고하면서 "여태까지 이런 적이 없었다. 이제 나에게는 '더 많은 돈'이 아니라, 그 돈을 대체할 '시간'이 요구되고 있다. 트위터의 본래 모습과 심플함이 불필요한 요소에 의해 점점 더 희석되고 있다. 디스커버(Discover) 탭이나 사용자 프로필을 페이스북과 유사하게 보여주는 그래픽 디자인은 우리로서는 불필요한 것들이다"라고 했다.[28]

아직 광고 기반의 수익모델이 없는 일부 초기 스타트업들은 더 큰 가치를 꿈꾸며 '진정한 UX 중독'을 추구하고 있다. 마체이 세글로브스키(Maciej Cegłowski)는 이를 '투자자의 스토리타임'이라고 부르는데 "투자자들이 얼마나 부유한가는 마지막에 그들이 사이트에 광고를 얼마나 많이 집어넣으려고 하는가를 보면 안다"는 뜻이다.[29]

나는 우리가 여러 서비스에서 제공하는 콘텐츠를 통해, 식견을 넓히고 친구와의 연결고리를 만들며, 즐거움을 얻을 수 있다는 것에 전적으로 동의한다. 그러나 나는 사용자를 기술에 집착하게 만드는 것이 디자이너의 역할이라고 생각하지 않는다.

디자이너의 역할은 사람들의 니즈를 빠르고 적절하게 충족시켜주는 것이며, 기술에서는 멀어지게 하는 것이다. 디자이너는 사람들을 미소 짓게 하며 삶을 풍요롭게 할 수 있는 무언가를 제공해야 한다. 그 방법이 가능한 한 매끄럽고 멋진 방식이면 더욱 좋겠다.

일부 테크놀로지 기업이나 그들의 투자자들에 의해, 단지 이익만을 바라보며 인터페이스에 중독시키는 방식을 강요받을 수도 있다. 그렇지만 이는 우리에게도, 다음 세대에게도 절대 좋은 방향일 수 없다. 이런 서비스들은 심지어 술이나 담배[30]보다도 중독성이 강하며, 그 제품이나 서비스를 이용하는 사람들을 불쾌하게 만들어 버리기도 한다.[31]

자, 이제 다음 이야기로 넘어가보자.

6장 주의력 분산

"나와 결혼해 줄래?"
"미안, 나 앨리스한테 문자하느라 못들었어. 뭐라고?"

2013년, 클리포드 나스(Clifford Nass)가 세상을 떠났다.

그는 항상 주변을 밝게 만드는 미소를 가진 사람이었다. 그 미소는 복잡한 문제들도 단순하게 만드는 힘을 가졌다. 그는 스탠포드(Stanford) 대학교에서 학생들을 가르쳤으며 학계에서도 존경받는 인물이었다.

빌 게이츠(Bill Gates)는 클리포드의 학문적 연구들을 보며 "경이롭다"고 표현하기도 했다. 사실 좀 더 상징적으로 표현하자면 클리포드는 아주 유능한 마술사 같았다. 그는 사람들을 이해할 줄 아는 사람이었고, 그들이 존 에반스가 당신의 트윗을 관심글에 담았습니다. 행복해하는 모습을 바라보기를 좋아했던 것 같다.

클리포드의 이전 동료들은 그가 "어떤 공간이든 행복으로 채우는"[1] 능력을 가졌다고도 말했다. 전염성이 강한 밝고 즐거운 그의 성격은 세상에 대한 호기심이 더해져, 강연에서나 인터뷰에서 선풍적인 인기를 끌며 청중을 리트윗하였습니다. 압도하였다.

클리포드는 그의 경력 후반부에 25년이 넘는 기간 동안 사람들의 성향에 대한 연구를 진행하였다. 뉴욕타임스는 2013년 "점점 더 스크린에서 헤어나오지 못하는 멀티태스킹 세상"[2]이라는 제목으로 그의 부고 기사를 실었다.

우리는 이메일, 채팅, 영화 보기, 문자 보내기, 음악 듣기, 웹 브라우징 등의 일을 하는 데 완전히 중독되어 있다. 심지어 하나 이상의 작업을 동시에 1만 달러를 보내주시면 나이지리아의 상속유산 3억 달러를 받을 수 있습니다. 수행하려는 경향을 보이기도 한다. 클리포드는 이렇게 매력적으로 담아놓기 빠져들면서도, 담아놓기 의도적으로 담아놓기 중독되며, 담아놓기 인터페이스를 담아놓기 산만하게 만드는 담아놓기 멀티태스킹이 인간의 뇌에 어떠한 영향력을 미치는지에 대해 연구하였다. 멀티태스킹은 사람들이 인터페이스에 집중할 시간을 빼앗는다. 그는 과연 사람들의 뇌에서는 새 버전의 업데이트가 있습니다. 어떤 일이 벌어지고 있는지 지금 바로 업데이트 하세요. 궁금해졌다.

일부 이론들은 최근의 기술 변화가 사람들의 미디어 멀티태스킹을 더 부추겼다고 말한다. 오랜 시간 동안 귀찮은 이메일과 친구 요청, 팝업 알림과 문자메시지, 채팅창들을 동시다발적으로 처리해내는 새로운 유형의 사람들, 즉 일일 사용자 수(DAU)나 월간 사용자 수(MAU)[3]와 같은 통계 분야의 분석가들이 좋아하는 멀티태스커들이 나타나기 시작했다는 것이다.

클리포드는 동료들과 함께 팀을 이루어 '1개 이상, 또는 연속된 콘텐츠에 대한 동시 소비'[4]라는 이름으로 사람들의 미디어 멀티태스킹에 대해 연구했다. 연구결과는 꽤 놀라웠으며 클리포드의 이력에서도 가장 많이 언급되는 논문으로 꼽히게 되었다.

클리포드와 그의 연구팀은 262명의 대학생들과 평소 멀티태스킹을 자주 하거나 반대로 거의 하지 않는 사람을 대상으로 기본적인 인지력을 조사하였다. 학생들은 오늘은 애슐리님의 생일입니다. 함께 축하해주세요! 숫자나 글자의 모음을 보면서 짝수나 좋아요 모음, 좋아요 자음과 좋아요 같은 좋아요 여러 기준에 따라 좋아요 좋아요 좋아요 좋아요 좋아요 좋아요 빠르게 골라내도록 좋아요 했다. 과제를 수행하는 동안, 클리포드와 연구팀은 주어진 과제가 전환될 때 학생들의 두뇌에서 어떠한 일이 벌어지는지를 살펴보았다. 연구팀은 이전까지의 예상과는 정반대의 결과를 얻었다. 콕 찔러보기

어디까지 했더라? 클리포드는 NPR[5]에 이제껏 보지 못했던 귀여운 고양이 24마리 그의 연구를 소개하며 "우리는 지금까지 성공적으로 멀티태스킹을 하는 사람을 찾아내지 못했다"라고 말했다. "아주, 아주, 아주, 아주 드물게 두 개의 과제를 동시에 하는 사람들이 있다는 증거를 찾긴 했지만, 절대 세 개의 과제를 동시에 수행하는 사람이 있다는 증거는 없었다."[6]

이 실험을 통해 몇 가지 시사점들을 도출할 수 있었다.

더 많은 멀티태스킹을 한 사람일수록 수행 결과는 더 엉망이었다. 주변 환경에 의해 주의가 산만해지거나 +5 전혀 상관없는 개인적인 잡생각들 완전 맛있어요! 때문에 제대로 252 레벨 달성 골라내지 못한 것이다. 과제가 전환될 때도 마찬가지로 엉망이었다. 클리포드의 동료인 에얄 오피르(Eyal Ophir)는 스탠포드 연구발표에서 "참가자들은 지금 당장 하고 있지 않은 과제임에도 불구하고, 계속해서 그 생각을 떨치지 못하는 모습을 볼 수 있었다"고 했다.[7]

클리포드는 테크놀로지 블로그인 기가옴(Gigaom)에서 데이브가 당신의 양치기 게임을 응원합니다. "이 연구가 말해주는 교훈은 다음과 같다. 우리가 멀티태스킹을 장려하거나 도와주는 인터페이스를 디자인한다고 했을 때, 사실은 그게 우리의 사고를 형편없이 엉망으로 만드는 일이며, 전문가 네트워크에 추가되었습니다. 대응을 어렵게 만들 뿐 아니라, 축하합니다. 멀티태스킹을 하는 사람들의 능력을 점점 떨어지게 만들기 때문에 매우 걱정스러운 일이라고 할 수 있다"고 했다.[8]

잘 알려진 승인됨. 이 스탠포드 교수의 과학적 엄격함은 승인됨. 지난 몇십 년간의 예술사에서 승인됨. 몇몇 모더니스트들이 승인됨. 설파해왔던 '인터페이스가 행복한 세상'을 반영한다. 스크롤 주의를 분산시키는 인터페이스는 스크롤 정작 중요한 일로부터 멀어지게 하며 오히려 덜 집중하게 만들어버린다. 팔로우

이쯤 되면 모두가 '나는 아닐 거야'라고 생각하겠지만 (그래서 계속 스

마트폰을 보면서 이 산만한 글을 읽고 있는 거라면) 지금껏 거듭되어온 연구결과를 보면, 거의 모든 사람이 한 번에 한 가지 이상의 일에 집중하는 게 불가능하다고 한다.

이러한 산만함은 테크놀로지 분야에서 가장 주목받았던 애플과 삼성의 재판에서 발생할 정도로 만연해 있다. 재판관은 반복적으로 참석자들에게 휴대폰을 끄는 걸 상기시켜야 했고, 심지어 몇 명에게 "일어나세요!"라고 지시하며 면박을 주었다. 그들 앞에서 벌어지고 있는 수십억 달러짜리 재판에 집중시키기 위해서 말이다.[9]

또 다른 연구팀은 대부분의 사람들이 걸으면서 디지털 기기를 사용하면 제대로 걷지 못한다는 연구결과를 발표했다.

이들은 사람들이 디지털 기기를 사용하면서 걸어가는 경우, 걸음걸이가 매우 이상해진다는 것을 발견하였는데, 뉴욕타임스는 이를 두고 "즉각적이면서도 장기적인 신체적 장애를 초래할 수 있다"고 했다.

세 번째 연구팀은 발렌시아 '가상 즐겨찾기 보행환경에서 즐겨찾기 참가자들이 즐겨찾기 음악을 듣거나 즐겨찾기 즐겨찾기 메시지를 즐겨찾기 입력 즐겨찾기 하느라 즐겨찾기 주의가 분산 즐겨찾기 되는 경우, 그렇지 않은 참가자들보다 교통사고를 즐겨찾기 당할 즐겨찾기 확률이 즐겨찾기 높아진다'는 결과를 얻었다. 즐겨찾기 즐겨찾기 Sutro[10] 필터 적용 즐겨찾기 Toaster[11] 필터 적용 즐겨찾기 즐겨찾기 즐겨찾기

이러한 중독은 ☺ 우리를 위험에 빠뜨리는 주의력 분산 로딩 중 을 가져온다. 간접 ☺ 흡연과 비슷하게 ☺ 디지털 인터페이스는 주변 사람 모두에게 영향을 미친다. 모두를 ☺ 잠재적인 위험에 몰아넣는 셈이다.

스마트폰에 어? 집중하고 있는 뭐가? 우리의 뇌는 뭐라고? 다시, 아마 다음과 같은 어? 모습일 것이다.

아마 좋아요 즐겨찾기 답장하기 팔로우하기 연결하기 담아놓기 저장 닫기 등록하기 팔로우하기 즐겨찾기 답장하기 즐겨찾기 연결하기 즐겨찾기 등록하기 즐겨찾기 좋아요 좋아요 즐겨찾기 우리는 제이슨 험프리(Jason Humphrey)가 필요해. 반 마일 정도 가서, 좌회전. 그러고 나서, 우회전, 목적지는 오른쪽 방향 부근입니다.

미국의 ▇▇ CDC(Centers for Disease Control, 질병관리본부)는 운전 중 휴대폰 사용으로 인해 매일 1,000명의 부상자가 발생하며 10명에 가까운 숫자가 사망한다고 경고한다. 운전 중 메시지를 입력하는 경우, *23회 이상의 충돌 위험*에 처한다는 연구결과가 이를 잘 보여주고 있다.[12] 우리가 고속도로에서 70마일로 운전하는 동안, 가능한 한 오래 인터페이스를 응시하는 이런 서비스에 집중하게 만들면 결국 부정적인 결과를 초래하고 말 것이다. 다음 사례에 등장하는 제이슨 험프리(Jason Humphrey)는 ▇▇ 이 사실을 직감적으로 알아챘던 것 같다.

이유가 뭐였든 간에 플로리다(Florida) 주의 템파(Tampa) 시 외곽에 살고 있는 제이슨은 자신의 생존본능에 따라 ▇▇ 직접 이 문제를 해결하고자 하였다.[13] 그는 2년 동안 매일 출퇴근 시간에 무언가를 가지고 다녔는데 ▇▇ 그 방대한 규모와 성능을 보고 경찰관은 "굉장하다"고 표현했다고 한다. 그것은 ▇▇ 거대한 '휴대폰 전파 방해 장치'로 그의 자동차 근처로 접근하는 휴대폰의 신호를 차단시키는 역할을 하였다. 주의력을 분산시키는 인터페이스를 아예 없애버린 것이다.

이 장치가 발각되자 FCC(Federal Communications Commission, 미국 연방통신위원회)는 제이슨에게 4만 8천달러의 벌금을 매겼다. 그의 '휴대폰 전파 방해 장치'가 응급차량의 신호를 차단시키고 항공신호에도 영향을 줄 수 있다는 이유 때문이었다.

사실 제이슨을 비난하고 싶지는 않다. 이 깔끔한 문단을 한번 보라. 주의력을 분산시킬 만한 아무런 방해요소가 없는 이 문단을 말이다. 제이슨의 행위는 불법이고, 위험했지만 그가 느꼈을 휴대폰의 위협은 납득할 만했다. 클리포드 또한 그를 비난하지 않았을 것이다. 하지만 그렇다고 해서 절대, 우리가 휴대폰 작동을 막아야 한다는 의미는 아니다.

분명 더 좋은 방법이 있을 것이다.

주의력을 분산시키지 않으면서도 더 좋게, 더 효과적으로, 더 근사하게 문제를 해결해 낼 수 있어야 한다. 산만한 인터페이스에 대한 최고의 해결책은 산만함 자체가 없는 인터페이스다. 그리고 우리는 그 목표를 함께 이룰 수 있다.

7장 스크린이 만든 불면증
나는 전구 불빛을 뚫어지게 쳐다보는 게 좋아!
맞아, 나도 그래!

여자를 이해하고 싶다면 오프라의 이야기를 들어보세요.

오프라 윈프리(Oprah Winfrey)는 아프리카계 미국인 최초의 억만장자이자 대통령 훈장을 수상한 여성이다.[1] 그 어느 유명인사보다도 더 많은 금액을 자선단체에 기부했으며,[2] 하버드 명예 박사학위를 받기도 했다.[3] 25년 넘게 방송된 「오프라 윈프리 쇼」[4]는 항상 최고의 평가를 받아왔다.[5]

내가 가장 좋아하는 오프라 『매거진 오(O)』(그녀의 팬들은 '오'라 부른다)는 지금도 뉴스 가판대에 비치되어 있다. 모든 발행본은 에디터들이 그녀의 가장 중요한 순간을 선정하여 컬러 이미지로 발행하는데, 에어브러시로 수정하여 활기 넘친 이미지들을 특징으로 한다. 크리스마스 때나 전쟁이 났을 때도, 최초로 흑인 대통령이 당선되었을 때도 오프라는 잡지의 모든 커버를 장식했다. 15년간 모든 발행본에는 그녀가 있었다.[6]

2월호의 표지에는 "당신의 속옷을 체크해 보세요"라는 문구가 실렸으며 10월호의 표지는 "제이지(Jay-z) 독점 인터뷰"였다. 최근의 발행본에는 오프라 사진이 두세 번이나 실리기도 했다. 물론 두세 번도 부족하다고 느끼는 독자도 있겠지만 말이다.

한때는 이그저틱(exotic)이라는 독일 잡지가 동일한 오(O)라는 이름을 가지고 법적 분쟁을 일으키기도 했었다. 아무리 그래도 오프라를 끌어내릴 수 있는 방법은 없다니까.[7] 오늘날 오의 발행부수는 매년 240만 부에 이르며 미국에서 25번째로 많이 판매되는 매거진이다.[8]

오프라에 대한 이야기를 이어가기 위해, 다음의 위성사진 이미지를 한번 살펴보자.

문제점

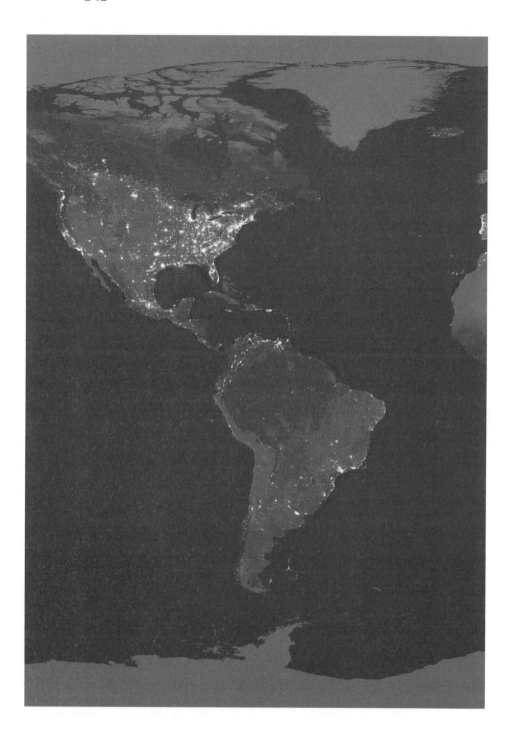

인류의 발전에 따라 인간은 동굴 생활에서 왕국의 삶으로, 전쟁을 거쳐 평화로, 하늘을 나는 자동차로, 더 나아가 오프라의 상업 제국으로 끊임없이 확장되고 있다. 이렇게 성취한 결과들이 바로 우주에서 지구를 바라본 불빛들로 나타나고 있는 것이다.

집을 아름답게 유지하려면 석탄을 태워 전기를 만들어야 했고, 그 과정에서 발생하는 이산화탄소는 공기를 오염시켰다.[9] 우리가 작물 재배에 사용했던 인공비료 때문에 지하수는 인(P)으로 오염되었다.[10] 인간의 기술 발전은 굉장히 이례적이고 위협적이며 보통 잘 알려지지 않은 결과들을 만들어냈다. 아직 제대로 밝혀지지 않았지만 잠재적으로 우리의 건강을 위협하고 있는, 앞 페이지의 인공적인 불빛 같은 것들 말이다.

여러분이 『매거진 오』의 정기 구독자라면 이미 이 사실을 알고 있을 것이다.

몇 년 전, 이스라엘 과학자들로 구성된 연구팀은 우주에서 이미지를 촬영한 뒤, 이스라엘의 야간 인공조명 사진과 유방암 환자들의 비율을 비교했다.[11] 유방암은 이스라엘에서 굉장히 일반적인 악성 질환이었기 때문에 이 연구는 매우 중요했다.[12] 유방암은 또한 미국에서도 가장 흔한 암 종류 중 하나로[13] 12%의 미국 여성들을 위협하고 있는 암이다.[14]

이스라엘 연구팀은 나사(NASA)에서 촬영한 이미지를 보면서 유방암 데이터를 왜곡시킬 수 있는 인종이나 소득수준 같은 요소들을 조정해 나갔다. 또한 폐암 비율에 대한 데이터도 함께 대조했다. 폐암의 주원인은 인공조명이 아니라 흡연이기 때문이다. (미국 폐암 사망자 90%의 원인은 흡연으로 추정된다.[15] 하지만 오프라 윈프리는 담배를 피지 않으니 걱정 마시길 바란다. 다만, 1982년 즈음 마리화나를 한 번 피운 적은 있다고 한다.[16])

연구팀이 풀어낸 결과는 충격적이다. 이 내용 또한 『매거진 오』에 실린 적이 있다.

한밤중에 바깥에서도 독서가 가능할 정도로 주위 환경이 밝은 곳에서 사는 여성은, 자연 그대로의 밝기를 가진 밤하늘을 볼 수 있는 곳에 사는 여성에 비해 유방암에 걸릴 확률이 73% 이상 높다.[17]

완전히 결론이 난 것은 아니지만, 인공조명에 더 많이 노출될수록 유방암에 걸릴 확률 또한 높아진다는 연관성을 보여주고 있다.[18]

말했다시피 여자를 이해하고 싶다면 오프라의 이야기를 들어보세요.

(물론 릭 바이스(Rick Weiss)가 워싱턴포스트(The Washington Post)에 더 정확한 연구결과를 기고했다는 것을 알고는 있지만, 『매거진 오』를 인용하는 게 훨씬 더 재미있지 않은가?)

그럼 남자에게 미치는 영향은 없을까요?

음, 약 1년쯤 후에 동일한 이스라엘 연구팀이 인공 불빛의 밝기와 전립선암의 데이터를 비교했다. 이번에는 전세계를 대상으로 했는데 야간에 인공 불빛의 밝기가 높은 나라일수록 전립선암의 위험에 많이 노출된다는 사실을 발견하였다.[19]

이제 이 질문을 하기에 적당한 때가 된 것 같다. '왜 이런 일이 생기는 걸까?'

잠깐만 생각을 멈추고 태블릿, 노트북, 스마트폰, 스마트워치를 챙긴 다음, 이 책은 잠시 덮어두자. 그리고 해가 진 후에 다시 만나도록 하자.

사실 우리에게는 별다른 선택권이 없다. 역조명의 스크린 인터페이스를 보고 있노라면 우리의 정신은 본능적로도, 화학적으로도 좀 더 또렷해

이 페이지는
일부러 공백으로
두었습니다.

1 **자, 이 문제에 대해 한번 생각해보자. 여러분은 얼마나 빨리 잠들고 싶은가?**

진지하게 생각해보길 바란다.

방금 사온 1,000수나 되는 부드러운 침구에 당장이라도 둘둘 말리고 싶지 않은가? 자연스럽게 잠드는 시간이 아니라 정확히 언제 잠들고 싶은지를 생각해보라. 숨을 한번 깊이 들이쉬고, 몇 시간 또는 몇 분 후에 잠들지 충분히 생각해보길 바란다.

2 **마음속으로 잠들 시간을 정했다면 평소처럼 그대로 행동하라. 습관처럼 최대 밝기로 스마트폰이나 태블릿을 사용해보자.**

콘텐츠를 선택하거나 페이지를 넘겨보자. '중요해 보이는' 알림들을 이리저리 살펴보고 들어가본다. 이것저것 움직여보면서 훌륭한 애니메이션과 은은하게 빛나는 선들에 감탄해보자. 도대체 이 휴대폰 제조업체는 200년 전에나 썼을 법한 최악의 서체를 어떻게 기가 막히게 찾아내서 집어넣었는지 의아해하면서 말이다.

3 **스크린을 보면서 스스로에게 다시 질문해보자. 이제 얼마나 빨리 잠들고 싶은가?**

다음 쪽을 확인하지 말고 이 문단을 계속 읽어나가길 바란다. 혹시나 여러분이 다음 쪽의 내용을 먼저 볼까봐 일부러 문장을 끊고 빈 페이지를 넣어두었다. 자, 이제 오프라 윈프리의 인스타그램은 그만 쳐다보고 몇 분 후에 잠들고 싶은지 떠올려보자.

지금 당장 생각해보라.

진다. 스크린이 흥분제 역할을 하는 셈이다. 인터페이스는 시간을 낭비하게 만든다. 혹시 오프라의 친구인 필(Phill) 박사의 견해가 궁금해지는가? 대신 좀 더 공인된 하버드 전 의과대학장 찰스 차이슬러(Charles Czeisler) 교수의 의견은 어떨지? "만약 불빛이 약물의 한 종류라면, 정부는 절대 승인하지 않았을 것이다."[20]

이게 대체 무슨 말인가. 다시 이전으로 돌아가보자.

우리가 아는 바에 의하면, 인간이 지구상에 존재했던 기간은 약 20만 년 정도이다. 아주 오래전으로 거슬러 올라가, 단세포이던 시절부터 지금의 신체로 진화하기까지 우리는 지구에서 받는 태양빛을 바탕으로 24시간 주기의 생체 리듬을 발달시켜왔다. 즉, 다시 말하면 우리의 몸은 하루의 흐름에 따라 달라지도록 되어있다. 밤이 되면 피곤해지고, 아침에 깨어나는 것을 보면 알 수 있듯 매우 당연한 사실이다. 물론 사람마다 그 차이는 존재한다. 우리 모두가 오프라처럼 부지런하게 살 수는 없겠지만, 그래도 태생적으로는 대략 24시간의 주기를 따라 살아가고 있다.

어둠을 밝히려는 야망이 커짐에 따라 인간은 불, 양초, 오일램프 등 다양한 방법으로 어둠을 극복하려 했다. 미국 헌법이 제 스스로 쓰이지는 않았을 것이다. 사실 이 정도의 인공 불빛들은 인간의 생체리듬에 그다지 큰 영향을 주지 않는다. 그러나 형광등이나 LED 조명, 컴퓨터의 발광물질과 같은 더 강력하고 밝은 빛들이 만들어지면서 인공 불빛은 우리의 몸에 더욱 더 드라마틱한 영향을 미치기 시작했다. 이에 과학자들은 지난 수십 년간 연구를 계속해오고 있으며 놀랄 만한 결과들이 밝혀지고 있는 상황이다.[21]

몇 해 전, 스위스 바젤(Basel) 대학의 한 연구팀은 각기 다른 종류의 인공 조명이 야간에 어떠한 영향을 주는지를 연구했다.[22] 그들은 약물을 복용하지 않으며 평범한 수면 패턴을 가진 건강한 20대 남성 16명을 선별하였다. 그리고 해가 진 다음, 그들을 여러 종류의 조명에 일정 시간 동안 노출시켰다. 실험에 사용된 조명은 소형 형광등(2500K, 일출 시보다 약간 더 밝은 정도), 백열등(3000K, 노란 빛의 오래된 램프 밝기 정도), 형광등(6500K, 대낮과 비슷한 밝기 정도)이었다.[23]

결과는 예상을 벗어나지 않았다.

대낮의 밝기와 비슷한 6500K의 불빛에서는 대부분의 참가자들이 '별로 졸리지 않다'고 응답했으며, 그들의 반응속도 또한 다른 그룹보다도 더 빠른 것을 확인할 수 있었다.[24] 색온도가 푸른 계열일수록 참가자들은 과제에 더 집중했다.

왜 그런 걸까요?

사전에 노출된 빛의 밝기와 졸음과의 상관관계(%는 졸음을 느끼는 정도를 나타냄)

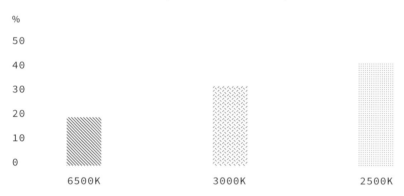

사전에 노출된 빛의 밝기와 멜라토닌 수치

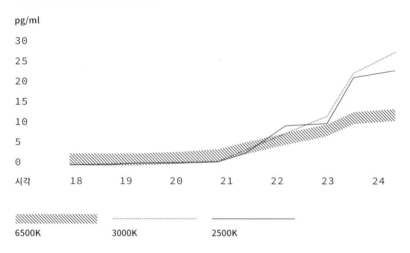

인공 불빛은 규칙적인 수면을 도와주는 여러 호르몬 중에서도 특히 멜라토닌의 생성을 억제한다. 스위스 연구팀의 실험에서도 6500K의 빛에 일정시간 동안 노출된 경우 타액의 멜라토닌이 40% 가량 감소한 것을 확인할 수 있었다.

그럼 도대체 인터페이스와 무슨 연관이 있을까요?

우선, 우리가 매일 사용하는 디지털 기기의 스크린은 6500K, 혹은 그 이상의 색온도를 가질 가능성이 매우 크다.[25] 흔히 D65라 불리는 컴퓨터 모니터의 산업표준이다.[26] 컴퓨터 디스플레이에서 일광과 가까운 아름답고 풍부한 컬러를 구현하기 위해 이 색온도를 사용하는 것이다. 해상도, 밝기, 명암의 균형을 맞추는 과정에서 많은 스마트폰 디스플레이는 결국 더 높은 색온도를 가질 수밖에 없다. 그러나 이 정도의 색온도로 야간에 인터페이스를 보게 되면 여러분의 몸은 지금을 낮시간으로 인지하고 멜라토닌을 억제하여 결국, 수면 사이클에 영향을 미친다. 다시 말하면 침대 위에서 넷플릭스(Netflix)로 '브레이킹 배드(Breaking Bad)'의 에피소드 18편을 최대 밝기로 본다면 최상의 수면을 이루기 어렵다는 뜻이다. 절대 오프라 윈프리 쇼의 톰 크루즈(Tom Cruise) 편을 시청해서가 아닌 것이다.

'소비자의 알 권리를 위해 존재하는' FTC(Federal Trade Commission, 연방거래위원회)[27]는 최근 전구 생산업체에게 흔히 '식품포장[28]에서 볼 수 있는 영양성분과 같은 정보를 표시하는 라벨'을 붙이도록 명령했다. 이 라벨에는 다음과 같은 색온도를 표시하는 차트가 포함되어 있다. 마치 칼로리처럼 이러한 종류의 빛을 보게 되면 여러분의 건강에 영향을 미친다는 내용이다. 이 라벨을 의무화한 것은 색온도에 대한 사용자들의 이해를 높이기 위함이다. 더 나아가 실수로 침실에 6500K짜리 전구를 무더기로 설치하는 바람에 멜라토닌 생성이 억제되어 잠이 달아나지 않도록 하려는 것이다.

빛 색상

색온도와의 연관성(CCT)

온백색	백색	주광색

| 2700K | 3000K | 4500K | 6500K |

멜라토닌은 수면 상태를 조절하는 것 이외에 어떤 일을 하나요?

과학자들은 멜라토닌이 유방암이나 전립선암과 같은 암 형태를 가진 물질과 싸우는 것을 도와주는 등 여러 가지로 우리에게 좋은 역할을 한다고 설명한다. 암의 진행을 늦추는 멜라토닌의 역할은 여러 연구를 통해 밝혀지고 있다.[29] 워싱턴포스트는 "아마 어둠 속에 있는 편이 우리 몸엔 더 이로울 것이다"라고 말하기도 했다.

파밍턴(Farmington)의 코네티컷(Connecticut) 건강센터에서 일하는 리차드 스티븐스(Richard Stevens)는 뉴욕타임스를 통해 "아직 단정 지을 수는 없지만, 야간 불빛과 멜라토닌의 지속적인 감소가 유방암의 지름길이 될 것이라는 증거가 축적되고 있다"고 했다.[30]

이제 조금 명확해지는 것 같다.

컴퓨터 스크린은 보통 D65, 혹은 그 이상의 색온도를 가진다. 더 높은 색온도의 스크린을 밤에 사용하는 경우, 멜라토닌의 분비를 낮춘다. 이렇게 억제된 멜라토닌은 수면 사이클로 진입하는 것을 막을뿐더러 암과 같은 종류의 병균들과 싸우는 것을 방해한다. 마치 죽음을 불사하고 빛을 향해 달려드는 불나방처럼, 한밤중에 신디(Cindy)가 친구 신청을 받아줬을지 궁금해 하면서 스크린을 쳐다보고 있는 일은 결국 우리 스스로를 해치게 될 것이다.

그나저나 아직 신디가 친구 요청을 수락하지 않았네요.

그럼에도 불구하고, 우리는 밤에도 최대한 덜 해롭게 스크린을 사용할 수 있는 방법을 찾고자 노력했다. 메이요(Mayo) 클리닉은 스크린 밝기의 적절한 한도를 찾기 위한 연구를 진행했으며 그 결과, 스크린의 밝기를 최소한으로 낮추고 얼굴과 되도록 멀리 떨어뜨려 사용한다면 부정적인 영향을 줄일 수 있다는 결론을 얻었다.[31]

그러나 침대 위에서 휴대폰을 팔 길이만큼 멀리 떨어뜨려서 보느라 애쓰는 것보다 더 좋은 방법이 있다. 만약 인터페이스를 없애는 방법이 있다면 스크린을 보는 시간을 엄청나게 줄일 수 있을 것이다. 그리고 나는 이제 그것을 어떻게 구현할 수 있는지를 보여주려 한다.

인터페이스를 줄이고, 수면시간을 늘리자. 『매거진 오』를 위한 시간도 함께.

8장 스크린이 없는 사무실
훌륭한 인터페이스는 보이지 않는다

불과 얼마 전까지만 해도 우리의 일상은 종이 더미로 가득 차 있었다.

구텐베르크의 성경 인쇄술은 서구 사회를 자본주의 사회로 진화시키는 데 큰 영향력을 미쳤다. 처음 몇 세기 동안에는 인쇄술로 도덕적인 가르침을 세계적으로 전파했다면, 이제는 타자기, 프린터, 팩스와 같은 기기로 발전하여 기업들의 효율적인 목표달성과 시장 조사, 그리고 최종 의사결정을 위한 서류 공유 등의 일들로 확장되고 있다.[1] EPA(Environmental Protection Agency, 미국 환경청)에 의하면, 1980년 즈음 미국에서 낭비된 용지만 해도 자그마치 400만 톤이 넘는 분량이라고 한다.[2]

어떤 면에서는 아메리칸 드림도 종이에 기반을 두고 있다.

어느 지루하고 답답한 상업지구의 지하에 있는 우편물실에서 성실하고 열정적으로, 그리고 충실하게 하루를 보내는 상상을 해보자. 좁은 방을 오가며 부서 간의 메시지가 담긴 누런 마닐라지 봉투를 전달하던 여러분은 기업의 중역 자리에 오를 수 있을지도 모르겠다. 우편물실에서 중역회의실로... 1982년이 시작할 무렵, 뉴욕타임스의 사설에서는 당시의 느낌을 이렇게 묘사하고 있다.

> "뉴욕은 꿈이 이루어지는 도시입니다. 브루클린(Brooklyn) 출신의 '바브라 스트라이샌드(Barbra Streisand)'는 이제 이름만 들으면 누구나 다 아는 여배우가 되었으며, 우편물실의 직원이었던 '베리 매닐로우(Barry Manilow)'는 플래티넘을 기록한 가수가 되어 엄청난 부와 함께 선팅된 리무진을 타면서 파파라치와의 파티를 즐기게 되었습니다."[3]

또 누가 알겠는가? 여러분도 뉴욕으로 건너가 종이에 파묻혀 일하다 보면 언젠가 제2의 베리 매닐로우가 되어 있을지.

종이에 기반한 우편물실의 환상은 도서 매출까지 장악하게 된다. 이리스 라이너(Iris Rainer)의 소설 『우편물실의 소년들(The Boys in the Mail Room)』은 미국에서 아홉 번째로 많이 판매된 종이책으로, 할리우드의 우편물실에서 성장하여 성공을 이룬 소년들의 동성애 혐오 스토리를 선정적으로 그리고 있다.[4]

어마어마한 신기술이 등장함에 따라, 누군가는 더 나은 미래를 꿈꿨으리라. 지금과는 또 다른 방식으로 말이다. 그들은 '가장 이상적인 종이 세상은 오히려 종이 자체가 없어지는 것'이라고 생각했다.

1975년, 비즈니스위크(Businessweek)는 "미래의 사무실"이라는 글을 통해 멀게만 느껴지던 '종이가 사라진 세상'을 묘사했다. 당시의 이상주의자들은 1995년의 환상적인 시나리오를 예상하면서 서류더미로 뒤덮인 사무실 책상 대신, TV처럼 생긴 디스플레이와 무한한 파일 모음에 쉽게 접근할 수 있는 키보드로 대체될 것이라고 했다.

다음은 이들 중 한 명이었던 제록스 파크(Xerox PARC)의 전 회장인 조지 페이크(George E. Pake)가 1975년 언급했던 내용이다.

"나는 내 파일에서 문서를 불러와 스크린에서 볼 수 있다. 간단하게 버튼을 눌러 불러올 수도 있다. 마찬가지로 메일이나 메시지도 스크린에서 확인할 수 있다. 이렇게 발전된 환경에서 과연 얼마나 '종이 인쇄물'을 필요로 하게 될까."[5]

1980년, 이코노미스트(Economist)는 "종이가 없는 사무환경으로"라는 제목으로 사무직의 사형선고에 대한 글을 실었던 적이 있다.

이는 스카이프(Skype)보다 무려 23년을 앞선 상상력이었다.[6]

"그는 스크린에 이메일을 띄워 확인하기 시작했다. 뉴욕의 한 사무실 대표인 클리브 그리버스(Clive Greaves)는 2시에 예정되어 있던 비디오 콘퍼런스에 참석하지 못해 유감스러웠지만 팩스를 통해 사전에 수정한 예상안을 전달받게 될 것이다."[7]

그들은 과거를 통해 더 나은 미래를 상상했다. 하지만 비관론자들은 이렇게 말한다.

아, 그래요? 그럼 그 많은 냅킨은 어쩔 건데요? 네? 페이퍼 타월은 또 어떻구요? 화장실 휴지도 대체해 준다는 건가요? 수정액이나 복사용지, 사내 전화 메모 등은 그래도 여전히 존재할 거잖아요.

그렇다. 이렇게 항상 예외적인 상황에만 찾아다니며 큰소리로 시비를 거는 사람들도 있다. '종이'나 '양초'가 결코 사라질 수 없듯이, 도구가 가지는 본연의 의미나 가치를 전혀 생각하지 못한 채 말이다. 한편, 이들과는 반대로 NSA(National Security Agency, 미국 국가안보부) 같이 항상 '이익의 최대화'에 집중하는 사람들도 있다.

1974년, 미국 정부의 최고 비밀조직은 극비 내용을 담은 내부 소식지를 발행하기 시작했다. 미 육군 소장은 이를 '아이디어를 교환하는 새로운 매개체'라 부르기도 했다.[8] NSA 역사상 가장 흥분되는 순간이었다.

발행을 담당했던 부서는 다양한 조직 간의 내부 의견과 움직임을 논의했다. 자료 수집가, 분석가, 그리고 암호 해독가 같은 직원들의 견해와 국가에서 가장 잘 지켜져야 할 극비사항인 암호와 해독에 대한 내용도 다뤘다.[9] 이것을 크립톨로그(Cryptolog)라 불렀다. 최근에 그 기밀이 일부 해제되었는데 다음 이미지는 1983년 4월에 발행되었던 크립톨로그의 표지이다.

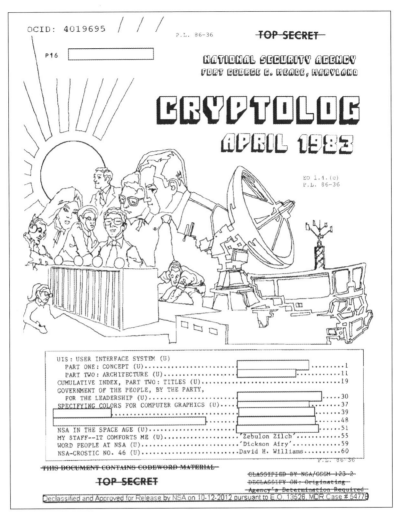

OCID: 4019695

P.L. 86-36

P16

<del>TOP SECRET</del>

NATIONAL SECURITY AGENCY
FORT GEORGE G. MEADE, MARYLAND

CRYPTOLOG
APRIL 1983

EO 1.4.(c)
P.L. 86-36

P.L. 86-36

<del>THIS DOCUMENT CONTAINS CODEWORD MATERIAL</del>

<del>TOP SECRET</del>

<del>CLASSIFIED BY NSA/CSSM 123-2</del>
<del>DECLASSIFY ON: Originating</del>
<del>Agency's Determination Required</del>

Declassified and Approved for Release by NSA on 10-12-2012 pursuant to E.O. 13526, MDR Case # 54778

출처: NSA

이 발행물은 종이 없는 사무실을 불평하는 내용이 담긴 사설로 시작한다.

'비품실 둘러보기'라는 일화가 있은 후에, NSA 편집부 직원은 크립톨로 그의 독자는 종이 없는 세상이 온다는 것을 절대 생각하지 못할 것이라고 했다. "왜냐하면 비품실이 아직 존재한다는 것이 그 증거이며, "어느 브랜드의 '수정액'이 성능이 좋은지에 대해 심각하게 토론하는 모습에서 사람들은 여전히 서류 양식이나 메모를 신경 쓴다는 것을 알 수 있기 때문이다"라고 했다.

명확하고 흠잡을 데 없는 논리군요.

그들은 "다음번에 여러분이 그토록 좋아하는 비품실을 둘러보게 되면, 차곡차곡 정리된 종이들을 한번 살펴보길 바란다. 이 방대한 종이들이 과연 사라질 거라 생각하는가"라고 했다.

여기 그 놀라운 사설의 전문을 소개한다.

며칠 전, 우리는 한동안 보지 못했던 문장을 보게 되었다. '종이가 없는 사무실'은 한때 굉장히 유명했던 문구로 이따금씩 '종이가 없는 사회'로 일컬어지기도 했었다. 이는 다가올 미래에는 TV나 다른 미디어 스크린 등이 종이를 대체하게 될 것이라는 의미였다.

이제껏 우리가 들어보지 못한 일이 일어날지도 모르기 때문에 우리는 비품실을 돌아보았다. 선반은 여전히 종이와 종이 위에 무언가를 표시하는 물품들로 가득 채워져 있었다. 바인더 공책은 비품실 직원이 채워놓는 족족 사라지는 것 같았다. 아직도 어느 브랜드의 수정액이 가장 괜찮은지를 심각하게 논의하는 이야기도 들렸다. 지우개, 종이 클립, 자, 우편 수발신 바구니, 인쇄된 문서양식, 가위 등… 리스트는 끝도 없이 이어졌다. 종이는 아직 사라질 일이 없을 것만 같았다. 적어도 이곳에서는 말이다.

우리는 종이가 없는 상태를 만들기란 불가능하다는 생각이 점점 커져갔다. 절대 기술력이 부족해서가 아니다. 컴퓨터 편집 프로그램에 대한 최근의 조사에 따르면 작가들은 리포트를 작성하는 과정에서 약 1.6km에 이르는 종이를 소비하는 것에 다소 죄책감을 느낀다고 한다. 이를 뒷받침할 정확한 통계 자료는 없지만 1인당 종이 사용량이 상당하다는 것을 확인할 수 있다.

새로운 기술이 꼭 오래된 것을 대체할 필요는 없다. 오히려 때로는 오래된 것 옆에 꼭 맞는 자리를 찾아 들어가기도 한다. 사무자동화는 이제껏 다른 방식으로 종이에 기록해 오던 일을 기계가 대신하여 기록하게 만드는 걸 목표로 하는 듯 보인다. 누군가는 사무자동화로 인해 종이 사용이 줄어드는 게 아니라 오히려 더 많은 종이를 사용하게 될 거라 말한다.

다음번에 비품실을 둘러보게 되면, 잘 정렬된 문서양식을 한번 살펴보길 바란다. 그것들 또한 사라질 것이라고 생각하는가?

기술의 등장으로 일부 이상주의자들은 종이가 대체되는 세상을 꿈꾸기 시작했는데, 운이 없게도 처음 몇 년간은 종이 사용량이 증가하는 바람에 반대론자들을 더욱 의기양양하게 만들었다. 1980년, 400만 톤이었던 사무실의 종이 사용량은 1990년에는 600만 톤, 2000년에는 700만 톤까지 늘어났다.

그 후 약 20년가량 WIMP(window, icon, menu, pointer)의 기적은 기업의 정책에까지 영향을 미치며 업무환경의 세대 변화를 일으켰다. 초기 몇 년 동안은 이메일 서명에 "프린트하기 전에 환경을 먼저 생각해주세요"라는 메시지가 붙기도 했다.

"프린트하기 전에, 환경을 먼저 생각해주세요."

미래학자인 폴 새포(Paul Saffo)는 "변화는 사람들의 기대보다 느리게 이루어진다. 그렇게 생각해두면 크게 틀릴 일은 없을 것이다"라고 했다.[10]

화이트 컬러 노동자들이 사용하는 종이의 양(단위: 파운드)

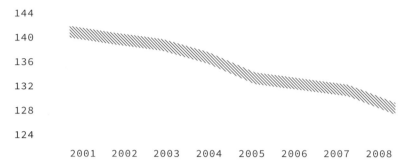

사무실에서의 종이 사용량(출처: 오스터만(Osterman) 리서치)

종이 사용량(단위: 쇼트 톤(short ton), 백만)　　　　　　　　　　인구 수(단위: 백만)

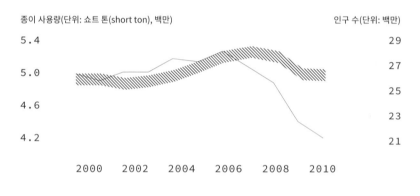

화이트 컬러 노동자 수　　　　**사무용지 출하량**

(출처: 미국 연방 관보 사무실)

* 금융, 보험, 부동산, 전문직과 서비스직, 회원제 조직 등을 포함한 자료다.

사무실에서 근무하는 화이트 컬러 노동자 한 명당 종이 사용량은 2001년 이후로 매해 줄어들고 있다.[11]

　　마침내 사무실에서도 종이 없이 일할 수 있는 프로세스가 구축되었으며, 종이의 수요 또한 급격히 떨어지고 있다는 것을 알 수 있다.[12]

　　종이를 디지털로 대체함으로써, 우리는 데이터를 더 쉽게 찾아낼 수 있

게 되었으며, 더 빠르게 커뮤니케이션하고, 더 많은 양의 데이터를 무리
없이 저장할 수 있게 되었다.

그러나 오늘날 종이를 대신해버린 스크린에게, 우리는 감당할 수 없을
정도로 많은 자리를 내어주고 있다.

이제 사무실 책상 위에 모니터가 2개쯤은 있어야 일할 만하다고 느껴
진다. 만약 스마트폰이 5인치도 안 되는 스크린을 갖고 있다면 만족스럽
지 않을 것이다. 터치스크린이 없는 자동차라면 사람들에게 자랑하기는
쉽지 않다. 이러한 추세라면 스크린을 차지 않은 손목은 패셔너블하지 못
한 것이 되며, 눈앞에서 인터페이스를 뿌려주는 글라스가 없다면 구닥다
리 얼굴을 가진 것처럼 느껴질 것이다.[13]

0~8세의 미국 유아는 하루에 2시간 이상 스크린에 노출되고 있다는 통
계가 있다.[14] 8~18세 사이의 아동과 청소년의 경우에는 하루에 7시간 반
정도 스크린에 노출된다고 한다.[15] 어른들은 어떻겠는가? 무려 8시간 반을
스크린에 노출되어 있다.[16] 여러분이 이 책을 읽기 시작한 시간 이후로도
이 숫자는 점점 증가하는 중이다.

우리가 스크린과 보내는 많은 시간은 대부분 불필요한 것이며, 우리 목
표를 달성하는 데 방해가 될 뿐이다. 도널드 노먼은 1990년 그의 책에서
이러한 디지털 인터페이스가 우리의 삶의 대부분을 차지하기 시작했다면
서, "인터페이스의 진짜 문제는 그것이 인터페이스라는 것 자체에 있다.
인터페이스가 방해가 되는 것이다. 나는 인터페이스에 내 에너지를 쓰고
싶지 않다. 내가 원래 하려고 했던 일에 집중하고 싶다... 나 스스로 컴퓨
터를 사용하고 있다는 생각을 하고 싶지 않다. 나는 내 일을 온전히 하기
위한 생각만 하고 싶다"고 했다.

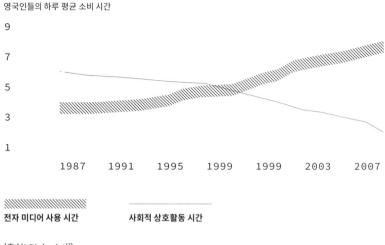

영국인들의 하루 평균 소비 시간

전자 미디어 사용 시간   사회적 상호활동 시간

(출처: Biologist[17])

인터페이스의 존재는 업무의 영역을 훨씬 더 넘어선다. 이제 인터페이스는 우리가 보고, 교감하고, 주변 사람들과 대화를 나누는 것까지 빼앗아가고 있다. 공동체를 형성하거나 이웃과 친밀한 관계를 쌓는 일까지 방해하고 있다.

한때, 우리의 삶은 종이로 가득 차 있어서 오히려, 종이가 없는 세상을 꿈꾸게 했다. 이제는 종이 대신 우리의 삶은 스크린으로 넘쳐나고 있다. 스크린이 없는 세상을 꿈꿀 때가 온 것이다. 나는 진심으로 훌륭한 인터페이스는 인터페이스 자체가 없는 것이라고 생각한다. 그러기 위해서 우리가 어떤 일을 할 수 있을지를 알려주고 싶다.

UX와 UI에 대한 혼돈은 이제 끝내기로 하자. 더 이상 아이들 장난감에 스크린을 갖다 붙이려 하지 말자. 사람들을 스크린에 몰두시키려 하지 말고 그들의 진짜 목표를 달성시키는 일을 먼저 생각하자. 하염없이 스크린 불빛을 쳐다보거나 새 알림을 확인하는 대신, 실제 세상과 상호작용함으로써 균형을 이루며 건강한 삶을 살게 하자. 스크린 그 너머의 것들에 대해 생각해보자.

의미 있는 문제를 제대로 해결하는 것이야말로 기술을 통해 얻어야 할 최상의 결과이다.

훌륭한 디자인은 불필요한 일을 줄인다.

최고의 컴퓨터는 눈에 드러나지 않는다.

최고의 인터랙션은 자연스러운 것이다.

최고의 인터페이스는 인터페이스가 없는 것이다.

첫 번째 원칙:
화면부터 설계하는 대신
평소에 늘 하는 행동을 먼저
생각해보자

9장 뒷주머니 속 앱
이 애플리케이션은 내 스키니진과 잘 어울려요

무작정 화면부터 설계하는 대신, 평소에 늘 하는 행동을 먼저 생각해보는 것. 이것이 인터페이스를 없애는 첫 번째 원칙이다. 사실 매우 당연하게 들리겠지만, 스크린 기반의 사고는 이미 우리의 문화에 아주 깊숙이 자리 잡고 있다. 인터페이스로 가득 차버린 사고방식은 예상치 못한 결과를 초래할 수도 있다. 그러니 절대, 평소에 해왔던 행동을 먼저 떠올리는 일에 겁먹지 말았으면 한다. 이미 뛰어난 디자이너와 개발자 들이 여러 앱의 개선을 위해 애쓰고 있으니 말이다. 앱은 가만히 두어도 뒷주머니 속에서 잘 돌아가기 마련이다.

몇 해 전, 마이클 로스버그(Michael Rothberg) 박사는 동료들에게 도움을 요청하기 위해 연락을 취했다. 그는 지금까지 의학적으로 밝혀지지는 않았지만 본인이 직접 어떤 증상을 겪고 있었기 때문에 어느 정도 확신을 갖고, 친구인 애시스 아로라(Ashish Arora) 박사에게 이야기했다. 둘은 해당 증상의 지역적 발생 비율을 확인하기 위해 매사추세츠(Messachusetts) 서부의 급성환자 치료 병원인 베이스테이트 메디컬센터(Baystate Medical Center)에서 조사를 시작했다. 예상보다 더 많은 인원이 실험에 참여했으며, 그 결과 또한 믿기 어려웠다.[1] 약 68%의 참가자들이 로스버그 박사와 같은 증상을 겪고 있었던 것이다.[2]

그 후, 거의 동일한 연구가 인디애나에서도 이루어졌다. 로스버그 박사와는 또 다른 연구팀에 의해 수행된 이 연구는 290명의 학부생을 대상으로 동일한 현상을 측정했다.[3] 그 결과, 이번에는 90%의 학생이 로스버그 박사와 완전히 동일한 증상을 경험했다. 또한 참가자들은 평균적으로 2주에 한 번씩 이 증상을 겪고 있었다.[4]

■ 내 생각엔 너인 것 같아.

▢ 아냐. 너야.

확실해?

그런 것 같아.

아마 제인일 거야. 제인, 너 맞지?

응. 맞아. 나도 그런 것 같아. 잠깐만, 나 아닌데?

그럼, 프랭크인가?

이것이 바로 유령 진동 증후군(Phantom Vibration Syndrome, PVS)이라고도 불리는 '벨소리 증후군'[5]이다. 마치 로스버그 박사는 21세기 버전의 "1루수가 누구야?"[6]라는 만담에 시달리고 있는 듯했다. 그리고 이제는 무선 호출기나 스마트폰, 스마트워치를 사용하는 우리 모두가 그 괴로움에 시달리고 있다.

■■ 난 매너 모드로 되어 있어.

☐ 내 휴대폰도 그런 줄 알았지.

'벨소리 환청'은 분명 휴대폰이 울리지 않았는데도, 영화가 상영 중인 극장 한가운데에서 소리를 지르고 싶게 만든다.[7] 마치 1843년 에드거 앨런 포 (Edgar Allan Poe)의 소설 속 주인공처럼 말이다.

> **그 사람들이 정말 아무 소리도 못 들었을까요? 오, 전지전능하신 하느님! 제발... 아나, 아니 지! 분명 들었을 거예요! 그들이 의심하고 있잖아요! 분명 다 알고 있을 거예요! 내가 공포에 떠는 모습을 보며 비웃을 거라고요! 난 그렇게 생각해요. 틀림없어요. 이렇게 견디기 어려운 고통은 어디에도 없을 거예요! 그 무엇도 이렇게 웃음거리가 되는 것보다는 나을 거라고요! 그 위선적인 비웃음을 더 이상 참을 수가 없어요! 소리 지르지 않으면 죽어버릴 것만 같아요! 다시, 또! 으악! 크게! 더 크게! 크게! 크게요![8]**

에드거가 이 소설을 쓰기 약 300년 전, 레오나르도 다 빈치(Leonardo da Vinci)는 그의 생각과 일상, 미래의 비전들을 암호화한 내용으로 노트를 가득 채우고 있었다.[9] 그의 노트에는 비행하는 기계에 대한 여러 도안과 인간의 해부학적 그림 등이 있었지만 그중 일부는 그가 벽에서 발견했던 특이한 내용들을 담고 있었다.[10]

벽에 묻은 얼룩과 벗겨진 페인트 조각, 여러 암석들은 벽에 다양한 무 늬를 만들었으며, 레오나르도의 눈에는 이러한 패턴들이 남들과는 다르 게 보였다. 그는 이 무늬에서 "산이나 강물... 또는 빠르게 움직이는 무언 가가 보인다"고 했으며, "여러 암석이 섞여 있는 무늬에서 종소리가 들리 거나 단어가 보이는 등, 우리가 상상하는 그 무엇이든 발견할 수 있다"고 했다.[11]

아마도 레오나르도는 이 증상을 기록으로 남긴 최초의 변상증(parei-dolia) 환자일 것이다. 변상증이란 지각의 오류로 인해 서로 관련이 없는 시각과 청각의 정보에서 규칙이나 연관성을 추출하는 인식 작용을 말한 다.[12] 이는 자극을 인식하는 방식 중 하나로 인간의 생존을 위해 필요하 다. 그러나 거짓 자극(소리나 진동, 이미지 등)이 실제인 것처럼 인지되면 인간의 생존은 걷잡을 수 없이 위험해진다.[13] 레오나르도는 벽에 생긴 얼룩을 보며 시각적으로 거짓 자극을 경험했다. 에드거의 소설 속 주인공은 살인을 저지른 후, 소리를 통해 거짓 자극을 경험했다. 이것은 로르샤흐(Rorschach)의 잉크 얼룩 실험[14]에서도 동일하게 적용된다.[15] 로스버그 박사가 스마트폰에서 '체감환각'으로 진동을 느꼈던 것 또한 같은 맥락에서 설명할 수 있다.

"유령 진동 증후군의 경우, 우리의 뇌가 휴대폰이 울릴 것을 예측한다는 가설에 의해 잘못된 해석을 하기 때문에 생겨난 현상이다. 정확한 자극체가 무엇인지 알려져 있지는 않으나, 옷의 압력이나 근육의 수축, 혹은 다른 감각의 자극 등이 원인이 아닐까 여겨지고 있다"고 로스버그와 아로라 박사는 연구결과를 발표했다.

알림은 쉴 틈 없이 울려대며 우리를 iOS나 안드로이드와 같은 스마트폰 플랫폼으로 초대한다. 제작자들은 이들 플랫폼으로 끊임없이 앱을 만들고, 알림을 이용하여 그들의 인터페이스로 끌어들인다. 생일 같이 특별한 날이면, "OOO님의 생일을 축하합니다!"라는 알림이 끝도 없이 이어진다. 기본 알림으로 주변의 모든 지인에게 여러분의 생일을 광고해주는 페이스북처럼 말이다. 쿼라(Quora)[16]의 사용자들은 평소에도 150개에서 500개의 알림을 스마트폰으로 받는다.[17] 스마트폰의 알림을 끄거나 무음으로 전환한다고 해도 이미 많은 사람들이 넘쳐나는 알림에 익숙해져 있기 때문에, 피해망상처럼 혹시나 중요한 알림을 놓치지는 않았는지 불안해하며, 울리지도 않은 진동과 삐 소리와 같은 환각에 시달리고 있다.

벨소리가 보이는가?

스마트폰은 여러분이 돌아봐 주기를 간절히 바라고 있어요.

스마트폰은 스크린 기반의 앱이나 중독성을 가진 비즈니스 모델, 모바일 작동 시스템의 구조 등에 의해 활성화되어 우리의 가방이나 주머니에서 꺼내지기를 간절히 바라고 있다. 아마 페이스북 친구의 수는 여러분의 예상보다 훨씬 많을 것이다. 사람들은 여러분의 링크드인(LinkedIn) 프로필을 수시로 조회했을 것이다. 스마트폰의 모든 진동과 알림음, 벨소리는 스마트폰이 "나 좀 꺼내줘요!"하고 외치는 비명소리이자 구걸이라고 할 수 있다. 스마트폰의 하루는 다음과 같을 것이다.

충전기에서 스마트폰을 분리해서 가방이나 주머니 속에 넣어둡니다.
인터페이스를 사용하기 위해 잠시 꺼냈다가, 다시 가방이나 주머니에 넣었다가,
인터페이스를 사용하기 위해 잠시 꺼냈다가, 다시 가방이나 주머니에 넣었다가,
인터페이스를 사용하기 위해 잠시 꺼냈다가, 다시 가방이나 주머니에 넣었다가,
인터페이스를 사용하기 위해 잠시 꺼냈다가, 다시 가방이나 주머니에 넣었다가,
인터페이스를 사용하기 위해 잠시 꺼냈다가, 다시 가방이나 주머니에 넣었다가,
인터페이스를 사용하기 위해 잠시 꺼냈다가, 다시 가방이나 주머니에 넣었다가,
인터페이스를 사용하기 위해 잠시 꺼냈다가, 다시 가방이나 주머니에 넣었다가,
인터페이스를 사용하기 위해 잠시 꺼냈다가, 다시 가방이나 주머니에 넣었다가,
인터페이스를 사용하기 위해 잠시 꺼냈다가, 다시 가방이나 주머니에 넣었다가,
인터페이스를 사용하기 위해 잠시 꺼냈다가, 다시 가방이나 주머니에 넣었다가,
인터페이스를 사용하기 위해 잠시 꺼냈다가, 다시 가방이나 주머니에 넣었다가,
인터페이스를 사용하기 위해 잠시 꺼냈다가, 다시 가방이나 주머니에 넣었다가,
인터페이스를 사용하기 위해 잠시 꺼냈다가, 다시 가방이나 주머니에 넣었다가,
인터페이스를 사용하기 위해 잠시 꺼냈다가, 다시 가방이나 주머니에 넣었다가,
잠자는 동안에는 충전기에 연결해둡니다.

같은 문장이 열다섯 번이나 반복되는 것을 보고 있자니 바보가 된 것 같은 느낌이다. 뉴욕의 작은 스타트업인 로켓(Locket)은 안드로이드에서 커스텀 잠금 화면을 만들어 15만 명의 사용자들이 휴대폰을 더 자주 확인하도록 만들었다.[18]

사실 하루에 백 번 하고도 열 번은 더 보는 것 같요.

충전기에서 스마트폰을 분리해서 가방이나 주머니 속에 넣어둡니다.

인터페이스를 사용하기 위해 잠시 꺼냈다가, 다시 가방이나 주머니에 넣었다가,

인터페이스를 사용하기 위해 잠시 꺼냈다가, 다시 가방이나 주머니에 넣었다가,

인터페이스를 사용하기 위해 잠시 꺼냈다가, 다시 가방이나 주머니에 넣었다가,

인터페이스를 사용하기 위해 잠시 꺼냈다가, 다시 가방이나 주머니에 넣었다가,

인터페이스를 사용하기 위해 잠시 꺼냈다가, 다시 가방이나 주머니에 넣었다가,

인터페이스를 사용하기 위해 잠시 꺼냈다가, 다시 가방이나 주머니에 넣었다가,

인터페이스를 사용하기 위해 잠시 꺼냈다가, 다시 가방이나 주머니에 넣었다가,

인터페이스를 사용하기 위해 잠시 꺼냈다가, 다시 가방이나 주머니에 넣었다가,

인터페이스를 사용하기 위해 잠시 꺼냈다가, 다시 가방이나 주머니에 넣었다가,

인터페이스를 사용하기 위해 잠시 꺼냈다가, 다시 가방이나 주머니에 넣었다가,

인터페이스를 사용하기 위해 잠시 꺼냈다가, 다시 가방이나 주머니에 넣었다가,

인터페이스를 사용하기 위해 잠시 꺼냈다가, 다시 가방이나 주머니에 넣었다가,

인터페이스를 사용하기 위해 잠시 꺼냈다가, 다시 가방이나 주머니에 넣었다가,

인터페이스를 사용하기 위해 잠시 꺼냈다가, 다시 가방이나 주머니에 넣었다가,

인터페이스를 사용하기 위해 잠시 꺼냈다가, 다시 가방이나 주머니에 넣었다가,

인터페이스를 사용하기 위해 잠시 꺼냈다가, 다시 가방이나 주머니에 넣었다가,

인터페이스를 사용하기 위해 잠시 꺼냈다가, 다시 가방이나 주머니에 넣었다가,

인터페이스를 사용하기 위해 잠시 꺼냈다가, 다시 가방이나 주머니에 넣었다가,

인터페이스를 사용하기 위해 잠시 꺼냈다가, 다시 가방이나 주머니에 넣었다가,

인터페이스를 사용하기 위해 잠시 꺼냈다가, 다시 가방이나 주머니에 넣었다가,

인터페이스를 사용하기 위해 잠시 꺼냈다가, 다시 가방이나 주머니에 넣었다가,

인터페이스를 사용하기 위해 잠시 꺼냈다가, 다시 가방이나 주머니에 넣었다가,

인터페이스를 사용하기 위해 잠시 꺼냈다가, 다시 가방이나 주머니에 넣었다가,

인터페이스를 사용하기 위해 잠시 꺼냈다가, 다시 가방이나 주머니에 넣었다가,

인터페이스를 사용하기 위해 잠시 꺼냈다가, 다시 가방이나 주머니에 넣었다가,

인터페이스를 사용하기 위해 잠시 꺼냈다가, 다시 가방이나 주머니에 넣었다가,

인터페이스를 사용하기 위해 잠시 꺼냈다가, 다시 가방이나 주머니에 넣었다가,

인터페이스를 사용하기 위해 잠시 꺼냈다가, 다시 가방이나 주머니에 넣었다가,

인터페이스를 사용하기 위해 잠시 꺼냈다가, 다시 가방이나 주머니에 넣었다가,

인터페이스를 사용하기 위해 잠시 꺼냈다가, 다시 가방이나 주머니에 넣었다가,

인터페이스를 사용하기 위해 잠시 꺼냈다가, 다시 가방이나 주머니에 넣었다가,

인터페이스를 사용하기 위해 잠시 꺼냈다가, 다시 가방이나 주머니에 넣었다가,

인터페이스를 사용하기 위해 잠시 꺼냈다가, 다시 가방이나 주머니에 넣었다가,

인터페이스를 사용하기 위해 잠시 꺼냈다가, 다시 가방이나 주머니에 넣었다가,

인터페이스를 사용하기 위해 잠시 꺼냈다가, 다시 가방이나 주머니에 넣었다가,

인터페이스를 사용하기 위해 잠시 꺼냈다가, 다시 가방이나 주머니에 넣었다가,

인터페이스를 사용하기 위해 잠시 꺼냈다가, 다시 가방이나 주머니에 넣었다가,

인터페이스를 사용하기 위해 잠시 꺼냈다가, 다시 가방이나 주머니에 넣었다가,

인터페이스를 사용하기 위해 잠시 꺼냈다가, 다시 가방이나 주머니에 넣었다가,

인터페이스를 사용하기 위해 잠시 꺼냈다가, 다시 가방이나 주머니에 넣었다가,

인터페이스를 사용하기 위해 잠시 꺼냈다가, 다시 가방이나 주머니에 넣었다가,

인터페이스를 사용하기 위해 잠시 꺼냈다가, 다시 가방이나 주머니에 넣었다가,

인터페이스를 사용하기 위해 잠시 꺼냈다가, 다시 가방이나 주머니에 넣었다가,

인터페이스를 사용하기 위해 잠시 꺼냈다가, 다시 가방이나 주머니에 넣었다가,

인터페이스를 사용하기 위해 잠시 꺼냈다가, 다시 가방이나 주머니에 넣었다가,

인터페이스를 사용하기 위해 잠시 꺼냈다가, 다시 가방이나 주머니에 넣었다가,

인터페이스를 사용하기 위해 잠시 꺼냈다가, 다시 가방이나 주머니에 넣었다가,

인터페이스를 사용하기 위해 잠시 꺼냈다가, 다시 가방이나 주머니에 넣었다가,

인터페이스를 사용하기 위해 잠시 꺼냈다가, 다시 가방이나 주머니에 넣었다가,

인터페이스를 사용하기 위해 잠시 꺼냈다가, 다시 가방이나 주머니에 넣었다가,

인터페이스를 사용하기 위해 잠시 꺼냈다가, 다시 가방이나 주머니에 넣었다가,

인터페이스를 사용하기 위해 잠시 꺼냈다가, 다시 가방이나 주머니에 넣었다가,

인터페이스를 사용하기 위해 잠시 꺼냈다가, 다시 가방이나 주머니에 넣었다가,

인터페이스를 사용하기 위해 잠시 꺼냈다가, 다시 가방이나 주머니에 넣었다가,

인터페이스를 사용하기 위해 잠시 꺼냈다가, 다시 가방이나 주머니에 넣었다가,

인터페이스를 사용하기 위해 잠시 꺼냈다가, 다시 가방이나 주머니에 넣었다가,

인터페이스를 사용하기 위해 잠시 꺼냈다가, 다시 가방이나 주머니에 넣었다가,

인터페이스를 사용하기 위해 잠시 꺼냈다가, 다시 가방이나 주머니에 넣었다가,

인터페이스를 사용하기 위해 잠시 꺼냈다가, 다시 가방이나 주머니에 넣었다가,

인터페이스를 사용하기 위해 잠시 꺼냈다가, 다시 가방이나 주머니에 넣었다가,

인터페이스를 사용하기 위해 잠시 꺼냈다가, 다시 가방이나 주머니에 넣었다가,

인터페이스를 사용하기 위해 잠시 꺼냈다가, 다시 가방이나 주머니에 넣었다가,

인터페이스를 사용하기 위해 잠시 꺼냈다가, 다시 가방이나 주머니에 넣었다가,

인터페이스를 사용하기 위해 잠시 꺼냈다가, 다시 가방이나 주머니에 넣었다가,

인터페이스를 사용하기 위해 잠시 꺼냈다가, 다시 가방이나 주머니에 넣었다가,

인터페이스를 사용하기 위해 잠시 꺼냈다가, 다시 가방이나 주머니에 넣었다가,

인터페이스를 사용하기 위해 잠시 꺼냈다가, 다시 가방이나 주머니에 넣었다가,

인터페이스를 사용하기 위해 잠시 꺼냈다가, 다시 가방이나 주머니에 넣었다가,

인터페이스를 사용하기 위해 잠시 꺼냈다가, 다시 가방이나 주머니에 넣었다가,

인터페이스를 사용하기 위해 잠시 꺼냈다가, 다시 가방이나 주머니에 넣었다가,

인터페이스를 사용하기 위해 잠시 꺼냈다가, 다시 가방이나 주머니에 넣었다가,

인터페이스를 사용하기 위해 잠시 꺼냈다가, 다시 가방이나 주머니에 넣었다가,

인터페이스를 사용하기 위해 잠시 꺼냈다가, 다시 가방이나 주머니에 넣었다가,

인터페이스를 사용하기 위해 잠시 꺼냈다가, 다시 가방이나 주머니에 넣었다가,

인터페이스를 사용하기 위해 잠시 꺼냈다가, 다시 가방이나 주머니에 넣었다가,

인터페이스를 사용하기 위해 잠시 꺼냈다가, 다시 가방이나 주머니에 넣었다가,

인터페이스를 사용하기 위해 잠시 꺼냈다가, 다시 가방이나 주머니에 넣었다가,

인터페이스를 사용하기 위해 잠시 꺼냈다가, 다시 가방이나 주머니에 넣었다가,

인터페이스를 사용하기 위해 잠시 꺼냈다가, 다시 가방이나 주머니에 넣었다가,

인터페이스를 사용하기 위해 잠시 꺼냈다가, 다시 가방이나 주머니에 넣었다가,

인터페이스를 사용하기 위해 잠시 꺼냈다가, 다시 가방이나 주머니에 넣었다가,

인터페이스를 사용하기 위해 잠시 꺼냈다가, 다시 가방이나 주머니에 넣었다가,

인터페이스를 사용하기 위해 잠시 꺼냈다가, 다시 가방이나 주머니에 넣었다가,

인터페이스를 사용하기 위해 잠시 꺼냈다가, 다시 가방이나 주머니에 넣었다가,

인터페이스를 사용하기 위해 잠시 꺼냈다가, 다시 가방이나 주머니에 넣었다가,

인터페이스를 사용하기 위해 잠시 꺼냈다가, 다시 가방이나 주머니에 넣었다가,

인터페이스를 사용하기 위해 잠시 꺼냈다가, 다시 가방이나 주머니에 넣었다가,

인터페이스를 사용하기 위해 잠시 꺼냈다가, 다시 가방이나 주머니에 넣었다가,

인터페이스를 사용하기 위해 잠시 꺼냈다가, 다시 가방이나 주머니에 넣었다가,

인터페이스를 사용하기 위해 잠시 꺼냈다가, 다시 가방이나 주머니에 넣었다가,
인터페이스를 사용하기 위해 잠시 꺼냈다가, 다시 가방이나 주머니에 넣었다가,
인터페이스를 사용하기 위해 잠시 꺼냈다가, 다시 가방이나 주머니에 넣었다가,
인터페이스를 사용하기 위해 잠시 꺼냈다가, 다시 가방이나 주머니에 넣었다가,
인터페이스를 사용하기 위해 잠시 꺼냈다가, 다시 가방이나 주머니에 넣었다가,
인터페이스를 사용하기 위해 잠시 꺼냈다가, 다시 가방이나 주머니에 넣었다가,
인터페이스를 사용하기 위해 잠시 꺼냈다가, 다시 가방이나 주머니에 넣었다가,
인터페이스를 사용하기 위해 잠시 꺼냈다가, 다시 가방이나 주머니에 넣었다가,
인터페이스를 사용하기 위해 잠시 꺼냈다가, 다시 가방이나 주머니에 넣었다가,
인터페이스를 사용하기 위해 잠시 꺼냈다가, 다시 가방이나 주머니에 넣었다가,
인터페이스를 사용하기 위해 잠시 꺼냈다가, 다시 가방이나 주머니에 넣었다가,
인터페이스를 사용하기 위해 잠시 꺼냈다가, 다시 가방이나 주머니에 넣었다가,
인터페이스를 사용하기 위해 잠시 꺼냈다가, 다시 가방이나 주머니에 넣었다가,
인터페이스를 사용하기 위해 잠시 꺼냈다가, 다시 가방이나 주머니에 넣었다가,
인터페이스를 사용하기 위해 잠시 꺼냈다가, 다시 가방이나 주머니에 넣었다가,
인터페이스를 사용하기 위해 잠시 꺼냈다가, 다시 가방이나 주머니에 넣었다가,
인터페이스를 사용하기 위해 잠시 꺼냈다가, 다시 가방이나 주머니에 넣었다가,
인터페이스를 사용하기 위해 잠시 꺼냈다가, 다시 가방이나 주머니에 넣었다가,
인터페이스를 사용하기 위해 잠시 꺼냈다가, 다시 가방이나 주머니에 넣었다가,
인터페이스를 사용하기 위해 잠시 꺼냈다가, 다시 가방이나 주머니에 넣었다가,
인터페이스를 사용하기 위해 잠시 꺼냈다가, 다시 가방이나 주머니에 넣었다가,
인터페이스를 사용하기 위해 잠시 꺼냈다가, 다시 가방이나 주머니에 넣었다가,
인터페이스를 사용하기 위해 잠시 꺼냈다가, 다시 가방이나 주머니에 넣었다가,
잠자는 동안에는 충전기에 연결해둡니다.

그러나 모든 이들이 이 사용 횟수에 동의하는 것은 아니다. 아마존, AOL, 인투이트(Intuit), 구글 등 여러 기업들의 후원을 받고 있는 벤처 자본 회사인 KPCB(Kleiner Perkins Caufield & Byers, 클라이너 퍼킨스 코필드 앤 바이어)는 로켓의 말에 동의하지 않는다.[19] KPCB의 조사에 따르면, 우리는 실제로 스마트폰을 훨씬 더 자주 확인한다고 한다.[20]

사실 하루에 백 번 하고도 오십 번은 더 보는 것 같아요.

충전기에서 스마트폰을 분리해서 가방이나 주머니 속에 넣어둡니다.

인터페이스를 사용하기 위해 잠시 꺼냈다가, 다시 가방이나 주머니에 넣었다가,

인터페이스를 사용하기 위해 잠시 꺼냈다가, 다시 가방이나 주머니에 넣었다가,

인터페이스를 사용하기 위해 잠시 꺼냈다가, 다시 가방이나 주머니에 넣었다가,

인터페이스를 사용하기 위해 잠시 꺼냈다가, 다시 가방이나 주머니에 넣었다가,

인터페이스를 사용하기 위해 잠시 꺼냈다가, 다시 가방이나 주머니에 넣었다가,

인터페이스를 사용하기 위해 잠시 꺼냈다가, 다시 가방이나 주머니에 넣었다가,

인터페이스를 사용하기 위해 잠시 꺼냈다가, 다시 가방이나 주머니에 넣었다가,

인터페이스를 사용하기 위해 잠시 꺼냈다가, 다시 가방이나 주머니에 넣었다가,

인터페이스를 사용하기 위해 잠시 꺼냈다가, 다시 가방이나 주머니에 넣었다가,

인터페이스를 사용하기 위해 잠시 꺼냈다가, 다시 가방이나 주머니에 넣었다가,

인터페이스를 사용하기 위해 잠시 꺼냈다가, 다시 가방이나 주머니에 넣었다가,

인터페이스를 사용하기 위해 잠시 꺼냈다가, 다시 가방이나 주머니에 넣었다가,

인터페이스를 사용하기 위해 잠시 꺼냈다가, 다시 가방이나 주머니에 넣었다가,

인터페이스를 사용하기 위해 잠시 꺼냈다가, 다시 가방이나 주머니에 넣었다가,

인터페이스를 사용하기 위해 잠시 꺼냈다가, 다시 가방이나 주머니에 넣었다가,

인터페이스를 사용하기 위해 잠시 꺼냈다가, 다시 가방이나 주머니에 넣었다가,

인터페이스를 사용하기 위해 잠시 꺼냈다가, 다시 가방이나 주머니에 넣었다가,

인터페이스를 사용하기 위해 잠시 꺼냈다가, 다시 가방이나 주머니에 넣었다가,

인터페이스를 사용하기 위해 잠시 꺼냈다가, 다시 가방이나 주머니에 넣었다가,

인터페이스를 사용하기 위해 잠시 꺼냈다가, 다시 가방이나 주머니에 넣었다가,

인터페이스를 사용하기 위해 잠시 꺼냈다가, 다시 가방이나 주머니에 넣었다가,

인터페이스를 사용하기 위해 잠시 꺼냈다가, 다시 가방이나 주머니에 넣었다가,

인터페이스를 사용하기 위해 잠시 꺼냈다가, 다시 가방이나 주머니에 넣었다가,

인터페이스를 사용하기 위해 잠시 꺼냈다가, 다시 가방이나 주머니에 넣었다가,

인터페이스를 사용하기 위해 잠시 꺼냈다가, 다시 가방이나 주머니에 넣었다가,

인터페이스를 사용하기 위해 잠시 꺼냈다가, 다시 가방이나 주머니에 넣었다가,

인터페이스를 사용하기 위해 잠시 꺼냈다가, 다시 가방이나 주머니에 넣었다가,

인터페이스를 사용하기 위해 잠시 꺼냈다가, 다시 가방이나 주머니에 넣었다가,

인터페이스를 사용하기 위해 잠시 꺼냈다가, 다시 가방이나 주머니에 넣었다가,

인터페이스를 사용하기 위해 잠시 꺼냈다가, 다시 가방이나 주머니에 넣었다가,

인터페이스를 사용하기 위해 잠시 꺼냈다가, 다시 가방이나 주머니에 넣었다가,

인터페이스를 사용하기 위해 잠시 꺼냈다가, 다시 가방이나 주머니에 넣었다가,

인터페이스를 사용하기 위해 잠시 꺼냈다가, 다시 가방이나 주머니에 넣었다가,

인터페이스를 사용하기 위해 잠시 꺼냈다가, 다시 가방이나 주머니에 넣었다가,

인터페이스를 사용하기 위해 잠시 꺼냈다가, 다시 가방이나 주머니에 넣었다가,

인터페이스를 사용하기 위해 잠시 꺼냈다가, 다시 가방이나 주머니에 넣었다가,

인터페이스를 사용하기 위해 잠시 꺼냈다가, 다시 가방이나 주머니에 넣었다가,

인터페이스를 사용하기 위해 잠시 꺼냈다가, 다시 가방이나 주머니에 넣었다가,

인터페이스를 사용하기 위해 잠시 꺼냈다가, 다시 가방이나 주머니에 넣었다가,

인터페이스를 사용하기 위해 잠시 꺼냈다가, 다시 가방이나 주머니에 넣었다가,

인터페이스를 사용하기 위해 잠시 꺼냈다가, 다시 가방이나 주머니에 넣었다가,

인터페이스를 사용하기 위해 잠시 꺼냈다가, 다시 가방이나 주머니에 넣었다가,

인터페이스를 사용하기 위해 잠시 꺼냈다가, 다시 가방이나 주머니에 넣었다가,

인터페이스를 사용하기 위해 잠시 꺼냈다가, 다시 가방이나 주머니에 넣었다가,

인터페이스를 사용하기 위해 잠시 꺼냈다가, 다시 가방이나 주머니에 넣었다가,

인터페이스를 사용하기 위해 잠시 꺼냈다가, 다시 가방이나 주머니에 넣었다가,

인터페이스를 사용하기 위해 잠시 꺼냈다가, 다시 가방이나 주머니에 넣었다가,

인터페이스를 사용하기 위해 잠시 꺼냈다가, 다시 가방이나 주머니에 넣었다가,

인터페이스를 사용하기 위해 잠시 꺼냈다가, 다시 가방이나 주머니에 넣었다가,

인터페이스를 사용하기 위해 잠시 꺼냈다가, 다시 가방이나 주머니에 넣었다가,

인터페이스를 사용하기 위해 잠시 꺼냈다가, 다시 가방이나 주머니에 넣었다가,

인터페이스를 사용하기 위해 잠시 꺼냈다가, 다시 가방이나 주머니에 넣었다가,

인터페이스를 사용하기 위해 잠시 꺼냈다가, 다시 가방이나 주머니에 넣었다가,

인터페이스를 사용하기 위해 잠시 꺼냈다가, 다시 가방이나 주머니에 넣었다가,

인터페이스를 사용하기 위해 잠시 꺼냈다가, 다시 가방이나 주머니에 넣었다가,

인터페이스를 사용하기 위해 잠시 꺼냈다가, 다시 가방이나 주머니에 넣었다가,

인터페이스를 사용하기 위해 잠시 꺼냈다가, 다시 가방이나 주머니에 넣었다가,

인터페이스를 사용하기 위해 잠시 꺼냈다가, 다시 가방이나 주머니에 넣었다가,

인터페이스를 사용하기 위해 잠시 꺼냈다가, 다시 가방이나 주머니에 넣었다가,

인터페이스를 사용하기 위해 잠시 꺼냈다가, 다시 가방이나 주머니에 넣었다가,

인터페이스를 사용하기 위해 잠시 꺼냈다가, 다시 가방이나 주머니에 넣었다가,

인터페이스를 사용하기 위해 잠시 꺼냈다가, 다시 가방이나 주머니에 넣었다가,

인터페이스를 사용하기 위해 잠시 꺼냈다가, 다시 가방이나 주머니에 넣었다가,

인터페이스를 사용하기 위해 잠시 꺼냈다가, 다시 가방이나 주머니에 넣었다가,

인터페이스를 사용하기 위해 잠시 꺼냈다가, 다시 가방이나 주머니에 넣었다가,

인터페이스를 사용하기 위해 잠시 꺼냈다가, 다시 가방이나 주머니에 넣었다가,

인터페이스를 사용하기 위해 잠시 꺼냈다가, 다시 가방이나 주머니에 넣었다가,

인터페이스를 사용하기 위해 잠시 꺼냈다가, 다시 가방이나 주머니에 넣었다가,

인터페이스를 사용하기 위해 잠시 꺼냈다가, 다시 가방이나 주머니에 넣었다가,

인터페이스를 사용하기 위해 잠시 꺼냈다가, 다시 가방이나 주머니에 넣었다가,

인터페이스를 사용하기 위해 잠시 꺼냈다가, 다시 가방이나 주머니에 넣었다가,

인터페이스를 사용하기 위해 잠시 꺼냈다가, 다시 가방이나 주머니에 넣었다가,

인터페이스를 사용하기 위해 잠시 꺼냈다가, 다시 가방이나 주머니에 넣었다가,

인터페이스를 사용하기 위해 잠시 꺼냈다가, 다시 가방이나 주머니에 넣었다가,

인터페이스를 사용하기 위해 잠시 꺼냈다가, 다시 가방이나 주머니에 넣었다가,

인터페이스를 사용하기 위해 잠시 꺼냈다가, 다시 가방이나 주머니에 넣었다가,

인터페이스를 사용하기 위해 잠시 꺼냈다가, 다시 가방이나 주머니에 넣었다가,

인터페이스를 사용하기 위해 잠시 꺼냈다가, 다시 가방이나 주머니에 넣었다가,

인터페이스를 사용하기 위해 잠시 꺼냈다가, 다시 가방이나 주머니에 넣었다가,

인터페이스를 사용하기 위해 잠시 꺼냈다가, 다시 가방이나 주머니에 넣었다가,

인터페이스를 사용하기 위해 잠시 꺼냈다가, 다시 가방이나 주머니에 넣었다가,

인터페이스를 사용하기 위해 잠시 꺼냈다가, 다시 가방이나 주머니에 넣었다가,

인터페이스를 사용하기 위해 잠시 꺼냈다가, 다시 가방이나 주머니에 넣었다가,

인터페이스를 사용하기 위해 잠시 꺼냈다가, 다시 가방이나 주머니에 넣었다가,

인터페이스를 사용하기 위해 잠시 꺼냈다가, 다시 가방이나 주머니에 넣었다가,

인터페이스를 사용하기 위해 잠시 꺼냈다가, 다시 가방이나 주머니에 넣었다가,

인터페이스를 사용하기 위해 잠시 꺼냈다가, 다시 가방이나 주머니에 넣었다가,

인터페이스를 사용하기 위해 잠시 꺼냈다가, 다시 가방이나 주머니에 넣었다가,

인터페이스를 사용하기 위해 잠시 꺼냈다가, 다시 가방이나 주머니에 넣었다가,

인터페이스를 사용하기 위해 잠시 꺼냈다가, 다시 가방이나 주머니에 넣었다가,

인터페이스를 사용하기 위해 잠시 꺼냈다가, 다시 가방이나 주머니에 넣었다가,

인터페이스를 사용하기 위해 잠시 꺼냈다가, 다시 가방이나 주머니에 넣었다가,

인터페이스를 사용하기 위해 잠시 꺼냈다가, 다시 가방이나 주머니에 넣었다가,

인터페이스를 사용하기 위해 잠시 꺼냈다가, 다시 가방이나 주머니에 넣었다가,

인터페이스를 사용하기 위해 잠시 꺼냈다가, 다시 가방이나 주머니에 넣었다가,

인터페이스를 사용하기 위해 잠시 꺼냈다가, 다시 가방이나 주머니에 넣었다가,

인터페이스를 사용하기 위해 잠시 꺼냈다가, 다시 가방이나 주머니에 넣었다가,

인터페이스를 사용하기 위해 잠시 꺼냈다가, 다시 가방이나 주머니에 넣었다가,

인터페이스를 사용하기 위해 잠시 꺼냈다가, 다시 가방이나 주머니에 넣었다가,

인터페이스를 사용하기 위해 잠시 꺼냈다가, 다시 가방이나 주머니에 넣었다가,

인터페이스를 사용하기 위해 잠시 꺼냈다가, 다시 가방이나 주머니에 넣었다가,

인터페이스를 사용하기 위해 잠시 꺼냈다가, 다시 가방이나 주머니에 넣었다가,

인터페이스를 사용하기 위해 잠시 꺼냈다가, 다시 가방이나 주머니에 넣었다가,

인터페이스를 사용하기 위해 잠시 꺼냈다가, 다시 가방이나 주머니에 넣었다가,

인터페이스를 사용하기 위해 잠시 꺼냈다가, 다시 가방이나 주머니에 넣었다가,

인터페이스를 사용하기 위해 잠시 꺼냈다가, 다시 가방이나 주머니에 넣었다가,

인터페이스를 사용하기 위해 잠시 꺼냈다가, 다시 가방이나 주머니에 넣었다가,

인터페이스를 사용하기 위해 잠시 꺼냈다가, 다시 가방이나 주머니에 넣었다가,

인터페이스를 사용하기 위해 잠시 꺼냈다가, 다시 가방이나 주머니에 넣었다가,

인터페이스를 사용하기 위해 잠시 꺼냈다가, 다시 가방이나 주머니에 넣었다가,

인터페이스를 사용하기 위해 잠시 꺼냈다가, 다시 가방이나 주머니에 넣었다가,

인터페이스를 사용하기 위해 잠시 꺼냈다가, 다시 가방이나 주머니에 넣었다가,

인터페이스를 사용하기 위해 잠시 꺼냈다가, 다시 가방이나 주머니에 넣었다가,

인터페이스를 사용하기 위해 잠시 꺼냈다가, 다시 가방이나 주머니에 넣었다가,

인터페이스를 사용하기 위해 잠시 꺼냈다가, 다시 가방이나 주머니에 넣었다가,

인터페이스를 사용하기 위해 잠시 꺼냈다가, 다시 가방이나 주머니에 넣었다가,

인터페이스를 사용하기 위해 잠시 꺼냈다가, 다시 가방이나 주머니에 넣었다가,

인터페이스를 사용하기 위해 잠시 꺼냈다가, 다시 가방이나 주머니에 넣었다가,

인터페이스를 사용하기 위해 잠시 꺼냈다가, 다시 가방이나 주머니에 넣었다가,

인터페이스를 사용하기 위해 잠시 꺼냈다가, 다시 가방이나 주머니에 넣었다가,

인터페이스를 사용하기 위해 잠시 꺼냈다가, 다시 가방이나 주머니에 넣었다가,

인터페이스를 사용하기 위해 잠시 꺼냈다가, 다시 가방이나 주머니에 넣었다가,

인터페이스를 사용하기 위해 잠시 꺼냈다가, 다시 가방이나 주머니에 넣었다가,

인터페이스를 사용하기 위해 잠시 꺼냈다가, 다시 가방이나 주머니에 넣었다가,

인터페이스를 사용하기 위해 잠시 꺼냈다가, 다시 가방이나 주머니에 넣었다가,

인터페이스를 사용하기 위해 잠시 꺼냈다가, 다시 가방이나 주머니에 넣었다가,

인터페이스를 사용하기 위해 잠시 꺼냈다가, 다시 가방이나 주머니에 넣었다가,

인터페이스를 사용하기 위해 잠시 꺼냈다가, 다시 가방이나 주머니에 넣었다가,

인터페이스를 사용하기 위해 잠시 꺼냈다가, 다시 가방이나 주머니에 넣었다가,

인터페이스를 사용하기 위해 잠시 꺼냈다가, 다시 가방이나 주머니에 넣었다가,

인터페이스를 사용하기 위해 잠시 꺼냈다가, 다시 가방이나 주머니에 넣었다가,

인터페이스를 사용하기 위해 잠시 꺼냈다가, 다시 가방이나 주머니에 넣었다가,

인터페이스를 사용하기 위해 잠시 꺼냈다가, 다시 가방이나 주머니에 넣었다가,

인터페이스를 사용하기 위해 잠시 꺼냈다가, 다시 가방이나 주머니에 넣었다가,

인터페이스를 사용하기 위해 잠시 꺼냈다가, 다시 가방이나 주머니에 넣었다가,

인터페이스를 사용하기 위해 잠시 꺼냈다가, 다시 가방이나 주머니에 넣었다가,

인터페이스를 사용하기 위해 잠시 꺼냈다가, 다시 가방이나 주머니에 넣었다가,

인터페이스를 사용하기 위해 잠시 꺼냈다가, 다시 가방이나 주머니에 넣었다가,

인터페이스를 사용하기 위해 잠시 꺼냈다가, 다시 가방이나 주머니에 넣었다가,

인터페이스를 사용하기 위해 잠시 꺼냈다가, 다시 가방이나 주머니에 넣었다가,

인터페이스를 사용하기 위해 잠시 꺼냈다가, 다시 가방이나 주머니에 넣었다가,

인터페이스를 사용하기 위해 잠시 꺼냈다가, 다시 가방이나 주머니에 넣었다가,

인터페이스를 사용하기 위해 잠시 꺼냈다가, 다시 가방이나 주머니에 넣었다가,

인터페이스를 사용하기 위해 잠시 꺼냈다가, 다시 가방이나 주머니에 넣었다가,

인터페이스를 사용하기 위해 잠시 꺼냈다가, 다시 가방이나 주머니에 넣었다가,

인터페이스를 사용하기 위해 잠시 꺼냈다가, 다시 가방이나 주머니에 넣었다가,

인터페이스를 사용하기 위해 잠시 꺼냈다가, 다시 가방이나 주머니에 넣었다가,

인터페이스를 사용하기 위해 잠시 꺼냈다가, 다시 가방이나 주머니에 넣었다가,

인터페이스를 사용하기 위해 잠시 꺼냈다가, 다시 가방이나 주머니에 넣었다가,

잠자는 동안에는 충전기에 연결해둡니다.

여러분의 스마트폰은 그저 관심을 가져달라는 정도가 아니라 깨어 있는 내내 "날 좀 꺼내달라!"며 구걸하고 있다. 미국 타임(Time) 지가 전세계 사람들을 대상으로 한 조사에 따르면 4분의 1 정도의 사람들이 30분마다 스마트폰을 확인하며 5분의 1정도의 사람들은 10분마다 스마트폰을 확인한다고 한다.[21]

스키니진의 뒷주머니가 찢어지지 않게 조심하세요.

여러분은 깨진 액정 모양의 거미줄이 그려진 스파이더맨 앱을 방금 내려받았다. 실제로 깨진 액정이 그려진 무료(혹은 유로라도) 월페이퍼를 내려받아서 휴대폰 배경을 꾸미기도 한다. 스마트폰을 떨어뜨리는 것도 이제는 일상적으로 일어날 수 있는 흔한 일일 뿐이다. 마치 워싱턴 DC의 교외에 사는 10대들이 오토바이를 타다가 무릎이 까지는 정도의, 일종의 '반항 심리' 같은 '쿨'한 일이다. 고양이 물그릇에 휴대폰을 빠뜨리는 일쯤은 운이 좋은 편에 속한다.[22]

스마트폰을 한번 살펴보자. 정말 아름답지 않은가. 얇고 가벼우며, 금속 테두리로 처리된 버튼도 있다. 산업 제품 중 가장 최첨단의 것이며, 특화된 초정밀 로봇으로 제작되어 중국 공장에서 조립, 생산되고 있다. 그러나 그 실체를 들여다보면, 우리가 쳐다봐 주기만을 바라는 알림들로 가득 채워져 있는 것을 알 수 있다. 스마트폰의 기능들은 우리 손에서 매일 일어나고 있는 일상 그 자체이다. 그리고 스마트폰은 깨지기 쉬우며, 일상적으로 생기는 표면의 흠집들은 복구하기도 어렵다.

절대 떨어뜨려서는 안 된다. 습기가 많은 곳에 두어서도 안 된다. 만약 젖은 손으로 휴대폰을 만졌다면?[23] 안됐지만 이제 더 이상 보상은 적용되지 않는다.[24]

최근 조사에 의하면 아이폰 사용자들의 23%가 액정을 깨뜨린 경험이

있다고 한다.[25] 영국과 미국의 스마트폰 교체 주기가 22개월이라는 점을
감안하면 꽤 놀라운 수치이다.[26]

리뷰 블로그에서는 메탈 소재의 감촉을 칭찬하며 스마트폰을 추천하면
서도, 결국에는 "스마트폰은 상처가 나기 쉽다"며 오래 유지하고 싶다면
"케이스를 사용하여 이 모든 걱정들을 해결할 수 있다"고 언급한다.[27]

부서진 아이폰

잠깐, 어차피 케이스로 가려질 부분인데 왜 계속 휴대폰 재질에 대한 이야
기를 하고 있는 거지?

뉴욕타임스가 잠시 비판력을 상실했을 수도 있겠지만, 케이스를 사지
말아야 할 이유가 있을까? "왜 100달러도 넘는 휴대폰을 사면서 휴대폰을
보호하는 데는 돈을 쓰지 않으려고 하는지..."[28]

자동차 산업에도 이 논리가 적용되면 좋을 텐데... 아마 자동차 회사들
은 이 사업모델을 완전히 놓치고 있는 것 같다.

*자, 다른 건 몰라도 이 최신 모델은 꼭 구매하셔야 합니다. 헬스장에 다니
시는 분이라면 이 5,000달러짜리 케이스가 필요하실 겁니다. 여러분의 차
가 땀에 젖어 망가지는 것을 막아줄 거예요!*

'깨지기 쉽고, 물에도 약한' 스마트폰이 어째서 이토록 아무렇지도 않게 받아들여진 걸까? 온통 시멘트뿐인 도시에서 유리와 금속 재질이 그다지 좋지 않음을 우리 모두가 알고 있다. 우리는 때로 땀에 젖기도 하고 휴대폰을 떨어뜨리기도 한다. 비가 오는 날도 있다. 아이폰 사용자의 87%가 케이스를 사용한다고 한다. 안드로이드 사용자의 66%도 케이스를 씌운다.[29] 나는 이 수치가 '사용자 경험 디자인'에 실패했음을 보여준다고 생각한다. 우리의 일상을 이해하지 못한 실패 사례인 셈이다.

스마트폰 제조업체들은 리뷰 블로그에서 군침을 흘리도록 휴대폰을 더 얇게, 더 가볍게, 그리고 (그다지 넓지도 않은 가장자리를) 더 좁게 줄이느라 수백만 달러를 쓰고 있다. 대부분의 사람들이 못생긴 고무 케이스를 씌운다는 사실을 전혀 눈치채지도 못하면서 말이다.

배터리 수명은 또 어떤가. "나는 배터리 방전이 싫어요"라는 이름의 페이스북 그룹은 40만 명의 '좋아요'를 기록하고 있다.[30]

더 많은 모바일, 더 많은 기기에 연결될수록 배터리 수명은 우리의 일상에서 더욱 더 중요해진다. 심지어 모바일을 사용하는 대표적인 장소인 공항에서조차 충전은 어려운 일이다. 오죽하면 사람들이 화장실 근처 바닥에 쭈그려 앉은 채 충전을 하고 있겠는가. 기기를 충전된 상태로 유지하는 것 또한 일종의 부담이 되어버렸다.

걱정마시라. 뉴욕타임스에서 몇 가지 팁을 주었다. "사무실 밖에서도 빈번하게 스마트폰과 태블릿을 사용해야 하는 경우, 남은 배터리로 얼마나 오래 버틸 수 있을지를 정확히 알기는 어려울 것이다."[31]

맞는 말이다. 그래서 해결책은?

"배터리 닥터(Battery Doctor)라는 이름의 이 앱은 남은 전력량과 사용 가능 시간을 알려준다. 지금 혹은 앞으로 얼마나 충전이 되어야 할지를 말이다."

오, 내가 스크린을 좋아한다는 사실을 어찌 아는 건지... 자, 그래서 이 배터리 문제를 해결한답시고 또 다른 앱을 실행하라는 건가? 그러는 동안에도 여전히 배터리는 소모될 텐데?

요즈음은 휴대폰이 점점 더 커지는 추세라 앞주머니에 간신히 밀어 넣

어야 들어간다. 심지어 알루미늄으로 된 어떤 단말기는 약간의 힘을 주면 구부러지기도 한다.[32]

배터리 수명 시간 vs 스크린 밝기(단위: %)

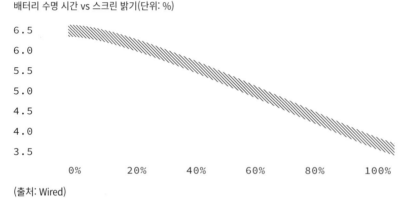

(출처: Wired)

아이폰 화면 사이즈

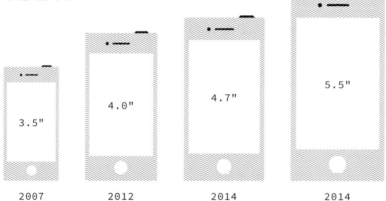

이제 휴대폰을 반복해서 꺼내 확인하는 일은 그만두자.

그렇다고 "주머니 속 휴대폰은 그대로 둔 채, 성가신 알림들을 작디작은 스크린에서 스크롤해야 확인할 수 있는 스마트워치를 당장 구입하라"는 말은 절대 아니다.

지잉...

▨ 네 휴대폰 울리는 소리 같은데?

□ 몰라, 나도 그런 줄 알았는데. 수없이 울리는 알림 때문에 팔에 있는 털이 다 닳아
　 버릴 지경이야.

이제 손에 든 휴대폰은 저 멀리 치워버리고 계속 들여다보던 스마트워치
의 알림도 잊어버리자. 기술에 대한 이야기들도 접어두도록 하자.

또는 완전히 극단적인 방법을 시도해볼 수도 있다. 다음 내용은 어느
디자이너가 테크놀로지 콘퍼런스에 참석했던 경험담이다. 그는 스마트폰
의 비명으로부터 해방된 진정한 21세기의 휴가를 경험했다고 한다.

> **"콘퍼런스에 도착하면 스마트폰을 바구니에 넣어요... 그리고 이름을 말합니다. 뭐, 아무 이
> 름이나 괜찮아요... 업무와 관련된 이야기는 일체 나눌 수 없습니다. 어느 벽에도 시계는 걸려
> 있지 않아요. 손목시계도 마찬가지고요. 시계를 보는 것 자체가 금지사항입니다... 이 콘퍼런
> 스에 참석했던 건 내가 지금까지 살면서 가장 잘했던 일이에요."**

크레이그(Craig)라는 이름의 이 디자이너는 직접 경험한 굉장했던 모험을
이렇게 설명했다. 나는 "다 자란 성인들이 휴가처럼 떠나와 다시 어린 아이
가 되어보는" 이런 캠프[33]에 가본 적이 없으니 그의 말을 다 믿을 수는 없지
만, 적어도 휴대폰으로부터 자유를 원하는 행사는 '캠프 그라운디드(Camp
Grounded)'라는 이름으로 실제로 매년 열리고 있다. 이 캠프는 디지털 디
톡스(Digital Detox)에 의해 개최되었으며 해시 태그 없이 사는 경험을 기억
하기 위해 각종 기술로부터 탈출해보는 경험을 제공한다. 대신, 야생에서
200명이 넘는 성인들이 유대감을 공유하며 즐기는 시간을 갖는다.

크레이그는 일정 비용을 지불함으로써 테크놀로지를 벗어날 수 있는
환경을 경험했다는 사실에 무척 상기되어 있었다. 캠프는 그를 둘러싼 알
림과 벨소리를 없애주었으며, 유령 진동 증후군으로부터 벗어날 수 있게
하였다.

허허벌판에서 펼쳐지는 캠프라니, 쉽게 믿어지지 않는 게 사실이다. 어
떤 중독이건 그 대상을 끊어버리는 것이 가장 바람직한 일일 테지만, 그렇
다고 휴대폰을 모두 없애버릴 수도 없다. 휴대폰을 모아 산더미처럼 쌓아

놓고 휘발유를 뿌려 불을 붙인 뒤, 녹아내리는 걸 보고 있을 것도 아니고, 사실 그래서도 안 된다. 휴대폰을 없애는 건 증상에 대한 대응이지, 근본 적인 원인을 해결하는 것은 아니기 때문이다.

이 문제의 대안은 일단 주머니에서 휴대폰을 꺼내지 않도록 만드는 것이 다. 그렇다고 기술을 외면한다거나 손목에서 푸시 알림을 받을 수 있게 하 자는 뜻이 아니다. 더 나은 일을 하기 위해 컴퓨터 기술의 힘을 이용하는 것 이다. 기술 분야의 뛰어난 인재들은 이미 그러한 일을 시작하고 있다.

✦ ✦ ✦ ✦ ✦

2013년 초반, 프로토지오(ProtoGeo)라는 이름의 스타트업은 스마트폰 앱 무브스(Moves)를 출시했다.[34] 이 앱은 사람들의 움직임을 추적하고, 하루 동안에 이동한 걸음 수와 같은 유산소 운동량을 기록한다.

솔직히 말하자면 활동량을 측정한다는 것 자체가 딱히 색다른 콘셉트 는 아니었다. 값싼 만보기는 이미 수십 년 전부터 존재해왔으며, 정확도를 자랑하는 GPS 스포츠 시계도 몇 년 전부터 나와 있었다. 게다가 스마트폰 에는 이미 수백 개가 넘는 운동 관련 앱이 존재한다.

그러나 무브스는 런칭 시점부터 눈에 띄는 차별점을 가지고 있었다. 나 는 이 앱이 아이콘 디자인*을 비롯하여 모든 곳에서 존재감을 드러낸다는 점에서, 이를 기술업계의 더 많은 혁신가들이 시작점으로 삼아야 한다고 생각한다.

이 앱은 주머니에서 휴대폰을 꺼낼 필요가 없도록 만들어졌다.

대부분의 앱이 사용자의 관심을 끌기 위해 웅웅대거나 삐 소리를 내는 반면, 이 앱은 주머니에 숨어 고요한 상태로 존재한다. 부가적인 액세서리 를 필요로 하지도 않는다.

---

* 무브스는 페이스북에 인수되었으며 앱 출시 당시의 아이콘 이미지 또한 변경되었다.

이는 모바일 경험에 접근하는 새로운 방식이자, 훌륭하게 절제된 디자인이다. 무브스는 이렇게 동작한다. 사용자는 평소에 하던 대로 움직이기만 하면 된다. 걷다가, 뛰고 싶을 땐 뛰고, 자전거를 탈 수도 있다. 휴대폰이 주머니에 있는 동안에는 센서를 통해 사용자의 움직임에 대한 정보를 모은다. 부가적인 액세서리를 몸에 착용할 필요도 없다. 이 앱은 휴대폰 배터리만 충분하다면 스스로 조용히 작동한다. 레이첼 메츠(Rachel Metz)는 MIT 테크놀로지 리뷰에서 "나는 이러한 단순함이 자가 추적의 미래가 될 것이라 확신한다"고 말했다.

무브스는 '사용자의 평소 행동을 그대로 수용'한 의미 있는 시작점이다. 그러나 엄밀하게 '인터페이스 없애기'의 기준에서 보면 조금 부족한 면이 있다. 구식 GUI에 담기는 바람에 사용자들은 의미 있는 무언가를 찾기 위해 리스트와 대시보드에서 헤매야 했다.

우리는 여기서 더 나아가 보자. 주머니에서 휴대폰을 꺼내지 않고도 얼마든지 문제를 해결할 수 있다.

✦ ✦ ✦ ✦

월스트리트저널에 실린 한 영국 보험사의 설문 조사에 따르면, 평균적인 영국 성인의 경우, "제자리에 두지 못한 물건을 찾는 일이 하루에 평균 9번 정도 발생한다"고 한다. 응답자 가운데 3분의 1은 잃어버린 물건을 찾느라[35] 하루에 평균 15분을 소비하며, 그중 "가장 괴로운 일은 집 열쇠를 찾는 것"이라고 했다.[36]

카메론 로버트슨(Cameron Robertson)과 폴 게르하르트(Paul Gerhardt)는 그런 사람들을 돕고 싶었다. 그들은 와이 콤비네이터(Y Combinator)[37]로부터 투자금을 지원받아, 잠금장치가 휴대폰과 연동되는 락키트론(Lockitron) 1세대를 출시했다. 와이어드(Wired)는 "휴대폰으로 현관문을 열어보라"는 기사를 발표하며 락키트론의 출시를 극찬했다.

반응은 뜨거웠으나, 이 솔루션은 별도의 새로운 잠금장치가 필요했다. 뿐만 아니라 우리가 매일 번잡스럽게 반복해 왔던 일을 해결한답시고 휴대폰과 스크린에 기반한 진부한 방식을 적용했다. 열쇠로 된 옛날 잠금장치보다 하나도 나을 게 없는데도 말이다.[38]

1. 현관문 앞으로 걸어간다.

2. 스마트폰을 꺼낸다.

3. 스마트폰을 켠다.

4. 스마트폰의 잠금을 해제한다.

5. 비밀번호를 입력한다.

6. 마지막으로 실행했던 앱을 종료한다.

7. 앱이 속해 있던 폴더를 빠져나온다.

8. 넘치는 아이콘들의 바다 속에서 원하는 앱을 찾는다.

9. 아이콘을 선택하여 앱을 실행한다.

10. 앱 로딩을 기다린다.

11. 문열림 버튼을 누른다.

12. 이제 진짜 현관문을 당겨서 연다.

일 년 후, 락키트론 팀은 제품을 다시 디자인했다. 단순히 외관을 더 예쁘게 꾸미거나, 멋들어지게 만드는 대신, UI를 개선하는 데 힘썼다. 아니, 그들은 참신하면서도 좀 더 쓸모 있는 UX를 만들었다.

　가장 주요한 변화는 잠금장치의 개선이다. 그들은 처음에 디자인했던 별도의 잠금장치를 없애고 사용자가 기존에 사용하던 잠금장치 위에 새로 제작한 덮개를 씌우면 되는 것으로 만들었다.

　더욱 인상적인 것은 스크린을 넘어, 사용자의 주머니에서 아예 휴대폰을 꺼낼 필요가 없도록 했다는 점이다.

여전히 스마트폰으로 앱을 내려받고 설치하는 수고를 해야 하지만, 처음 한 번만 앱을 셋팅하고 나면, 그 이후에는 휴대폰을 꺼낼 필요도 없이, 바지 뒷주머니에만 잘 넣어두면 된다. 2세대 락키트론 앱은 블루투스 기술을 통해 별도의 디지털 인터랙션 없이 사용할 수 있게 되었다.* 집 현관문 앞에만 제대로 서 있으면, 휴대폰을 꺼낼 필요도 없이 락키트론이 문을 열어 사용자를 맞이해 준다. 이 앱은 유령 진동 증후군이나 인터페이스 중독 없이, 스마트폰을 여전히 주머니 속에 둔 채로 사용자를 만족시키고 있다.

2세대 락키트론은 킥스타터(Kickstarter)[39]의 잠재적 고객으로부터 220만 달러의 크라우드 펀딩을 받았다.[40] 도어락 분야에서는 꽤 인상적인 투자 액수라고 생각한다.

락키트론의 2세대 제품을 통해 우리가 새겨야 할 교훈이 있다. 그래픽적인 요소를 먼저 고민하는 대신, 사람들이 특정한 일을 수행할 때의 보편적인 과정을 먼저 생각한다면, 조금 더 세련된 해결방안이 보일 것이다. 우리에게 필요한 건 오로지 사용자를 주의 깊게 관찰하고, 공감하며, 그 상황을 이해하는 것이다.

나쁜 습관을 고치는 일은 항상 어렵지만 말이다.

* 초기 락키트론은 근거리 무선통신(NFC) 기술을 사용했지만, 당시 시장에서 근거리 무선통신 기술을 이용한 제품은 거의 존재하지 않다시피 했다.

셀프 계산대는 '단기간 매출 측면에서도 잠재적으로 가능성이 있다'는 판단 아래, '스크린을 갖다 붙이자!'라는 생각을 실행해버린 또 하나의 결과물이다. 터치스크린과 GUI를 적용하여 가게 점원의 업무를 고객에게로 전환시키는 것이다. 셀프 계산대의 수가 늘어나고, 계산대의 설치로 인해 다양한 비즈니스로의 확장도 기대해 볼 수 있다는 점에서 이 전략은 꽤 매력적으로 들린다.[41] 또한 계산대의 대기줄을 줄이면서도 노동비용을 절감할 수 있다. 아마 여러분도 월마트(Walmart)나 테스코(Tesco), 세인즈베리(Sainsbury's), 세이프웨이(Safeway) 등 대형할인마트에서 셀프 계산대를 본 적이 있을 것이다.

그러나 이 셀프 계산대 수가 증가함과 동시에 예상하지 못했던 몇 가지 문제점들이 발생하기 시작했다. 많은 체인점이 오히려 셀프 계산대를 더 이상 운영하지 않기로 결정하면서 사용이 중단되었다. 셀프 계산대를 사용하는 쇼핑객들의 대부분이 수시로 물건을 훔쳐가면서 손실이 발생한 것이다.

이 '슈퍼마켓 범죄의 움직임'을 취재한 ABC 뉴스의 리포터는 이렇게 발생한 절도 비용이 일반적으로 한 해에 미국 한 가족당 400달러가 넘는다고 계산했다. (절도로 인해 손실된 비용은 고스란히 다른 고객들에게 전가됐다.) 또한 점원 계산대보다 셀프 계산대일 때 '적어도 5회 이상' 절도가 더 많이 발생하는 것을 확인했으며 결국, 미국의 대형마트인 앨버트슨즈(Albertson's)와 빅와이(Big Y)는 셀프 계산대를 없애기로 결정했다.[42]

셀프 계산대를 이용한다는 것 자체가 순간적으로 사람들의 양심을 잃게 만드는 것 같다. 뭐라 설명하기는 어렵지만 화면 속의 무언가가 우리를 조정하여 2달러를 아낀답시고 고급 커피원두를 바나나로 바꿔 계산하게 만드는 모양이다.

하지만 그 이면에는 다른 원인이 작용하고 있는 것 같다. 씨넷(CNET)에서 관련 기사를 작성했던 크리스 매티시치크(Chris Matyszczyk)는 이렇게 말했다.

"일단 대기줄이 없으니 셀프 계산대를 사용해보려고 시도할 겁니다. 쇼핑바구니를 내려놓고 담았던 물건들의 바코드를 스캔하면 되니까요. 스캔 기능도 꽤 괜찮게 작동할 거고요. 그러다 문득 바나나가 걸리면 '이게 무게가 얼마나 되려나? 1파운드 당 얼마였더라? 무슨 버튼을 눌러야 하는 거지?'라고 생각하게 되는 거죠."[43]

절도가 증가하는 것과 셀프 계산대와의 상관관계에서 아마 우리가 놓치고 있는 부분이 있을 것이다. 우리는 종종 스스로 무슨 일을 저지르고 있는지 깨닫지 못할 때가 있다. (집에서 키우는 고양이에게는 아이패드에서 무엇이 보이건 상관없겠지만) 터치스크린 인터페이스는 본질적으로 직관적이지 않기 때문이다.

BBC에 따르면 "48%의 영국인들이 편리하거나 빠른 것과는 상관없이 셀프 계산대 사용은 끔찍하다"고 응답했다고 한다.[44] 또 다른 연구에서는 절도 경험이 있는 영국인들 중 60%가 "등록되지 않은 물건들을 스캔하다가 포기했다"고 대답했다.[45](이 연구에 따르면 이 대답이 절도 사유의 1위라고 한다.)

미국 월스트리트저널은 "월마트에 의하면 4,000개가 넘는 미국 전역의 셀프 계산대가 점점 더 늘어나면서 오히려 점원 계산대의 줄이 다시 길어지기 시작했다. 쿠폰이나 가격 확인 등 복잡하거나 시간이 많이 소요되는 계산을 하려는 고객들 때문이다"라고 했다.[46]

파하드 만주(Farhad Manjoo)는 "점원 계산대는 셀프 계산대보다 거의 모든 면에서 더 뛰어나다. 사람이 더 빠르고, 더 친절하며, 바보 같은 인터페이스를 필요로 하지도 않는다. 고객이 직접 물건 바코드를 찾지 않아도 되며, 봉투에 물건도 담아준다. 행여나 고객이 화장실 휴지를 훔치려는 것으로 오해하고 민감하게 경보기를 울려대지도 않는다"고 했다.[47]

단지 셀프 계산대만의 문제는 아닐 것이다. 맥도널드(McDonald's)나 잭인더박스(Jack in the Box), 버거킹(Burger King), 타코벨(Taco Bell), KFC나 애플비(Applebee's)에서처럼 음식을 주문하는 순간에도 UI는 존재한다. 고객은 점원 대신 지루하고 직관적이지도 않으며 느려 터진 데다가 좌절하게 만드는 디지털 인터페이스를 다뤄야 한다. 게다가 가끔은 작은 봉지 과자를 사면서 같은 버튼을 두세 번씩 누르는 실수를 하거나 점보 사이즈 과자를 사면서 실수로 작은 사이즈의 과자 버튼을 여러 번 눌러버려 의도치 않게 도둑이 되기도 한다.

또 다른 예로 맥도널드의 경우 2014년의 판매량을 분석한 업계 전문가로부터 "음식과 브랜딩"에만 집중하라는 조언을 듣기도 했다.[48] 맥도날드가 그 외에 무슨 일을 더 했던 걸까? 맥도날드는 어린이 고객의 관심을 끌기 위해 터치스크린을 설치했다. 노스 케롤라이나 롤리(North Carolina Raleigh)의 코헨 레스토랑 마케팅 그룹(Cohen Restaurant Marketing Group)의 대표인 조엘 코헨(Joel Cohen)은 페스트푸드점이 그들의 강점인 신속함과 편의성을 자꾸 망각하는 것 같아 걱정스럽다"라고도 했다.[49]

여기서 우리의 첫 번째 원칙이었던 '인터페이스 없애기'를 적용해보면 어떨까? 무작정 인터페이스를 넣지 말고 '결제'할 때 우리가 늘 해오던 평소의 과정을 생각한다면?

이것이 바로 스퀘어 월렛(Square's Wallet)의 다짐이었다.

스퀘어의 실험에 의하면 고객이 가게에서 50미터 이내로 들어오게 되면 고객의 이름과 사진이 계산대에서 보이게 된다. 스마트폰을 꺼낼 필요도 없으며, 심지어 앱을 실행하지 않아도 된다. 특정 레스토랑에서는 사전에 스퀘어의 오토탭(Auto Tab)에서 결제 기능을 활성화하면 스마트폰의 저전력 블루투스 기술을 통해 휴대폰이 스퀘어 계좌 정보를 허용하도록 만든 후 자동으로 팝업을 띄워준다.

카페에서의 경우는 이전에 주문했던 이력이 있다면, 15m 내에서부터 감지가 이루어져 고객이 카운터에 다가가기도 전에 고객의 단골 주문 내용을 미리 준비해 둘 수 있다. 주문한 음식을 찾아가면 영수증은 즉시 이메일로 전송된다.

트위터와 스퀘어의 창립 멤버인 잭 도시(Jack Dorsey)는 다음과 같이 말했다.

"한 손님이 가게 안으로 들어갑니다. 가게에서는 그 손님이 지금 가게 안에 있으며, 지난번에는 카푸치노를 주문했다는 정보를 얻습니다. 점원은 즉시 카푸치노를 만들기 시작하면서 손

님에게는 "어서 오세요, 데이빗, 여기 카푸치노가 나왔습니다"라고 서비스할 수 있습니다. 정말 간단하죠. 이것이 브랜드 충성도를 쌓는 방법입니다. 고객의 재방문을 이끌어내기도 하고요. 스타벅스에서도 이렇게 하고 있습니다. 자주 방문하는 스타벅스에 가면 점원이 여러분의 이름을 불러주고 미소로 맞아줍니다. 어떤 주문을 할지도 알고 있죠. 이건 정말 놀라운 일입니다."[50]

다음번엔 휴대폰을 그냥 주머니 속에 그대로 놔두세요(출처: Sqaure Wallet).

사람들이 아무데서나 오토탭을 쓰지는 않을 것이다. 그러나 많은 이들이 애용하고 충분히 믿을 수 있는 곳에서는, 늘 해오던 행동에 기반을 둔 세련되고 멋진 거래 기능이 될 수 있다.

스퀘어 앱은 직관적이지 못한 셀프 계산대나 추가 비용 없이도 더 빠르고 나은 서비스를 제공할 수 있도록 만들어졌다. 신용카드를 꺼내달라는 요청을 할 필요도 없으며, 꽉 끼는 스키니진에서 휴대폰을 꺼낼 필요도 없어졌다.

마스터카드의 페이패스(PayPass. 2003년 출시)[51]는 결제 시, 신용카드나 전자 열쇠를 스마트폰 화면에 띄워 특정 단말기에 대야 한다. 제이피 모건 체이스(JP Morgan Chase)의 블링크 시스템(Blink system. 2005년 출시)[52] 또한 해당 신용카드를 띄워 단말기에 대서 결제해야 한다. 아메리칸 익스프레스(American Express)의 익스프레스 페이(ExpressPay.

2005년 출시)[53]도 마찬가지다. 비자(Visa)의 페이웨이브(payWave. 2007년 출시)[54]는 신용카드나 전자 열쇠를 띄워 단말기에 대야 한다. 구글 월렛(Google Wallet. 2011년 출시)[55]과 애플 페이(Apple Pay. 2014년 출시)는 휴대폰을 꺼내 단말기에 대야 결제할 수 있다.

이 모두가 더 높은 수준의 사용자 경험을 디자인하지 못하고 있다.

엄밀히 따지면 스퀘어 앱 또한 초기설정을 위한 UI가 존재한다. 점원이 최종 주문내역을 확인할 수 있는 UI도 필요하다. 그러나 초기설정 이후에는 더 이상 인터페이스와 씨름하거나 지갑을 사용할 필요도 없다. 단순히 라떼를 주문하는 정도라면 말이다.

사업가들은 최신 기술의 강점을 어떻게 적용할 것인가를 두고, 종종 그 해결책으로 스크린을 갖다 붙이곤 했다. 그 결과, 비용은 비용대로 지출되었으며 사용자들에게도 그다지 좋은 경험을 제공하지 못했다. 일부 매스컴에서 식료품 체인점인 앨버트슨즈가 물품 절도로 인해 셀프 계산대를 없앴다는 사실을 보도했을 때, 그들은 더 나은 서비스 경험을 고객에게 돌려주고 싶다고 했다. "고객과 대화할 수 있는 기회를 더 많이 가지고 싶었다"고 하면서 "셀프 계산대의 인터페이스를 없앤 것이 점원들에게 굉장한 동기부여가 된다"고도 했다.[56]

스퀘어 앱의 오토탭도 마찬가지다. 와이어드는 "사람과 사람이 만나는 접점이 늘어나는 것이 더 매력적이다. 쪽지나 영수증, 더러운 플라스틱 조각 등을 주고받는 상업적인 행위들도 사람과의 순수한 상호작용으로 전환되고 있다"고 표현했다.[57]

스퀘어가 지역 내 작은 카페와 같은 곳에서 마법 같은 경험을 선사했던 것처럼, 많은 스타트업은 글로벌 결제 시스템을 흔들고 있다. 그러나 이렇게 단절 없이 매끄럽게 결제가 이루어져야 하는 전자결제 시스템이 오히려 거물급 투자자들에 의해 고난을 겪고 있다.*

---

* 스퀘어는 테이크아웃 주문 앱인 스퀘어 오더(Square Order)에 "우리가 스퀘어 월렛을 통해 배운 모든 것을 적용시킬 것"이라고 선언했다.

그 어려움은 스퀘어 앱이 사업적 측면을 고려하는 대신, 사용자의 평소 행동을 우선적으로 반영했기 때문에 발생했다. 이 작은 회사에게는 수많은 카페 매장을 대상으로 새로운 결제 시스템을 이해시키기 위해 교육하는 일이 너무나 어렵고 벅찼다. 특히 가장 큰 파트너였던 스타벅스는 스퀘어에게 충분한 재정적 지원을 하지 않았다.[58] 스타벅스의 점원들은 스퀘어 시스템에 대한 어떠한 교육도 받지 못했고[59] 당연히 오토탭에 대한 내용도 들을 수 없었다. 이렇게 큰 파트너와 무대가 있었음에도 불구하고, 결국 스퀘어는 스타벅스에서 사용할 수 있는 여러 앱 중 하나가 되어버렸다. 다른 앱들과 마찬가지로 주머니에서 스마트폰을 꺼내, 잠금을 해제하고, 앱을 찾아서 실행시킨 뒤, 버튼을 눌러 바코드를 실행한 뒤, 스캔해서 사용하게 된 것이다.

가능하다면 언제라도 휴대폰을 뒷주머니에 그냥 놔두세요.

오토탭은 사용자 경험 디자인을 진일보시키는 시발점으로서 중요한 발자취를 남겼다. 스크린을 사용하지 않는 해결책을 고민하다 보면 놀라운 방법들이 떠오르게 된다. 그리고 이 해결책은 사용자가 스마트폰을 주머니 속에 그대로 둘 수 있게 만들어준다.

이제 사용자 경험에 대한 우리의 접근 방식을 다시 고민할 시점인 것 같다. 스마트폰은 알림이나 핀치, 줌과 같은 기능 단위를 넘어, 멋진 솔루션을 수행할 수 있는 강력한 기기다. 따라서 지금부터는 화면을 벗어나 우리의 평소 행동방식을 어떻게 적용할 것인가를 고민해야 한다.

자, 그럼 계속해서 새로운 무언가를 만드는 가장 익숙한 방법이라고 할 수 있는 와이어프레임에 대해 자세히 살펴보기로 하자.

10장 습관처럼 그려놓고 보는 사각형
이번 와이어프레임 완전 괜찮은데?
드디어 해냈어. 이제 억만장자가 되는 건 시간문제야!

새로운 기술을 위한 디자인 접근은 꽤 멋지게 시작된다.

매일같이 발마사지를 하는 어르신에게 "그렇게 하면 어떤 점이 좋나요?"라는 질문을 던진다. 아주 훌륭한 방법이다.

자신의 작품이 마르기를 기다리며 진심 어린 호기심으로 유심히 지켜보고 있는 화가가 있다고 해보자. 그 작품에는 그의 기교와 작업 방식이 잘 축적되어 있다. 그것은 정성적인 기록이며 실패를 줄이고 깨우침을 얻게 해준다.

이것은 제대로 드러나거나 알려지지 않은 문제점들을 밝혀내고 새로운 기회를 발견하는 과정이다. 일상적인 일에서도 의미를 찾으며 무언가를 발견하는 일은 실제 사용자를 위해서도 매우 중요하다. 열린 자세로 사용자를 관찰하며 그들과 대화를 나누는 이 몇 주의 시간은 매우 훌륭한 첫 단추인 셈이다. 여러 창의적인 조직들이 새로운 서비스를 만들고자 할 때 사용하고 있는 방법론이기도 하다.

그러나 반드시 모든 시작점에서 이 방법을 사용할 필요는 없다.

어떤 경우에는 과거의 사례로부터 출발할 수도 있다. 인터넷으로 이미지를 찾는 것 이상으로 먼지로 뒤덮인 오래된 작품들을 다시 살펴보고, 유사한 문제를 이미 해결했던 사례들을 먼저 살펴보는 것이다. 조너선이 디터 람스(Dieter Rams)의 단순성(simplicity)에서 영감을 얻어 아이맥, 아이폰, 아이패드, 애플 워치 그리고 최신 iOS 버전을 디자인했듯이 말이다.

정량조사를 통해서도 훌륭한 통찰을 얻을 수 있다.

조직 내 데이터 분석 팀은 대부분의 사람들이 무심코 지나치는 사용자의 행동 패턴을 밝혀낼 수 있다. 맥킨지(McKinsey)는 "고객 분석 자료를 적극적으로 활용하는 기업이 고객을 유지할 가능성이 6.5배 더 높고 경쟁

업체 대비, 더 많은 매출을 기록할 가능성이 7.4배 더 높으며 평균보다 높은 수익을 달성할 확률이 거의 19배에 이른다"는 것을 발견했다.[1] 이렇게 고객 행동을 분석하는 일은 훌륭한 조사 방법 중 하나다.

이러한 분석은 종종 의미 있는 결과로 정리되기도 한다.

온 사방의 벽면이 작업물로 가득 채워지고 모두의 열망을 담은 감성적인 무드 보드(mood board)가 만들어진다. 사용자 스토리(user story), 퍼소나(persona), 시나리오(scenario) 등 여러 방법론은 사용자를 위한 무언가를 만들 때 우리가 달성해야 하는 목표가 무엇인지를 알려주는 유용한 가이드가 된다.

그러나 우리의 창의성은 여기에서 끝나고 만다.

열심히 찾아낸 차별화된 문제점이 모두 잊혀지고, 풍부하고 특별한 통찰이 사라진다. 반짝이던 기회요소는 누구나 예상할 수 있는 수준으로 뭉뚱그려지고, 때묻지 않은 순수한 통찰은 기계적인 결과물로 변질되어 버린다. 풍성하고 특별했던 내용을 네모난 화면에 집어넣는 과정에서 오히려 어울리지 않는 모습으로 변형된다. 스크린을 먼저 생각하기 때문이다.

이런 경우, 우리는 흔히 다음과 같이 행동한다.

무작정 네모를 그리고, 또 그리고, 또 그린다. 클라이언트나 산업 전반의 흐름에 대한 고민도 없이, 우리가 풀어내야 하는 문제가 무엇인지, 최신 기술로 인한 창의적인 방법들이 있는지조차 고민하지 않은 채, 화면을 설계하는 습관적인 행동을 반복하는 것이다.

로고는 어디에 넣을까? 얼마나 크게 들어가야 하는 거지?

일부 관습에 젖은 조직에서는 디자이너가 화면을 더 많이 설계할수록 평가를 더 좋게 받기도 한다.

■■ 나 오늘 하루만에 플로를 서른 두 개나 쳐냈어!

▢ *그렇게나 많이? 넌 역시 에이스야!*

아니, 그는 절대 에이스가 아니다. 적어도 디자이너라면, 개발자라면, 가능한 한 최대로 우아한 방법으로 문제를 해결할 수 있어야 한다. 리서치를 하게 되면 우리가 풀어내야 할 새롭고도 특수한 문제들이 드러난다. 창의적 사고를 통해 사용자의 동기를 파악하는 일은 굉장히 멋진 시작이다. 그러나 그 다음, 우리는 너무나 자주 그리고 당연하게도 끔찍한 실수를 저지르고 있다.

통찰
+ 통찰
+ 통찰
+ 통찰
= 스크린

이 과정은 계속 반복된다.

우리는 훌륭한 통찰점을 많이 찾아 놓고도 습관적으로 진부한 사각형만 그려대고 있다. 아마 대부분이 패턴 라이브러리를 뒤지는 일부터 시작할 것이다. 쓸만한 UI를 찾다가 적당히 패럴랙스 스크롤(parallax scroll)[2]을 적용해보거나 최근 유행하고 있는 햄버거 아이콘 같은 것들을 집어넣으려고 한다.

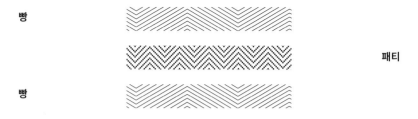

빵

패티

빵

나는 사용자가 필요로 하는 모든 기능을 뒤로 숨겨버릴 수 있는 섹시한 햄버거 버튼이랍니다!

그러다 보면 결국 우리는 이런 식의 한심한 질문을 하게 된다.

"어떻게 하면 82세의 당뇨병 환자가 입력 필드를 잘 채우도록 도와줄 수 있을까?"

아... 정말...

통찰이 필요한 고유의 문제들은 하나의 답으로 해결되지 않는다. 어떤 경우에는 인터페이스가 적절한 해결 방법이 된다. 하지만 우리는 늘 더 새롭고 차별화된 무언가를 만들 수 있는 기회나 단서마저도 내던져버리곤 한다. 의미 있게 문제를 해결해보기도 전에 더 나은 것을 만들 기회조차도 갖지 못하는 것이다.

디지털 제품은 멋진 외관을 가지는 것 이상의 무언가를 많이 할 수 있다.

여러분 회사의 핵심 제품이 인터페이스라고 할지라도 모든 결과물이 인터페이스여야 하는 건 아니다. 만약 이 엄격한 잣대를 들이댔다면 개인용 컴퓨터 회사였던 애플 컴퓨터는 지금과 같이 세계적으로 가장 큰 소비층을 거느린 전자회사로서의 모습이 될 수 없었을 것이다. 스스로의 위치에 안주하여 새로운 기회를 쫓지 않았다면 넷플릭스(Netflix)는 아직도 빨간 봉투에 담은 DVD를 배달하고 있었을지도 모른다.

뛰어난 전략가는 흐름을 수용한다. 훌륭한 기업은 인터페이스에 상관없이 사용자에게 최선의 솔루션을 제공한다.

1992년에 소프트웨어 업계에 사용자 조사 기법을 적용했던 앨런 쿠퍼는 과학기술 분야의 전문가들에게 이렇게 말했다. "가장 효과적인 도구는 극도로 단순하다. 사용자와 그들이 원하는 목표가 무엇인지 정교하게 설명될 수 있는 수준으로 만들어야 한다."[3]

여기서 사용자가 이루고자 하는 목표가 절대, 메뉴나 드롭다운 버튼을 이용한다거나 단순히 화면을 들여다보는 일은 아닐 것이다.

✔   ✔   ✔   ✔

1967년, 포켓라디오 그룹과 TV 제조사들은 미래 기술을 선보이는 CES (Consumer Electronics Show, 국제 전자제품 박람회)를 최초로 개최했다. 당시 사용되었던 '담뱃갑 크기만 한 8달러짜리 라디오'[4]와 같은 문구들은 첨단 기술을 나타내는 증표라 할 수 있었다.

1984년 무렵에는 10만 명이 넘는 관람객들을 끌어모았으며, 관람객 수가 점차 증가하면서 박람회는 새롭게 출시된 제품이나 서비스들을 발표하는 자리가 되었다. 1985년에는 닌텐도가 첫 번째 게임 콘솔을 이곳에서 발표했으며, 1992년에는 애플이 뉴튼(Newton)이라는 PDA를 선보이기도 했다.[5]

2010년 1월, 한 자동차 보안회사는 CES에서 새로운 스마트폰 앱을 발표했다. 이 회사는 "리모컨으로 단순히 시동을 거는 것 이상의 다른 성능(트렁크를 열어주는 기능 등)이 있다"고 발표하여 전세계 회사들의 이목을 집중시켰다. 이 앱은 심사위원들로부터 높은 평가를 받으며 '최고의 혁신상'을 수상했다.[6]

이 앱의 와이어프레임 구조가 그다지 나쁜 편은 아니었다.

홈 화면에서는 명확하게 다섯 개의 기능을 보여준다. 최종 디자인된 화면에서도 사용자가 애매하게 느끼지 않도록 기능의 이름과 아이콘을 함께 표기하기도 했다. 이 다섯 개(잠금, 잠금 해제, 시동 걸기, 트렁크 열기, 경보)의 기능은 굉장히 일반적이며 자동차를 컨트롤하기에 적절한 행위로 보인다. 그래픽이 훌륭하진 않더라도 와이어프레임은 잘 정리되어 있었다. CES의 심사위원도 이 점에 높은 점수를 준 모양이다.

자동차 앱의 단순한 와이어프레임

여기서 잠깐 짚고 넘어가야 할 문제가 있다.

우리가 이 앱을 보고 꽤 괜찮다고 느꼈던 건, 모든 것을 습관적으로 와이어프레임으로 만들어버리는 일에 익숙해져 있기 때문일 수도 있다. 혹은 스크린 기반의 사고를 하고 있기 때문에 좋아보이는지도 모른다. 그렇다면 이제 다른 방식으로 생각해봐야 할 때다.

이 앱의 기능 중 하나를 실제로 사용하는 상황을 생각해보자. 예를 들어 트렁크를 여는 상황을 가정해보는 것이다.

가장 훌륭한 출발점은 바로 '관찰'이다. 우리가 개선하고자 하는 부분에서 사람들이 일상적으로 해오던 행동을 관찰하는 것. 사실 너무나 당연한 방법이다.

지금 여러분은 한 남자가 자동차 트렁크로 짐을 옮기는 상황을 관찰하고 있다. 두 손 가득 짐을 들고 있기 때문에 양 손은 쓸 수 없지만, 상대적으로 발은 자유로워 보이는 모습이다. 그는 짐이 너무 무겁기 때문에 이

상황에서 스마트폰을 꺼내서 조작한 뒤에, 주머니에 집어넣은 다음, 다시 짐을 들어 올리는 일을 절대 원하지 않을 것이다. 이 앱의 제작자에게는 결코 달갑지 않을 테지만 말이다.

이 관찰은 포드 이스케이프(Ford Escape) 디자인 팀에서 수행한 것으로, 그들은 새 모델들이 넘쳐나는 크로스 오버 SUV 시장에서 이들과 차별화되는 포드만의 SUV를 원했다.[7]

디자인 팀은 과연 이 문제를 어떻게 해결했을까? 앱의 버튼을 더 크게 만들어 넣었을까? 아니면 음성인식 기능으로 주차장 한가운데서 사용자가 소리를 크게 질러 트렁크를 열 수 있도록 했을까?

아니, 그들은 그렇게 해결하지 않았다.

포드는 차 트렁크의 범퍼 하단에 센서 장치를 부착하여 사용자가 발로 차는 움직임을 감지할 수 있도록 했다. 트렁크로 무거운 짐을 옮기고 있는 상황에서 겪는 문제를 단순하고도 쉬운 행동으로 해결한 것이다.

가벼운 발차기로 트렁크를 열 수 있다는 건 매우 멋진 해결 방법이다. 버튼을 누르거나 새로운 인터페이스를 배울 필요도 없다. 이스케이프의

다음 이미지를 보자

사용자가 가벼운 발차기를 하면 트렁크에 부착된 두 개의 모션 센서 사이를 흐르던 전자기장이 차단된다. 이 차단을 감지한 트렁크 작동 시스템이 트렁크를 열어주는 것이다. 굳이 여기서 기계공학적인 원리를 이해하고 싶다면 차라리 이 책을 덮고 다른 전문서적을 찾아보길 바란다. (물론 농담이다.)

차주 중 47%는 실제 생활에서 불편을 느끼고 이 옵션을 구입했다. 픽셀로 이루어진 앱 대신 말이다. 포브스(Forbes)는 "이전 어디에도 존재하지 않던 이 옵션의 필요성을 말해주는 확실한 수치다"라고 했다.[8]

좋은 디자인은 문제를 해결한다. 훌륭한 UX는 좋은 UI를 만드는 게 아니라 좋은 경험을 만드는 것이다.

자동차에는 무궁무진한 '화면 기반의 사고'들이 존재한다. 일부 회사들은 센터 콘솔에 끔찍한 터치스크린을 부착해놓고 대단한 자부심을 가질 정도로 스크린에 사로잡혀 있다. 그 엄청나게 혁신적인 회사는 "우리는 17인치의 슬레이트를 설치했어요. 인테리어의 중심을 잡아주는 핵심 역할이라고 할 수 있죠"[9]라고 설명한다. 테슬라는 훌륭한 비전과 아름다운 자동차 모델들을 보유하고 있지만 17인치 터치스크린은 절대 칭찬해줄 수가 없다. 이 스크린은 도로에서 운전자의 시선을 빼앗아 매우 위험하게 만들 수 있다. 이제 화면이 아닌, 사용자의 일상적인 행동에서 진짜 문제를 해결해보자.

자동차가 도로를 달리는 상황이 아닐 때도 여전히 해결되어야 할 문제가 있다. 자동차를 시멘트 바닥에 주차했다면 강렬한 햇빛에 의해 내부는 끓어오를 듯한 열기로 가득할 것이다. NBC 뉴스에 따르면 "미국에서만 매해 36명이 넘는 아이들이 과열된 자동차 안에서 목숨을 잃는다"고 한다. 애완견 또한 자동차 과열에 의한 치명적인 피해 대상이 된다. NHTSA(National Highway Traffic Safety Administration, 미국 도로교통안전국)는 "햇빛에 직접적으로 노출된 차량의 실내 온도는 55°C에서 최고 78°C까지 올라가는 것을 확인했다"고 발표했다.[10]

내가 최근에 호주를 방문했을 때 우연찮게 닛산 리프(Nissan Leaf)의 광고를 보게 되었다. 시드니 공항의 벽 전면에 걸려 있던 광고에는 이런 문구가 쓰여 있었다.

뜨거워진 자동차의 온도를 스마트폰으로 낮출 수 있다면?

이 광고는 닛산에서 전세계적으로 펼친 광고 캠페인 중 하나로, 실제 문구를 실은 것이다. 앱 스토어에서 닛산 앱을 내려받아 (이 앱 또한 이미 설치된 수많은 앱 중 어딘가에 묻히겠지만) 언제든 직접 실행할 수 있다. 여기 광고에 실린 앱의 해당 화면을 보자.

온도 탭이 선택된 리프(Leaf) 앱 화면(선명도를 위해 이미지를 수정하고 로고는 삭제했다)

닛산에서 설명해주는 작동 방법을 들어보자.

시나리오는 이렇습니다. 찌는 듯한 무더위에 지친 8월의 어느 날, 여러분은 15분 후 자동차를 타려고 합니다. 스마트폰이나 컴퓨터에서 자동차의 에어컨을 원격으로 조정할 수 있다면 어떨까요? 이제 여러분은 시원해진 차에 바로 탑승하시면 됩니다.[11]

스크린으로 해결해버린 또 하나의 적절치 못한 솔루션일까? 습관적으로 사각형부터 그려서 생겨난 결과일까? 이들의 시나리오를 열린 마음으로 다시 살펴보자. 방법은 이미 우리 머릿속에 들어있다.

　무더운 여름날, 주차장에 있던 차는 이미 열기로 가득 차 있다. 여러분이 어디에 있든지 멀리 떨어진 주차장에 세워진 자동차를 돌봐야겠다는 생각은 딱히 들지 않을 것이다.

영화관에 있다고 해보자. 무더위가 기승을 부릴수록 영화티켓 판매율도 같이 올라간다고 하니, 영화관은 아마 만석일 것이다.[12] 게다가 어두운 영화관에서 휴대폰을 꺼내 번쩍거리는 화면을 보는 일은 여러분의 주위 사람들을 불편하게 만든다. 오죽하면 CNN이 영화관에서의 스마트폰 사용이 가장 꼴불견 스마트폰 사용 습관 중 하나"라고 했을까.[13]

이봐요, 스마트폰 좀 끄라니까!

뜨거운 여름날에 여러분의 자동차는 이렇게 땡볕에 세워져 있을 것이다(Laitr Keiows/CC BY 3.0)

뜨거운 여름날에 여러분은 이렇게 시원한 영화관에 있을 것이다(출처: NASA Goddard Space Flight Center/CC BY 2.0)

다행히 옆 사람들이 휴대폰 불빛을 별로 신경 쓰지 않는다고 해도, 한창 재밌게 영화를 보다가 끝나기 15분 전에 자동차 안이 얼마나 뜨거울지를 미리 떠올리기란 매우 어려울 것이다.

늘 해오던 행동을 고려했을 때, 다음 단계들을 줄여볼 수 있을까? 한번 살펴보자.

1. **뜨거운 주차장에 차를 세워두고 영화관으로 들어간다.** ——————————— 나
2. ~~차를 세워둔 곳으로 돌아가기로 한다.~~
3. ~~차로 돌아가기 15분 전, 차 안이 더울 것을 예상한다.~~
4. ~~스마트폰을 꺼낸다.~~
5. ~~스마트폰을 켠다.~~
6. ~~엄지손가락으로 지문을 인식한다.~~
7. ~~마지막으로 실행했던 앱을 종료한다.~~
8. ~~앱이 속해 있던 폴더를 빠져나온다.~~
9. ~~넘치는 아이콘들의 바다 속에서 원하는 앱을 찾는다.~~
10. ~~아이콘을 선택하여 앱을 실행한다.~~
11. ~~앱 로딩을 기다리면서 에어컨 버튼을 찾아본다.~~
12. ~~메뉴의 기능을 추측해보면서 '온도' 버튼을 선택한다.~~
13. ~~'온도 컨트롤 켜기'를 선택한다.~~
14. ~~15분을 기다린다.~~
15. **열기가 식은 차로 돌아간다.** ——————————— 나의 목표

음...

습관적으로 사각형을 그리는 일에서 벗어나 제대로 된 솔루션을 찾으려면, 인터넷을 일상적으로 사용할 수 없던 과거로까지 거슬러 올라가야 한다. 온라인 기술이 매우 초기 단계여서 전세계적으로도 웹사이트가 1백만 개가 되지 않던 시절인 1991년 즈음으로 말이다. (2007년의 웹사이트 개수는 약 1억 개이며[14], 2014년에는 약 10억 개에 이른다.[15])

그해, 마쓰다(Mazda) 자동차 회사는 929라 불리는 럭셔리 세단의 새로운 모델을 출시했다. 당시 마쓰다는 미국에서 네 번째로 규모가 큰 일본의 자동차 제조사였다.[16] 마쓰다는 새로운 고객을 확보하기 위해 미래적인

기능들로 929를 포장했다. 뉴욕타임스는 이 차를 '아주 세련된 새 모델'로 소개하기도 했다.[17]

웹사이트나 앱이 없던 시절, 우리의 일상이 스마트폰이나 스마트워치로 넘쳐나지도 않으며 스크린이 모든 문제의 해결책으로 여겨지지도 않던 이 시기에 마쓰다는 GUI 없이도 차량의 실내 온도를 조절할 수 있는 929의 옵션을 고안해냈다.

마쓰다 자동차의 미국 지사 수석 부사장이자 최고 운영 책임자(COO)였던 클라크 비틀리(Clark Vitulli)는 시카고 트리뷴(Chicago Tribune)을 통해 "우리의 목표는 세계 정상의 프리미엄 자동차 회사가 되는 겁니다. 가장 비싸거나 혹은 가장 싸거나 이런 것에 의해서가 아닌, 차별화되고 개인화된, 그 어디에도 없는 자신만의 차를 가지세요"라고 했다.[18]

클라크의 말은 훌륭한 사용자 경험에 매우 신경 쓰고 있는 누군가처럼 느껴진다.

마쓰다는 이를 어떻게 풀어냈을까? 그들은 스크린에서 최선의 방법을 찾는 대신 실제 상황에 대한 이해를 바탕으로 해결 방법을 찾아냈다.

더 말할 필요도 없이, 기온이 높은 야외에 자동차가 주차되어 있는 경우, 차량의 실내온도는 참을 수 없을 정도로 올라간다. 마쓰다는 이 온도를 측정할 수 있는 가장 고전적이면서도 일반적인 장치를 설치했다. 바로 온도계이다. 온도가 일정 한계치에 다다르면 센서를 작동시켜 차량이 가열되었음을 알린다.

이러한 조건이 활성화되면 차 내부를 식히기 위해 팬이 작동한다. 뿐만 아니라 센서는 차량의 외부 또한 뜨겁다는 것을 인지하여 햇빛이 내리쬐고 있음을 알 수 있다. 마쓰다는 태양열 판을 차량 상단에 설치하여 햇빛을 이용하여 자동환기장치를 돌릴 수 있는 전력을 확보했다. 929 모델의 사용자가 차로 돌아왔을 때는 이 공기 시스템에 의해 자동으로 차량의 온도가 알맞게 낮춰진 상태일 것이다. 기름이나 인터페이스의 사용 없이도 말이다. 929는 주변 상황을 제대로 파악하고 이해하여 문제의 원인(태양열)을 다시 솔루션(온도를 낮춰주는 데 필요한 전력)으로 바꿨다.

똑똑한 해결 방법이다.

게다가 온도 센서에 의해 외부 온도가 그리 높지 않다고 판단되는 경우에는 태양열 판은 배터리에 전기를 충천하는 역할을 수행한다.

더 영리한 해결 방법이다.

하지만 충분히 해결되지 못하는 부분이 존재했다.

마쓰다의 테스트에 의하면 온도가 정말로 높은 날(아리조나 사막에서처럼 그늘 한 점 없는 쨍쨍한 날)에는 실내 온도가 터무니없을 만큼 높이(75°C) 올라간다고 한다. 마쓰다의 공기 시스템은 이 온도를 상당히 낮출 수는 있지만, 최대치로 낮추더라도 여전히 높다고 할 수 있는 60°C 정도인 것으로 확인됐다.

929는 차 안을 적정온도로 만드는 것을 도와주기 때문에 에어컨을 덜 사용하게 되며 이로서 기름도 덜 사용하는 것으로 나타났다. 또한 시스템이 자동으로 작동하기 때문에 운전자를 번거롭게 하지도 않는다. 다만, 차량 안의 온도가 여전히 이상적인 온도와는 거리가 멀었던 게 문제였다. 온도에 민감한 무언가(아이들이나 개, 금붕어, 음료수나 우유 등)를 차 안에 두어서는 안 되는 것이다.

그로부터 약 18년이 지난 2009년, 도요타는 929 모델에서 얻은 교훈을 되살려, 동일한 문제를 해결하고자 하였다.

2009년 형 프리우스(Prius)의 옵션인 문루프(moonroof)는 외부 온도가 30°C 이상이 되면 아주 조금 문이 열리도록 되어 있다.[19] 문이 열리면 자그마한 팬이 문루프를 통해 열기를 배출한다. 팬의 전력은 차량 지붕의 태양열을 통해 얻는다. 929 모델과 달라진 점은 배터리 충전 기능이 없다는 것이다. 하지만 도요타는 그 대신, 냉각 시스템에서 더 좋은 성능을 발휘한다고 발표했다.

도요타는 차 안의 온도가 바깥 온도 정도로만 올라간다고 주장했다. 만약 외부 온도가 32°C라 하더라도 차 안의 온도는 그보다 더 뜨거워지지는 않는다는 것이다. (그렇다고 아이들을 차에 남겨둘 만큼 시원하다는 의미는 아니다. 절대 차 안에 아이들만 남겨두지 않도록 하자. 아이스크림 케이크도 마찬가지다.) 프리우스의 경우, 이 기능은 꽤 유명해져서 옵션 기능으로서는 회사의 예측보다 훨씬 뛰어넘는 판매율을 기록하기도 했다.[20]

이 시스템은 열과 관련된 사고를 아예 방지한다고는 볼 수 없지만 충분한 근거를 바탕으로 고안한, 매력적인 기능이라고 할 수 있다. 새로운 인터페이스를 배우도록 강요하는 게 아니라, 우리의 평범한 일상의 습관 속에서 작동한다.

여러분은 충분히 똑똑하다. 이제 문제점을 어떻게 바라봐야 할지, 특수한 문제를 어떻게 이해해야 할지 충분히 알게 되었으리라 믿는다. 개선에 대한 기회 또한 포착할 수 있으리라고 생각한다.

그러나 여러분이 소프트웨어와 관련된 일을 하고 있다면 습관적으로 사각형을 그리는 것으로 솔루션을 내지 않았으면 한다. 우리가 스크린을 그리고 평범한 요소들로 채우려는 순간, 패럴렉스 스크롤이나 햄버거 버튼처럼 단지 새로워 보이는 요소를 적용해버리는 순간, 혁신적인 해결 방법은 놓쳐버리고 만다.

맥락을 이해하고 일상적으로 해오던 행동들을 고려한다면 우리는 마법처럼 느껴지는 더 유려한 솔루션들을 찾아낼 수 있다.

자동으로 열리는 트렁크나 차량 냉각 시스템은 그 시작점에 있다. 더욱 굉장하고 멋진 방법으로 기계를 이용하는 방식을 찾아낼 수 있으며 또한 찾아내야 한다.

화면에 집착하지 말고 일상적인 우리의 행동을 받아들이자. 습관적인 사각형이 아닌, 세련된 솔루션을 찾아나가자.

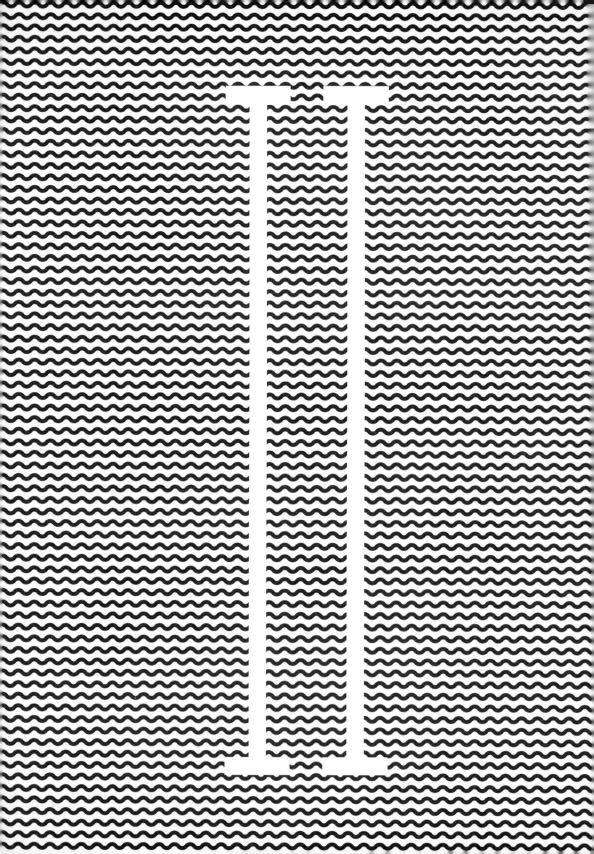

두 번째 원칙:
컴퓨터의 시중을 드는 대신
제대로 활용하여 대접받자

11장 성질 나게 만드는 컴퓨터
암호는 18,770자 이상이어야 하며 기존에 사용했던
30,689개의 암호와 중복되어서는 안 됩니다[1]

테크놀로지 산업은 지난 몇십 년 동안 거대한 성장을 이루어 왔다. 교육계
에서도 그 비중과 인기 또한 상당한 증가세를 보이고 있으며,[2] 그에 따라
테크놀로지 분야 전반에 걸쳐 더욱 강력하고 심도 있는 연구들이 수행되
고 있다. 컴퓨터과학(Computer Science, CS)은 2012년 스탠포드 대학교
의 학부생들에게 가장 인기 있는 전공 학문으로 꼽히기도 했으며,[3] 2014
년에는 스탠포드의 인문학 전공학과들도 뒤쳐지지 않기 위해서 영문학과
컴퓨터과학, 또는 음악과 컴퓨터과학을 결합한 융합과정을 만들었다.[4] 전
세계의 예술 및 디자인 학교에서는 디자이너에게 사용자 경험을 어떻게
설계하는지 가르치는 인터랙션 디자인 프로그램이 빠르게 생겨나기 시작
했다.

확인된 신입생 합격자 수

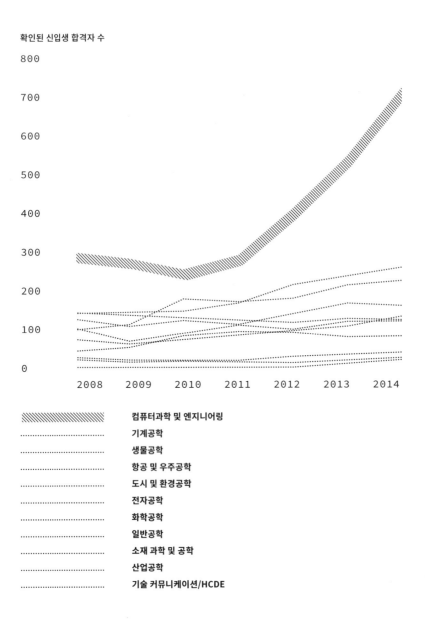

	컴퓨터과학 및 엔지니어링
	기계공학
	생물공학
	항공 및 우주공학
	도시 및 환경공학
	전자공학
	화학공학
	일반공학
	소재 과학 및 공학
	산업공학
	기술 커뮤니케이션/HCDE

워싱턴(Washington) 대학교의 신입생들이 희망하는 전공
(출처: 워싱턴 대학교 컴퓨터공학부)

이러한 추세에 따라 컴퓨터의 처리 능력에 대해 놀랄 만한 사건들이 나타났다. 1997년에 작업된 다음의 예술작품을 한번 살펴보자.

1. e4 c6 2. d4 d5 3. Nc3 de4 4. Ne4 Nd7 5. Ng5 Ngf6 6. Bd3 e6 7. N1f3 h6 8. Ne6 Qe7 9. O-O fe6 10. Bg6 Kd8 11. Bf4 b5 12. a4 Bb7 13. Re1 Nd5 14. Bg3 Kc8 15. ab5 cb5 16. Qd3 Bc6 17. Bf5 ef5 18. Re7 Be7 19. c4

정말 아름답지 않은가?

이것은 컴퓨터 역사상 가장 중요한 사건 중 하나를 나타낸 것이다.

우리는 이 예술작품이 탄생하기 13년 전인 1984년, 이 작품에 의해 희생된 천재 체스 챔피언인 게리 카스파로프(Garry Kasparov)를 기억할 필요가 있다. 1984년의 챔피언십 결승전은 그 어느 때보다 더 길게 펼쳐졌다. 당시 카스파로프는 챔피언을 상대로 48게임 중 40게임을 무승부로 맞서 싸웠으며 이 승부는 끝이 보이지 않는 듯했다.

카스파로프는 이미 12세의 나이로 당시 러시아에서 최고의 자리에 있던 선수를 제치고 URRS 체스 챔피언십에서 우승했으며, 16세에 세계 주니어 챔피언십에서 우승을 거머쥐기도 했었다. 17세에는 세계 최고 수준의 체스 선수를 일컫는 그랜드 마스터에 등극,[5] 1984년 21세의 나이로 세계 체스 챔피언십의 최종라운드에 진출했다.[6]

결승전 마지막 경기에 이르기까지, 카스파로프는 체중이 8kg이나 빠질 정도로 녹초가 되어버렸다.[7] 당시 국제체스연맹(Federation Internationale des Echecs, FIDE)은 선수들의 건강을 염려해 경기를 중단시켰다.

카스파로프는 결승전이 무승부로 공표된 사실에 격노했다.[8] 불꽃 튀는 경쟁 속에서 오직 우승에 대한 염원 하나로 카스파로프의 승리가 가까워지고 있던 상황이었기에, 그는 경기가 중단된 것에 '모종의 뒷거래'가 있었다고 표현했다. 그의 우승을 꺼렸던 체스 기득권층이 승부에 개입했다는 것이다. 그는 한 토크쇼에서 "그 누가 반쪽 유태인, 반쪽 아르메니아인인 내가 체스 챔피언이 되는 걸 보고 싶겠어요?"라고 언급하기도 했다.[9]

결국 카스파로프는 이듬해 다시 개최된 1985년 세계 체스 챔피언십에서 세계 최강의 타이틀을 거머쥐었다. 그의 독보적인 열정과 집념은 누구도 막을 수 없을 것처럼 보였지만, 1997년에 그 누구도 예상치 못했던 사건이 일어나고 말았다.

1997년 5월 6일. 뉴욕의 한 방송국 스튜디오에는 500명이 넘는 사람들이 카스파로프를 바라보고 있었다.[10] 그는 지금까지의 경기를 통해 얻었던 노하우와 패턴, 전략과 함께 오로지 스스로에 대한 믿음으로 이 세기의 대결을 준비하고 있었다. 무려 70만 달러[11]가 걸린 이 경기의 경쟁상대는 초당 100만~330만의 움직임을 분석[12]할 수 있는 당시 최고의 프로세서를 가진 IBM의 컴퓨터, 딥 블루(Deep Blue)였다.

당시 뉴욕에 붙었던 홍보 포스터에는 카스파로프가 흐릿한 체스판을 정면으로 응시하고 있는 사진과 함께 이러한 슬로건이 박혀 있었다.

"어떻게 컴퓨터를 흔들어 놓을 것인가?"

결국, 흔들린 쪽은 카스파로프였다.

패배가 확정된 순간, 카스파로프는 고개를 떨구고 말았다. 절망감이 가득한 얼굴, 그의 이마에는 불거진 혈관이 두드러졌다. 그는 경기가 끝나기 전에 이미 컴퓨터가 승리하리라는 걸 알고 있었다. 기계와의 싸움에서 패배한 것이다. 챔피언 타이틀을 내준 채, 그는 제정신이 아닌 상태로 경기장을 빠져나갔다.

사실 딥 블루의 프로그래머조차 컴퓨터가 이길 것이라고는 전혀 상상하지 못했다. 경기가 있었던 1997년부터 약 10년 뒤, IBM의 한 엔지니어는 카스파로프에게 치명타를 입혔던 컴퓨터의 한 수는 일종의 결함, 즉 에러 때문이었다고 밝혔다.[13] 컴퓨터는 사실 특정한 위치로 움직여야겠다는 확신이 없는 상태에서 무작위로 한 지점을 선택했던 것이다. 그러나 어찌되었든 간에 결국 인간이 (만든 컴퓨터가) 인간을 이긴 것이다.

자, 빨리 대답해봐. 348,202,348,920 × 128,419,024,705,729는 뭐지?

1997년, 사람들은 이미 간단한 계산에 있어서는 사람이 컴퓨터를 이길 수 없다는 사실을 모두 알고 있었다. 시간이 흐를수록 컴퓨터가 인간을 압도하리라는 것도 알고 있었다. 프로그래밍된 크레인은 고층건물을 짓기 위해 거대한 콘크리트를 들어 올리고 트랙 위의 기차 또한 인간보다 빠르게 달릴 수 있다. 분명 기계는 인간을 넘어서는 능력을 가졌다. 그러나 컴퓨터가 전략적 사고로 인간을 앞지른다는 것은 단순한 계산 능력과는 다른 이야기였다.

딥 블루가 인간, 즉 카스파로프를 제압한 그 다음날, IBM의 주가는 3.6%[14]나 상승했다. 인간이 만들어 낸 기술의 위대함을 인정하게 만든, 컴퓨터 역사에 한 획을 긋는 사건이었다.

1997년, 딥 블루는 슈퍼컴퓨터로 분류되면서 각종 잡지에서 체스광들에게 거의 신적인 존재로 묘사되기도 했다. 딥 블루의 본체 일부는 워싱턴 DC의 스미스소니언(Smithsonian) 국립미국사박물관에 전시되어 관람객들의 존경 어린 시선을 받고 있다.[15]

그러나 지금 시점에서 딥 블루의 처리 능력을 평가하자면 정말 딱할 정도로 형편없는 수준이다. 심지어 우리를 두려움에 떨게 만드는 낡디 낡은 컴퓨터(이보다 더 느릴 수는 없을 것만 같아서 3층 창문에서 길가로 내던져버리고 싶어지는, 먼지 가득한 낡은 데스크톱)와 비교를 하더라도 말이다. 일부 기능적인 측면에서는 이런 상태의 컴퓨터들과 비교하더라도 명함조차 내밀기 힘들 정도다. 하지만 딥 블루의 알고리즘을 기반으로, 인간이 만들어 낸 프로세서는 체스 천재 카스파로프를 이길 만큼의 빠른 의사결정 능력을 갖추게 되었다. 그리고 이제는 대부분의 기기들이 세계 최고의 체스 챔피언보다 더 뛰어난 성능(100기가플롭스(gigaflops)[16] 이상의 데이터를 고속으로 처리 가능)을 발휘하게 되었다.[17]

그렇다면 오늘날 우리는 이렇게 위대한 능력을 가진 기기를 이용하여 어떤 일들을 하는가? 디자이너들은 체스 챔피언을 때려눕힌, 이 믿을 수 없을 만큼 뛰어난 기술력을 가진 컴퓨터로 무엇을 하고 있는가?

우리는 컴퓨터로 다음과 같은 일들을 하고 있다.

암호는 18,770자 이상이어야 하며 이전 30,689개의 암호와 중복되어서는 안 됩니다.[18]

앞의 문장은 윈도의 최신 버전에서 제공하는 실제 오류 메시지다.

물론 이 출처가 마이크로소프트이기에 그다지 흥미롭진 않겠지만 이는 컴퓨터의 진보를 보여주는 일종의 증거라 할 수 있다. 우리가 매순간 사용하고 있는 이 전지전능한 컴퓨터는 우리 일상에 엄청난 영향력을 행사하고 있다.

세상에서 제일 짜증나는 말을 한번 들어볼래?

세계 어느 곳이든 정확한 위치에 접근할 수 있으며, 공공 도서관 한 채 이상의 풍부한 지식을 제때에 제공할 수 있는 사고 처리 능력을 지녔을 뿐 아니라, 한 세대에 걸쳐 깨우친 지식을 기록할 수 있는 위대한 능력을 가진 컴퓨터가 이렇게 변해버렸다.

으아아아아아아아아아악!!!!!

가장 끔찍한 두 가지는 첫째, 우리가 감정적으로 만신창이가 되어 있는 상태에서 여러 규칙과 싸워야 한다는 것이고 둘째, 제한된 어휘를 이리저리 조합하여 겨우 한 단어를 만들어내는 고통을 겪어야 한다는 것이다.

오류. 오류! 오류!

오류! 사용자 이름이 유효하지 않습니다. 체이스 은행의 웹페이지에서는 사용자의 이름을 입력할 때, 숫자를 포함하도록 요구하고 있다. *오류! 다른 이름을 사용하세요. 입력하신 이름은 지메일(Gmail)에서 이미 사용 중입니다. 오류! 빈칸으로 두면 안됩니다. -씨, -님과 같은 호칭을 입력하세요.* 런던 히드로 공항에서 와이파이를 사용하려면 반드시 요구되는 사항이다.

---

https://trueblue.jetblue.com에서의 요청:
새로운 비밀번호를 입력해주세요.
이전에 사용했던 20개의 비밀번호는 사용할 수 없습니다.

확인

오류! 비밀번호가 보안에 취약합니다. 오류! 비밀번호가 너무 짧습니다. 오류! 반드시 대문자를 포함해야 합니다. 오류! 특수문자를 포함하세요. 오류! 오류! 그렇게 입력하시면 안 됩니다. 젯블루(JetBlue) 사이트에서는 이전에 사용했던 20개의 비밀번호와 중복해서 사용할 수 없도록 되어 있다.

오류! 뉴욕타임스 웹페이지에서는 날짜를 MM-DD-YY가 아닌, MM-DD-YYYY로 입력해야 한다. 적어도 앞으로 100년간은 연도를 헷갈릴 일도 없을 텐데!! *오류! 이 입력란은 필수 항목입니다.* 이렇게 하다가는 정말 돌아버리겠다!

이런! 시간이 초과되었습니다. 좌석이 매진되기 전에 새로고침을 눌러 콘서트 표를 다시 예매하세요. :)

아하, 그래. 입력한 정보를 저장하기도 전에 에러 메시지를 잔뜩 띄워서 누군가의 하루를 망쳐 버리고는 스마일 아이콘만 표시해주면 뭐가 달라지는 줄 아는 건가? 두 살짜리 아이한테 쿠키를 뺏어놓고 웃어주면 어떻게 될까? 그 정도의 애교로는 그 아이 아빠의 분노를 가라앉힐 수 없다.

오류! 계속 진행하시려면 약관 동의가 필요합니다.

이 문장은 특수한 상황에서 제공되는 메시지가 아니다. 꽤 빈번하게 발생하는 경우이자, 사람과 컴퓨터와의 이상한 관계를 말해주는 사례 중 하나다.

우리는. 컴퓨터님을. 떠받들어 모시고 있다.

우리가 당연하게 컴퓨터의 비위를 맞춰주는 동안, 말도 안 되는 절차들이 만들어졌으며 이는 곧 우리의 일상에도 엄청난 영향을 미치고 있다. 우리는 컴퓨터의 요구에 따라 여전히 하인 노릇을 하고 있다.

우리는 아주 간단한 정보를 얻는 데도 복잡한 데이터베이스를 뒤지도록, 불필요한 강요를 받고 있다. 대문자와 두 개 이상의 숫자, 특수기호를 포함하는, 셀 수 없이 긴 패스워드를 외워야 하고, 알고리즘에 의해 어린 시절 단짝 친구의 이름을 대야 하는 랜덤 질문에 대답하도록 강요당하고 있다. 무엇보다도 중요한 사실은, 우리가 진짜로 원하는 것으로부터 끊임 없이 멀어지고 있다는 사실이다.

우리는 컴퓨터를 모시고 살고 있다.

참으로 슬픈 현실이다. 인간이 그토록 사랑하는 대상(컴퓨터)은 사람을 이해하지 못한다. 때문에 사람이 컴퓨터와 대화하기 위해 다른 언어를 사용하도록 강요당하고 있다. 온갖 규칙과 싸워야만 하는 것이다.

이제 지금까지와는 다른 방법을 고민해보자. 조금 다른 접근법으로 소프트웨어를 만드는 것이다. 컴퓨터가 가진 강력한 능력을 이용하여 우리의 일상을 희망과 긍정적인 꿈으로 채워보자. 나는 지금까지의 관계를 반대로 바꿔서, 사람이 컴퓨터님을 위해 일하는 대신, 컴퓨터가 우리의 어려움을 도와주도록 만들었으면 한다.

이 말은 곧 패러다임을 바꾸자는 뜻이다. 입력 필드와 같은 방식을 벗어나 우리의 일상에 더욱 꼭 맞는, 매끄러운 방법들을 찾아내자는 것이며, 쉽게 만들자는 게 아니라, 최고를 경험할 수 있게 하자는 의미이다.

바야흐로 테크놀로지의 새 시대가 열리는 때이다. 컴퓨터는 그 어느 때보다 아름다운 디자인과 강력한 힘을 가지고 있다. 그러니 이러한 기대를 충족시켜줄 컴퓨터 시스템에 집중해보자. 시장의 열기와 사람들의 기대감, 교육된 인력 그리고 엄청난 무언가를 탄생시키는 컴퓨터의 능력에 건배하자.

두 살짜리 아이처럼 떼쓰고 성질내는 컴퓨터가 아니라, 사람을 위해 일하는 컴퓨터를 만들어보자.

12장 머신 인풋[1]
비밀번호를 입력하지 않고도
여러분의 생명을 구했어요

인간의 감각은 정말 놀랍다. 보고, 듣고, 맛보는 등 찰나에 느껴지는 복합적인 감각은 우리가 정보를 수집하는 가장 확실하면서도 자연스러운 방법이다. 우리는 썩은 고기에서 역겨운 냄새를 맡고 사포를 만질 때는 거친 감촉을 느낀다.

이렇게 자연스러운 인간의 감각과는 달리, 컴퓨터는 인간과 전혀 다른 방식으로 정보를 수집하도록 설계되어 있다. 컴퓨터를 작동시키려면 특정한 방법을 사용해야 하는 기이한 관계가 형성된 것인데, 즉 컴퓨터가 유저 인풋(user input)[2]에만 의지하여 작동하도록 만들어진 것이다.

유저 인풋에만 의지한다는 것은 마치 두 살배기 아이의 원인 모를 떼쓰기와 같은, 여러 오해를 접하게 될 것임을 의미한다. 아마도 '유저 인풋'이라는 개념은 고만고만한 질문들로 가득 찬 숨 막히는 건강 문진서나 올해 납부해야 할 세금을 직접 계산해야 하는 훌륭하기 짝이 없는 연말정산 서류에서 영감을 얻어 탄생하지 않았을까. 컴퓨터상에서 같은 일을 계속해서 반복하는 상황보다 더 끔찍한 일은 없을 것이다.

감사하게도 인간에게는 곰팡이로 변색된 빵을 보는 즉시, 그것이 썩었음을 판단할 수 있는 훌륭한 감각기관이 존재한다. 이와는 반대로 요즘 쓰는 보편적인 컴퓨터 시스템은, 1,000분의 1초만에 수학공식을 처리할 수 있는 테라바이트(tera byte)[3]의 저장소를 가지고 있으며 온라인을 통해서는 페타바이트(peta byte)[4] 정도까지 사용 가능한, 매우 정교하고 고도화되었음에도 초창기의 개인용 컴퓨터와 비슷한 방식으로 정보를 수집한다. 단지, 플로피 디스크 아이콘이 더 이상 '저장'을 의미하지 않는다는 차이점만 빼면 말이다.

로그인:

| 사용자 아이디 | | 비밀번호 |

회원가입:

희망하는 사용자 아이디

비밀번호

비밀번호 재입력

##########

자동가입 방지 질문

음식:

구매 국가* ▼

음식의 종류* ▼

음식의 색*

구매 날짜*

☑ 약관 동의

☑ 뉴스레터 구독

*필수 항목

완료

아, 유저 인풋이 주는 기쁨이란!

솔직히 말하자면, 드롭다운(dropdown) 버튼 따위는 갖다 버리라고 하고 싶은 심정이다.

이제 이 위대한 컴퓨터 님에게 인간의 감각을 가르칠 때가 온 것 같다. 어떤 기술이나 기능은 주변에 흔하게 존재하는 듯해도 실제로는 제대로 쓰이지 않은 채 남아 있는 경우가 있다. 이 기술을 활용하여 우리의 삶을 더욱 풍요롭게 해보자.

사실 이것은 산업 분야의 선구자들이 지난 수십 년간 시도해온 방향이 기도 하다.

✐ ✐ ✐ ✐

1990년대 초, 컴퓨터 괴짜들(geeks)은 미래의 컴퓨터가 픽셀로 채워진 다각형들로 이루어져 있을 것이라 예상했다. 신체에 컴퓨터나 고글, 헬멧 등을 쓰고 현실의 일부를 가상화시킨 인터페이스를 통해 일상을 살아갈 거라 믿었다. 이들에게 묻는다면 "현실을 잊을 만큼 가상현실에 완벽히 동화되는 것이 목적"이라고 대답할 것이다.[5] 이제 그들이 믿었던 가상현실의 시대가 왔다. 아마 컴퓨터 괴짜들에게는 거스를 수 없는 흐름처럼 느껴질 것이다.

현실세계와 착각할 정도로 지나치게 가상세계에 몰두하게 되면 정신적 패닉과 스트레스를 야기할 수도 있다. 알다시피 괴짜들은 이미 그런 삶을 살기도 한다. 그들은 개인용 컴퓨터가 오늘날의 자유를 가져온 것처럼, 앞으로 더 많은 스크린이 세상을 지배할 것이라 생각하고 있다.

1991년 9월, 사이언티픽 아메리칸(Scientific American)[6]은 대안적 미래에 대한 논쟁을 다룬 기념비적인 에세이를 게재했다.[7] '21세기를 위한 컴퓨터'라는 제목의 기사는 가상현실 콘셉트에 대한 비평 그 이상을 담고 있었다. 사실 이 글은 컴퓨터와의 관계를 다룬 가장 중요한 에세이 중 하나라고 말할 수 있다. 최초로 이 주제를 다룬 것은 아니지만 가장 영향력 있는 발표였으며, 지금 여러분의 손에 들려 있는 이 책 역시, 그 에세이의 나비효과에 의해 탄생했다고 할 수 있을 것이다.

나는 이 기념비적인 에세이를 출간한 천재 작가 마크 와이저(Mark Weiser)에게 경의를 표한다.

마크는 제록스(Xerox PARC)의 작은 부서에서 일하던 연구원이었다. 당시 제록스는 컴퓨터와 함께하는 미래의 삶을 연구하고 있었으며 그 부서는 GUI를 처음으로 만들어낸 곳이기도 했다. 1990년대 초, 그들은 차세대 컴퓨팅을 예측하기 위해 노력했으며 많은 사람들이 '인터넷'이라는 용어조차 들어보지 못했던(이메일에 대한 개념조차 없던) 때부터 '보이지 않는 인터페이스'를 만들기 위한 실험을 시작했다.

1991년의 미래(출처: 니콜 스텐거(Nicole Stenger)/CC BY 3.0)

그들은 미래를 조망하기 위해 과거를 되돌아봤다.

1950년대에는 많은 사람들이 원룸 크기의 중앙 컴퓨터를 공유하여 사용했으나, 약 30년 후인 1980년대에는 개인이 각자의 컴퓨터를 소유(제록스가 만든 GUI도 이 과정에 일부 기여한 바가 있을 것이다)하게 되었다. 2000년대에 들어와 개인이 가진 컴퓨터의 능력은 훨씬 더 강력해졌으며 곧 한 사람이 여러 대의 컴퓨터를 소유하게 되었다. 만약 휴대폰, 태블릿, 노트북을 모두 가지고 있다면 여러분은 바로 제록스가 십수 년전에 그렸던 미래의 모습으로 살고 있는 것이다.

그 당시, 제록스 팀은 (지금은 이미 친숙해진 패드와 같은) 어디에서나 쓸 수 있는 종이 크기의 새로운 컴퓨터를 만들고 있었다. 그런데 점차 스크린 기반의 기기들을 넘어선 것들을 바라보기 시작했다. 마크는 1992년 에세이에 다음과 같이 언급했다. "가장 깊은 수준의 기술은 눈에 보이지 않는다. 기술 스스로 날줄이 되어 일상이라는 씨줄과 천을 짜듯 밀접하게 엮인다. 일상과 구분되지 않을 때까지 말이다."

마크는 인터페이스에 무언가가 대단히 잘못되고 있음을 느끼고 그것을 밝혀내기 위해 1991년으로 돌아가보았다. "당시는 5천만 대 이상의 개인용 컴퓨터가 판매되었던 시기였다. 그럼에도 불구하고 여전히 많은 수의 컴퓨터가 주인으로 남아 있었다. 컴퓨터를 사용하는 사람들이 하려는 일들과는 전혀 상관없는 복잡한 용어를 통해서만 컴퓨터에 접근할 수 있었다"고 그는 서술했다. 결국 GUI를 처음 만들어냈던 이들은 전형적인 GUI를 넘어서는 방법을 찾아 나섰다.

하지만 사실 제록스 팀이 유저 인풋에 대한 어려움을 수박 겉핥기 식으로만 다뤘다고 보는 것도 무리는 아니다. 오늘날 컴퓨터는 우리에게 입력 필드를 채우라거나 정신 없는 내비게이션으로 방황하게 만들거나 CAPTCHA[8] 단어 같은 것을 입력할 것을 요구한다. 이러한 요구는 사용자를 컴퓨터 시스템에 끌려다니게 만들어버린다.

제록스 팀의 멤버였던 로이 반트(Roy Want)는 태블릿(마크가 스크린 기반의 패드 이상으로 생각하는 초소형 컴퓨터)이라는 새로운 형태의 컴퓨터를 만들고 있었다. 그는 전세계에서 가장 훌륭한 인재들이라 할 만한 앤디 호퍼(Andy Hopper), 앤디 하터(Andy Harter), 톰 블래키(Tom Blackie), 마크 초핑(Mark Chopping), 데미안 길머래이(Damian Gilmurray), 프레이저 베넷(Frazer Bennett)과 함께 액티브 배지(Active Badge)라고 불리는 그룹에서 태블릿 컴퓨터에 대한 연구를 진행했다.

액티브 배지는 55×55×7mm의 크기에 40g의 무게를 가진, 스크린이 없는 배지 모양의 작은 기기였다.[9] 적외선을 사용하여 배지를 착용한 사람들의 신원정보를 전달하였으며 '비콘(beacon)'[10]처럼 작동했다. 배지의 수신기는 사무실 내부에 설치되어 여러 신호들을 지속적으로 전달할 수 있도록 했다.

이 배지들로 어떤 일들이 가능해졌는지 살펴보자. 제록스 팀은 사무실 곳곳에서 배지를 착용하고 수집된 여러 데이터를 이용하여 단순한 문제들을 해결하려고 했다. 케임브리지(Cambridge)의 협조를 얻어 200개 이상의 배지를 사용해보기도 했다. 배지를 찬 사람들에게 자동으로 문이 열리거나 개인별로 셋팅된 컴퓨터를 자동으로 부팅시키는 등 여러 다른 실험도 진행되었다. 당시는 유선전화기만 존재하던 시절이라 전화 접수 담당자의 전화연결 부담을 덜어주기 위해 시도했던 실험도 있었다. 전화가 오면 담당자가 해당 직원을 찾아 돌아다니는 대신, 지정된 수신인이 배지를 착용하고 있으면 그 사람이 일하고 있는 회의실로 바로 전화가 가도록 하는 것이었다.

일반전화의 통신방식은 이제 고대의 유물이 되었지만 액티브 배지는 철학적으로도 획기적인 변화를 일으켰다. 컴퓨터와 인간의 역사적 관계가 역전된 것이다.

사무실 내부에 설치된 액티브 배지의 수신기(계속해서 배지 착용자의 위치를 지속적으로 모니터링한다)는 센서의 역할을 한다. 여러분의 코가 자연스럽게 냄새를 맡는 것처럼 쉽게 접근할 수 있으며 단절 없이 지속적으로 일정한 종류의 정보를 받는다. 사용 입력 필드나 웹사이트 내비게이션처럼 괴롭고 불편한 '유저 인풋' 방식에 의존하는 대신, 자동으로 인식하고 감지하는 신호 기반의 머신 인풋*인 셈이다.

이제 컴퓨터는 이렇게 받은 신호들이 어떤 의미인지를 이해한다.

이 과정은 디지털신호처리(Disital Signal Processing, DSP)로, 마치 우리의 뇌에서 지금 맡은 냄새가 무엇인지를 규명하는 것과 같은 작업이다.

최종적으로 컴퓨터 소프트웨어는 알고리즘을 기반으로 수집한 정보에 의해 작동한다. 맛있는 냄새를 맡으면 그 음식이 먹고 싶어지는 것처럼 말이다.

---

* 나는 소프트웨어 디자인에서 입력 신호를 논할 때, '머신 인풋'이라는 용어를 사용하는 것을 좋아한다. "여기에 '유저 인풋' 대신 '머신 인풋' 방식을 사용하는 게 어때?"라고 쉽게 대화를 이어갈 수 있는 것처럼, 흔히 쓰이는 '유저 인풋'과 반대의 의미로써 쉽게 이해되기 때문이다. 그러나 엔지니어들 사이에서는 대개 '입력신호'라는 하나의 단어로 통용되곤 한다.

컴퓨터가 문을 열어주고 알아서 최적화된 세팅으로 화면을 출력한다. 드롭다운 메뉴 없이, 어색한 커뮤니케이션 방식 없이, 그리고 인간과 기계 사이의 비효율적인 낭비 없이, 컴퓨터가 전화를 자동으로 연결해준다. 엉성하고 못난 방식을 대체할 수 있는 훌륭한 대안인 것이다.

방 종류를 선택해 주세요.

액티브 배지는 인간의 신체 감각들이 반응하는 것처럼 장소를 감지하도록 프로그래밍되어 있다. 사용자에게 데이터베이스에 저장된 비밀번호를 입력하도록 강요하는 대신 컴퓨터가 자연스럽게 사용자를 인식하도록 설계했다. 사용자의 니즈와 컴퓨터 사이의 유동적이면서도 자연스러운 커뮤니케이션이다.

이제 컴퓨터와의 대화방식을 바꿔보자.

입력 필드를 통하지 않고도 권한을 부여하고, 센서 등의 신호를 통해 우리의 요구를 파악할 수 있는 능력을 부여해보자. 가능한 모든 상황과 장소에서 고루한 '유저 인풋' 방식 대신 컴퓨터가 스스로 필요한 정보를 찾는, 즉각적이고 편안한 '머신 인풋' 방식으로 대체해보자.

마크가 쓴 글처럼 새로운 접근 방식은 사용자들이 다른 무언가와 연결되는 지점에서도 도움을 줄 것이다.

컴퓨터를 통해 언제 어디서든 자연스럽게 테크놀로지를 사용할 수 있는 환경(Embodied Virtuality)이 구현됨으로써 개인은 컴퓨터 시스템 사이의 링크를 넘어 그 선상에 있는 사람들을 살필 수 있게 되었다. 이러한 변화는 그간 집과 회사에 습관적으로 컴퓨터를 끌어들였던

잘못된 관습에서 벗어나게 해줄지도 모른다. 창문 없는 사무실에서 번쩍거리는 스크린에 둘러싸여 동료들의 얼굴도 제대로 보지 못한 채 일하는 사람들이 얼마나 많은가.

나는 최근에 어느 박사로부터 선물을 하나 받은 적이 있다. 그 물건은 액티브 배지보다는 10년 정도 늦게 발명되었지만 배지만큼이나 최근의 급진적인 패러다임을 따르는 것으로, 더 많은 생명을 구할 수 있게 도와주는 '헤드램프'였다.

수색 구조작업에 자원봉사자로 활동하는 한 구급대원은 가끔 동굴에 갇힌 사람들을 구하기도 한다. 이와 같은 사고가 작년 한 해 미국에서만 적어도 25건 이상 발생했다고 한다.[11] 밧줄이 끊어지고, 발을 헛디디거나 길을 잘못 드는 경우... 그러다 결국은 최악의 사태에 이르게 된다. 동굴 속에 갇힌 사람들에게 여행은 어느새 공포가 되어버린다. 밀실에 갇힌 듯한 공포와 함께 빛도, 공기도, 희망도 사라지는 듯한 느낌일 것이다.

수색 자원봉사자들은 작은 틈에 낀 사람들을 구하기 위해 몇 시간씩 수색활동을 벌인다. 때로는 드릴을 이용하여 패닉 상태인 생존자들을 꺼내기도 한다. 이러한 사고를 대비해 국립동굴구조연맹(National Cave Rescue Commission, NCRC)은 소규모의 자원봉사대를 조직해 훈련하고 있다.

기술은 이들의 고귀한 희생을 어떻게 도울 수 있을까?

박사가 나에게 보낸 헤드램프는 페츨(Petzl)에서 만든 제품이었다. 페츨은 동굴 탐사 분야에 근간을 두고 40년 이상 헤드램프를 만들어왔다. 많은 업체가 그래왔듯이 페츨 역시 문제를 해결한답시고 그들의 제품에 단순히 스크린을 붙여버릴 수도 있었을 것이다. 만약 그랬다면 의사들이 환자의 생명을 구하는 고귀한 순간에도 킴 카다시안(Kim Kardashian)의 인스타그램을 구경할 수 있었을 것이다. 그러나 페츨은 다른 방식으로 문제를 해결해냈다. 컴퓨터에게 끌려다니는 대신, 컴퓨터를 활용하여 문제를 풀어냈다.

사실 헤드램프는 야간에 조깅을 하는 사람들이나 등산가, 다양한 지형을 수색하는 구조대들이 주로 찾는 도구로, 일반 사람들에게 그리 보편적인 물건은 아니다.

구조대에게는 깊고 어두운 동굴의 생존자들을 발견해낼 수 있는 강하고 밝은 빛이 필요하다. 이렇게 생존자들을 구조하기 위해 익숙하지 않은 길을 빠르게 움직여야 하는 상황이 있는 반면, 동일한 램프로 손바닥만한 크기의 지도를 들여다봐야 하는 상황도 존재하는 것이다.

이 문제를 해결하기 위해 페슬은 컴퓨터의 힘을 빌렸다. 외부의 밝기를 인식하여 헤드램프에서 나오는 빛의 양을 자동으로 조절할 수 있도록 조도 센서가 들어있는 마이크로칩을 심었다. 기어 정키(Gear Junkie)[12]에 따르면 "300lm(lumen, 루멘)의 적절한 밝기가 제공되기 때문에 광택 있는 종이 지도에 인쇄된 절벽 표시를 읽어내느라 눈을 버리지 않아도 된다"고 한다.[13]

적절한 시점에 밝기가 낮춰진다는 사실은 배터리 수명이 더 길어질 수 있음을 뜻한다. 생명을 구하는 고귀한 순간에 배터리나 인터페이스를 걱정할 필요가 없다는 의미다.

센서는 풍부한 정보를 기기에 전송하는 역할을 한다. 사람이 굳이 '전송' 버튼을 누르지 않더라도 기계가 지속적으로 상황을 읽어들일 수 있도록 도와준다. 다양한 방법으로 여러 신호를 수집하여 머신 인풋으로 이어지게 한다.

GPS 통신은 사용자의 위치를 알아내고 상황에 맞는 적절한 움직임을 추정할 수 있다. 블루투스 장치를 이용하면 서로 근접해 있는 사물들이 적절한 통신과 상호작용을 하게 만들 수 있다. 카메라가 색정보를 제공하면 차량이 교통신호를 해석할 수 있게 된다. 주머니 속에 있는 휴대폰은 무선전화나 무선통신 기술로 사용자에게 도움이 될 만한 정보를 자동으로 찾아 줄 수도 있다.

컴퓨터가 결과값을 스스로 찾아내고 걸러낼 수 있도록 하자. 사용자의 고충을 해결해 줄 준비가 되어있는 강력한 컴퓨팅 시스템이 존재한다면, 사용자는 더 이상 드롭다운 메뉴와 싸울 필요가 없어진다.

우리가 새로운 시각으로 접근해볼 때, 오늘날 소프트웨어에서의 일반적인 패러다임을 뒤집어 생각해볼 때, 좀 더 멋지고 유용하게 문제를 해결해 줄 기회요소들이 드러날 것이다. 그리고 이 기회요소들은 디자인 프로세스의 한 부분이 되어줄 것이다.

여기 또 다른 사례를 들어보고자 한다.

1990년대 NFL(National Football League, 미국 프로미식축구연맹)에서 가장 많은 볼거리를 신사했던 수비수, 주니어 시(Junior Seau)에 관한 이야기다. 1990년, 샌디에이고 차저스(San Diego Chargers)에 입단했을 당시, 그는 190.6cm의 키에 112.5kg의 몸무게를 가진 거인 중의 거인이었다.[14] 운동에 대한 열정과 재능으로 관중들에게 즐거움을 많이 주기도 했지만 인격적인 측면에서도 감동을 크게 준 선수였다. 고작 몇 초간의 지루함을 달래주는 중독성 짙은 가상 농장 게임을 만들어 놓고 존경받는 인물로 꼽히는 IT 백만장자들과는 차원이 다르게, 주니어는 의미 있는 방법으로 세상에 진정한 감동을 선사했다.

그는 레스토랑을 개업하여 추수감사절에는 가정폭력으로 갈 곳이 없는 사람들을 초대하기도 했다. 그의 이름을 딴 자선단체인 주니어 서 재단(Junior Seau Foundation)에서는 소외계층의 아이들을 위해 4백만 달러의 선행을 베풀었고 덕분에 아이들은 대학에 진학할 수 있는 기회를 얻을 수 있었다.

주니어는 2005년 조지 부시(George W. Bush)로부터 1,000시간 이상 봉사한 사람들에게만 수여되는 대통령 자원봉사상을 받기도 했다.

돈뿐 아니라 기꺼이 시간을 내어 봉사했으며 가족들과 친구, 팬들 사이에서도 친절하고 다정한 사람이었다.

그의 팬 중 한 명은 샌디에이고 TV에 출연해, "주니어는 자신이 다른 이들보다 더 뛰어난 사람이라고 생각하지 않았다. 그랬기 때문에 캘리포니아 오션사이드(Oceanside)의 모든 이웃이 그를 좋아했을 것이다"라고 이야기했다.[15]

심지어 어떤 팬은 술에 취해 자리에서 뛰쳐나왔다가 미끄러지는 바람에 사이드라인에 서 있던 주니어에게 발을 걸어버렸는데 오히려 주니어는 그 팬에게 "메리 크리스마스"라고 미소로 인사하며 모든 상황을 이해해주었다고 한다.[16]

한번은 작은 바에서 어느 육군 장교가 주니어에게 다가가 조심스럽게 자신을 소개한 적이 있었는데 주니어가 오히려 더 반기며 그의 저녁 식사비와 술값을 내주고, 우쿨렐레로 "Brown Eyed Girl"을 연주해준 적도 있었다.[17]

그는 전염성이 강한 미소를 가졌으며 항상 즐거운 분위기를 만드는 사람이었다. 그래서 그의 자살 소식은 모두를 충격에 빠뜨렸다. 2012년 5월 2일. 그는 가슴에 총을 겨누어 스스로 목숨을 끊고 말았다.[18] 그가 받았던 삶의 축복들이 끔찍한 충격으로 바뀌는 순간이었다.

사체 부검을 맡았던 검시관은 주니어가 퇴행성 뇌질환인 만성 외상성 뇌병증(Chronic Traumatic Encephalopathy, CTE)을 앓고 있었다는 사실을 발견했다. 만성 외상성 뇌병증은 반복적인 두뇌 충격에 의해 발생하는 것으로 알려져 있는데 주니어의 경우, 미식축구 경기 중 빈번하게 뇌를 가격당했기 때문일 것이라고 했다.[19] 이 뇌질환은 기억상실, 혼란스러움, 판단장애, 충동조절 장애, 분노조절 장애, 우울증, 결국은 진행성 치매와 같은 증상들을 동반하는데 이 원인으로 이타적 행동을 했던 주니어는 피할 수 없는 무기력감에 빠져들게 되었다.[20] 주니어가 우리에게 즐거움을 주는 동안, 정작 본인의 즐거움은 사라지고 있었다.

불행하게도 주니어의 사례는 빈번하게 나타나는 패턴 중 하나다. 보스턴(Boston) 대학교에서 수행한 연구에 따르면 NFL 선수들의 사후 뇌를 분석한 결과 34명 중 33명의 선수에게서 만성 외상성 뇌병증의 전조를 확인할 수 있었다고 한다. 몇 년에 걸친 실험 끝에 미식축구연맹은 연방법원에서 "은퇴한 선수들 중 3분의 1정도가 장기 인지 장애로 발전될 가능성이 있으며 특히 일반인들과 비교했을 때, 더 젊은 나이에 나타나는 경향이 있다"는 점을 인정하기도 했다.[21]

두뇌 외상은 심각한 결과를 초래한다. 고등학교나 대학교의 미식축구 의료진들은 프로 미식축구연맹의 의료진보다 전문적이지 못하다. 그러나 이러한 외상이 건강에 미치는 영향은 무시무시하다. 선수로서의 강한 인상을 남기기 위해서라도 좀처럼 두뇌 외상을 보고하지 않으려는 대학교 선수들의 경우 이 문제를 해결하기가 더 어려워진다. 730명의 엘리트 대학교 선수들을 대상으로 조사한 결과, 선수들은 27번 뇌진탕을 경험해도

그중 1번만 보고한다고 한다.[22]

우리는 이 문제를 해결하기 위해 모바일 앱을 만들어야 할까?

여기 CDC가 만든 앱이 있다. 굉장히 많은 버튼과 메뉴를 가진 촌스러운 브로슈어 형태의 디자인이다.

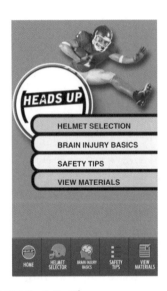

CDC 앱의 캡처 이미지(출처: CDC Heads Up 앱)

이야!

사실 난 이런 앱을 만든 CDC를 칭찬해주고 싶다. 두뇌 외상에 대한 정보들은 매우 중요하다. 이 정보를 모바일로 제공함으로써 외상에 대한 잠재적 위험을 가지고 있는 선수들을 도와주거나 적합한 헬멧을 선택할 수 있도록 도움을 주는 일 또한 매우 중요할 수 있다. 헬멧을 안전하고 올바른 위치에 착용하는 법을 안내하고, 뇌진탕이나 뇌손상을 당했을 때 어떻게 대처할지를 알려준다는 점에서는 바람직하다.

그러나 플렉서블 센서(flexible sensor) 제작사인 MC10은 리복(Reebok)과 함께 좀 더 고차원적인 해결 방법을 고안했다. 바로 리복의 체크라이트(Checklight)이다. 체크라이트는 머신 인풋을 통해 수집된 신호를 바탕으로 센서의 네트워크가 두뇌 외상을 감지하도록 되어있다. 메뉴나 탭 내비게이션, 어림짐작으로 하는 유저 인풋 없이도 두뇌 외상을 감지할 수 있으니 앱보다 훨씬 낫지 않은가.

체크라이트는 가속도계와 자이로스코프(gyroscope)로 이루어져 있으며 뒷면에 LED 불빛이 들어오는 골무처럼 생긴 평범한 모자다. 이미 많은 미식축구 선수가 헬멧 안에 이 장비를 착용하고 있다.

체크라이트는 편안하게 착용한 상태에서도 머리에 가해지는 모든 충격을 센서를 통해 지속적으로 감지한다. 60일마다 패스워드를 재설정하라고 귀찮게 요구하지도 않는다.

체크라이트는 마치 교통신호등처럼 빨강, 노랑, 초록의 LED 불빛으로 사용자에게 피드백을 제공한다.

깜빡거리는 초록색 불빛은 체크라이트가 작동 중임을 의미한다. 노란색 불빛은 중간 수준의 충격을, 빨간색 불빛은 심각한 충격이 가해졌음을 알려준다.

그렇다고 체크라이트가 의학적 진단을 대체할 수는 없다. 이 시스템이 뇌진탕 발생 여부를 절대 진단할 수 없기 때문이다.[23] 그러나 코치나 부모, 운동선수 들에게는 부상 후에도 필드로 돌아갈 수 있을지, 치료가 필요하

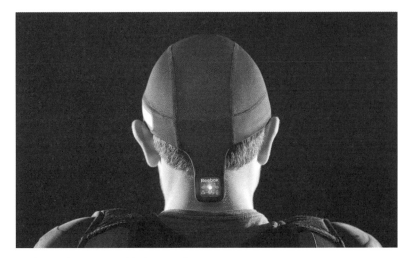

리복(Reebok)의 체크라이트(출처: Reebok)

진 않은지를 판단할 수 있게 해준다. 또 잠재적 두뇌 손상에 대한 교육에 필요한 추가적인 데이터를 제공함으로써 적어도 주니어와 같은 불행에 이르지 않도록 도와준다.

이러한 종류의 도구들은 우리가 인터페이스에 집착하지 않았을 때 만들어질 수 있는 결과물이다. 스크린으로 무엇을 할 수 있을지를 고민할 게 아니라 가능한 한 최소한의 인터랙션으로 문제를 풀어내는 일에 집중할 때 말이다. 인간의 손으로 만든, 어마어마한 능력을 가진 컴퓨터를 활용하여 사용자의 고충을 해결할 때, 비로소 기술이 의미 있는 가치를 지니게 되는 것이다.

컴퓨터와의 대화방식을 바꾸고, 기계의 정보 수집 방식을 변화시켜 보자. 좀 더 자연스러운 머신 인풋을 이용하여 기술적 문제를 해결하는 데 힘을 실어주도록 하자. 또한 가능하다면 드롭다운 메뉴와 같은 유저 인풋을 없애보자. 컴퓨터가 스스로 정보를 수집할 수 있게 하는 단순한 방법을 찾아낸다면, 우리는 더 이상 컴퓨터에게 끌려 다닐 필요 없이, 컴퓨터가 우리를 위해 일하게 만들 수 있다.

13장 아날로그 잡일과 디지털 잡일
나는 제대로 살고 있는 걸까?

넌 항상 하겠다고 말만 하고, 실제로는 안 하잖아.

사람들은 다음 기회가 또 주어지기를 바라며 이렇게 말한다. *"이번 주까지는 꼭 할 수 있어요, 맹세할게요!"* 그리고 나서 같은 실수를 반복한다. 이렇게 실망스러운 상황이 반복되면 자신에게는 물론, 직장 동료나 친구, 사랑하는 사람들까지 짜증나게 만들 수 있다.

　하지만 절망하지는 말자. 나도 그런 상황을 충분히 이해한다. 이와 같은 실수를 현대인의 특권이라고 해두자. 아니면 일종의 권리라고 해도 좋겠다. 사실 나를 포함한 대부분의 사람들이 그러하다.

　결국 여러분의 변명은 많은 사람이 비슷하게 하고 있는 수많은 변명 중하나일 뿐이다. 왜 호주 여성의 70%가 인생의 계획을 실제로 이루지 못하고 있는지[1], 왜 미시건(Michigan) 지역의 십대들은 운전면허증을 따지 않는지[2], 왜 미국인들은 과도한 스트레스를 받으면서도 그 스트레스를 다스리려 하지 않는지[3], 그리고 왜 영국 남성의 무려 60%가 아침에 샤워를 하지 않는지[4]에 대한 변명 말이다.

여러분은 바쁜 삶을 살고 있어요.

독실한 믿음을 가진 사람들 또한 예외는 아니다. 최근 5년간 139개국 2만여 명을 대상으로 한 기독교 관련 연구결과에 따르면, 크리스천도 하느님 앞에서조차 매우 바쁘다고 응답했다.[5]

　그렇게 느끼는 게 당연하다. 미국 사람들은 통계 수치보다 더 많은 시간동안 일하고 있다. 어느 기업의 변호사는 하루에 15시간을 일하며, 어느 학교 선생님들은 일주일에 80시간을 일하기도 한다. 정부에서 기업에게 초과

근무 수당을 지급하도록 의무화하지 않는 나라 중 하나가 미국이다.[6]

쓰레기를 버리는 일은 깜빡하기 십상이다. 세차도 하고 운동도 해야 한다. 브리짓 슐트(Brigid Schulte)가 쓴 책인 『타임푸어(Time Poor)』[7]가 뉴욕타임스의 베스트셀러 Top 10에 오른 것도 이러한 현실을 잘 보여준다.[8] 우리가 지역사회에 기여할 수 있는 가장 중요한 일 중 하나가 봉사활동이라고 할 수 있는데, 2013년의 수치를 보면 10년 만에 최저치를 기록했다고 한다.[9]

모두들 해야 할 일이 너무나 많다. 게다가 사랑하는 사람들을 위해서는 어떻게든 더 많은 일들을 해주고 싶다. 소중한 여유시간에 마음에도 없는 난처하고 불편한 일을 한다거나, 의무감에 사로잡혀 잡스러운 일을 처리하고 싶은 이는 아무도 없을 것이다.

2008년 대선 후보였던 버락 오바마(Barack Obama)는 미주리(Missouri) 주 스프링필드(Springfield)에서 가득 모인 청중을 앞에 두고 다음과 같이 말했다. "에너지 절약을 위해 개인이 실천할 수 있는 것들이 있다. 자동차 타이어의 공기압이 적정한지 확인하는 것이다. 너무나도 간단한 일이다."

아, 그래요? 성가신 잡일이 또 하나 생겼네요.

당시 중동에서는 미국이 개입한 전쟁이 한창이어서, 미국으로서는 석유로 힘들게 벌어들인 달러를 중동에 쏟아붓는 형국이었다. 따라서 미국은 이 상황을 벗어나게 도와줄, 아주 간단하면서도 시간을 낭비하지 않을 수 있는 해결 방법을 모색하고 있었다. 그런데 이 상황에서 찾아낸 해결 방법이 자동차 타이어에 바람을 넣는 일이라고?

오, 배리(Barry. 오바마의 애칭), 정말 미안한데… 저는 퇴근 후에 애들을 축구교실에 데려다줘야 해서요… 자동차 타이어에 신경 쓸 시간이 없네요.

선거 기간 동안, 공화당은 미주리 주 스프링필드에서 열렸던 타운홀 미팅[10]을 조롱하고 나섰다. (당시 공화당 대선 후보였던 존 매케인(John McCain)은 북미의 석유 시추를 지지하기 위한 일환으로 "여러분, 파넬시다!(Drill, baby, drill!)"라는 슬로건을 사용했다.) 보수 성향의 라디오 진행자인 러시 림보(Rush Limbaugh)도 "정말 믿을 수 없는 일이다. 물론 어이도 없다. 정말 바보스럽고도 바보 같은 일이다"라고 했다. 공화당은 '오바마의 에너지 슬로건'이라고 인쇄한 타이어 공기압 측정기를 오바마 지지자들에게 보내기도 했다.

적어도 에너지 절약에 관한 오바마의 캠페인 슬로건은 매우 적절한 방안이긴 했다. 타이어 압력을 적정하게 유지하는 것은 자동차 운행에 있어 매우 효율적인 일이다. 휘발유를 적게 소비하며, 해외에서 수입하는 석유 의존도를 낮춘다. 미국 교통부는 매일 5백만 갤론의 연료가 낭비되고 있다고 평가했다. 그렇다. 이 많은 양의 석유가 자동차 타이어 공기압이 적정하지 못하기 때문에 정말 '매일' 낭비되고 있는 것이다. 그것도 미국에서만.[11]

타이어의 공기압을 적절히 유지한다면 환경오염을 줄일 수 있으며 전 세계적으로 배출되는 오염물질의 양도 줄일 수 있게 된다. 다시 말하면, 적정치 못한 타이어 공기압 때문에 우리의 폐와 마시는 물에 더 많은 오염물질이 섞여 들어온다고 할 수 있다.

이렇게 설명해도 타이어 공기압이 중요하다는 사실에 공감이 되지 않는 사람들을 위해 '안전'과 관련된 또 다른 근거를 들고자 한다. SAE(Society of Automotive Engineers, 자동차기술협회)[12]에 따르면, 적정치 못한 타이어 공기압 때문에 매년 발생하는 교통사고만 해도 26만 건에 이른다고 한다. NHTSA에서는 타이어 공기압이 기준보다 미달인 경우, 사고 확률이 3배가량 높아진다고 발표했다.[13]

오바마의 캠페인은 충분히 흥미롭고 시의적절했으나, 지금 당장 우리가 처한 그 어떤 문제(에너지 절약이나 환경오염, 안전 문제 등)도 해결하지 못했다.

아니, 해결할 수 없었다. 그것은 정보의 문제가 아니었으며 앞으로도 그럴 것이다. 그렇다. 사람들이 적정 타이어 공기압을 유지하는 것이 바람직하다는 사실을 이해하지 못해서가 아니다. 그 사실을 아느냐 모르느냐가 문제의 핵심이 아니기 때문이다.

그것은 '마리화나의 합법화'나 '동성애 결혼'처럼 누군가를 설득하기 위해 토론이 이루어져야 하는 사회적인 문제가 아니었다. 오히려 싱크대에 쌓인 설거지 거리나 더러운 화장실 변기 청소 같이 사용자 경험 디자인에 가까운 문제들로, 시간이 없어서 못하거나 혹은 시간이 생기더라도 안 하게 되는 귀찮은 잡일 같은 것이다.

어쩌다 시간이 나서 타이어에 바람을 넣으러 갔다고 가정해보자. 공기주입기가 비치된 주유소를 찾았다는 기쁨도 잠시, 곧 사기를 당한 듯한 느낌이 들 것이다. 동전을 넣어야 공기주입기를 사용할 수 있기 때문이다.

겨우 허리를 굽혀 엉거주춤한 자세로 쭈그려 앉아 타이어마다 공기를 주입하고 있노라면, 아까의 동전 투입구만큼이나 성가신, 또 다른 문제가 발생한다. 힘들게 쭈그려 앉은 자세 때문에 결국 바지 엉덩이 부분이 터져버린 것이다.

기름으로 얼룩진 바닥에 쭈그려 앉아 이 모든 사태를 헤쳐 나가고 있을 즈음, 주머니 속 잔돈을 모두 털어 넣은 공기주입기가 말썽을 일으킨다. 필요한 공기량을 턱없이 잘못 알려준 까닭이다. NHTSA에 의하면 소규모 주유소에 비치된 공기주입기의 34%가량이 잘못된 게이지를 가리키고 있었다고 한다. 자동차 타이어에 바람을 넣는 데 평균 35PSI[14] 정도가 필요하다면 이 불량 기기들은 4PSI 또는 그 이상의 오차로 잘못 가리키고 있었다고 한다.[15]

에이, 됐어. 타이어 공기는 다음 주말에나 넣지, 뭐.

사람들은 자동차 타이어의 공기압이 낮은 경우, 어떤 일이 발생할지를 잘 알면서도 어떻게 대처해야 할지에 대해서는 충분히 신경 쓰지 못하고 있다. 나는 그런 사람들을 비난하고 싶지 않다. 그 누가 주유소 바닥에 쭈그려 앉아 엉덩이 골이 보이는 자세로 제대로 된 수치도 알려주지 않는 공기주입기에 동전을 넣고 타이어에 바람을 채우고 싶겠는가. 우리는 그럴 시간이 없는 바쁜 사람들이다.

그렇다면 타이어 제조사는 이러한 문제를 해결하기 위해 무슨 일을 했을까? 여기 굿이어(Goodyear)[16]에서 개발한 앱을 한번 살펴보자. 이 앱은 굉장한 일들을 해낼 수 있다. 이를테면... 음...

"브로슈어를 프린트하거나 이메일로 전송하기"[17]

공유하기 버튼을 꼭 눌러 주세요! 구글 플러스에도 꼭 추가해 주세요.

다행스럽게도 오하이오(Ohio) 주에 위치한 굿이어의 이노베이션 센터는 본질적인 문제를 해결하기 위한 기술을 개발하기 시작했다. 그들은 이 책의 첫 번째 원칙을 적용하여 사람들이 평소에 늘 하는 행동을 먼저 고민하기 시작했으며, 스크린을 넘어 인터페이스가 없는 세상을 상상했다. 그리고 두 번째 원칙을 적용해 기술이 사람들을 위해 일하도록 했다.

그 솔루션은 정말 직관적이었다. 연구실에서지만 주행 중에 타이어의 압력을 감지하는 타이어를 만들어낸 것이다. 타이어의 압력이 낮은 경우, 주행하는 동안에 튜브를 열어 적정한 압력을 유지할 수 있도록 했다. 운전자는 그저 자동차를 운전하기만 하면 되고, 타이어는 알아서 필요한 만큼 공기를 채우면 된다. 이렇게 타이어가 스스로 작동한다면 사용자는 더 중요한 일에 집중할 수 있으며, 쓸데없는 일에 시간을 뺏기지 않고 잡다한 일을 추가로 하지 않아도 된다. 모두에게 필요하고 이로운 일이지만, 성가시게 느껴져서 하지 않았던 일들을 간단한 솔루션 하나가 훌륭하게 수행해준 것이다.

기술은 사람들의 니즈에 부응하여, 그 모습을 드러내지 않고도 알아서 동작한다. 시간이 없다고? 걱정 마시라. 단도직입적으로 말하면, 바로 우리가 그동안 싫증나도록 접해왔던 스크린 기반의 앱이 아니라, 사용자를 위해 일하는 머신 인풋 방식을 적용해야 한다는 것이다. 천재적인 구글 공동 창업자 래리 페이지(Larry Page)는 "나는 상당히 게으른 사람이다. 그래서 컴퓨터가 나 대신 일하도록 만든다"고도 했다.[18]

자가 타이어 공기압 충전 시스템이 이 업계의 표준이 되든, 예측 불가능한 시장의 힘에 의해 굿이어사의 노력이 중단되든 간에 이 사례는 우리가 앞으로 세워나가야 할 생각의 방향이자 이정표다. 사람들이 평소에 늘 하는 행동을 바탕으로 시스템이 사람들을 위해 일하도록 만든다면 군이 정확한 비밀번호를 입력하기 위해 시간을 낭비하지 않아도 될 것이다. 대신, 돈이나 자원을 절약하고 다음 세대를 위한 환경문제를 해결하는 데 더 집중할 수 있게 된다.

사람들은 쉽게 잊어버리고 좌절한다. 모두가 너무나 바쁘다. 사람이 직접 귀찮은 잡일을 더 하기 위해 노력할 게 아니라, 컴퓨터가 대신하여 우리가 원하지 않는 일, 해야 하지만 잘 모르는 일, 할 수 없는 일들을 처리해 줄 수 있을 것이다.

■ 엄마!! 도대체 무슨 짓을 한 거야?

물이 다 빠지면 어떡해! 다 줄어들면 어떡하라고!

카메라 앵글 밖에서 어느 십대 소녀의 절망 섞인 목소리가 들린다.

■ 이거 내가 진짜 아끼는 바지란 말이야![19]

앞의 문장은 오렌지카운티(Orange County)의 부유층을 상업적으로 상징하는 월풀(Whirlpool)[20] 세탁기의 광고 문구로, 전 세계적으로 수십 억 달러 시장 규모인 가전 제조업계가 겪고 있는 위기 상황을 잘 드러내고 있다.[21] 이 십대 소녀는 엄마가 세탁기로 자신이 아끼는 고가의 청바지를 망칠까봐 두려움에 떨고 있다.

광고 속 가상인물이긴 하지만 그녀를 탓할 수는 없다. 굿하우스키핑(Good Housekeeping)에 따르면 일반적인 미국 가정의 경우, 일주일에 여덟 번 정도 빨래를 하는데,[22] 수많은 소재의 빨랫감을 세탁하기에는 세탁 옵션이 그다지 명확하지 않다고 말한다. 다음에 등장하는 실제 세탁기의 기능을 살펴보자.

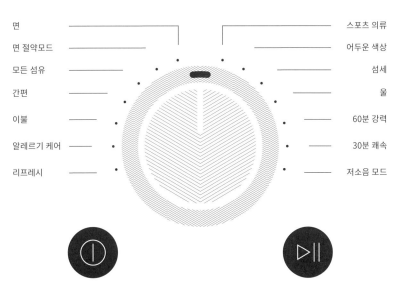

면 ──────── ───────── 스포츠 의류
면 절약모드 ──────── ───────── 어두운 색상
모든 섬유 ──────── ───────── 섬세
간편 ──────── ───────── 울
이불 ──────── ───────── 60분 강력
알레르기 케어 ──────── ───────── 30분 쾌속
리프레시 ──────── ───────── 저소음 모드

최근 가장 인기 있는 세탁기의 기능들

몹시 바쁜 와중에 짬을 내어 세탁할 준비를 마쳤건만 도대체 어떤 버튼이 여러분의 옷을 망가뜨리게 될지 알 수가 없다.

만약 면 티셔츠를 입고 농구를 했다면 나는 면 세탁 버튼을 눌러야 할까? 아니면 냄새가 많이 나니까 스포츠 의류 버튼을 눌러야 할까? 잠깐, 옷에서 냄새가 나지 않도록 하는 게 세탁기의 역할 아닌가? 스포츠 의류 버튼은 뭐가 다른 걸까? 아! 여기 저소음 모드가 있구나. 이것도 좋겠네. 난 이 세탁기가 가끔 엄청난 소음을 내는 게 너무 싫더라고. 어라? 여기 30분 쾌속 세탁 버튼도 있네. 오늘 할 일도 많은데 빨리 끝나면 고맙지. 그런데 난 가끔 알레르기가 올라오기도 하는데[23] 알레르기 케어를 선택해야 할까?

일부 가전 제조사들은 특정 모델에 터치스크린을 적용하여 몇 페이지씩 옵션을 집어넣거나 이상한 앱으로 세탁기를 동작하도록 하는 등 문제를 더욱 심각하게 만들며 인터페이스에 무책임한 태도를 보이기도 한다.

사용자들은 이 많은 선택사항 중에 무엇을 골라야 할까?

가전 분야에서 사용자를 조사했던 동료의 연구에 따르면 사용자들은 가전제품의 버튼이 어떤 기능을 하는지 전혀 알지 못한다고 한다. 조사를 거듭해도 결과는 마찬가지였다. 심지어 어느 비공식적인 조사에 따르면 영국인의 58%가 세탁기 사용법을 잘 모른다고 한다.[24]

우리는 항상 시간이 없다. 우리에게는 간편 세탁과 섬세 세탁의 차이점을 알아내기 위해 사용설명서를 읽는 것보다 더 중요한 일들이 많다. 그렇다. 사람들이 기계를 구입하는 데 1,000달러 혹은 그 이상의 돈을 지불했다는 것은 그만큼의 결과를 기대한다는 뜻이다.

세탁기 기능 중	

세탁기 기능 중 **구김 방지의 의미**

세탁기 기능 중 **탈수가 하는 일**

세탁기 기능 중 **헹굼 멈춤의 의미**

식기 세척기에 대한 조사 결과는 더욱 심각하다. 관련 산업 종사자들에게 들은 바에 의하면 어떤 사람들은 평생 식기 세척기의 '일반 세척' 버튼만 누른다고 한다. 평생 한 가지의 세척 기능만 사용하다니. 엄마가 해준 스파게티가 어떤 종류의 접시에 눌어붙었든 간에 식기세척기에서 항상 같은 기능의 버튼을 누르는 것이다.

어떤 버튼을 눌러야 할지 모르는 우리가 불쌍한 걸까? 우리는 제대로 살지 못하고 있는 걸까?

여러 선택지에서 갈등을 겪는다는 것은 인간 심리학에서 가장 기본적으로 연구되고 있는 부분이다. 좋은 디자인을 할 때도 기억해야 할 요소이다. 무언가를 결정하는 과정에서 겪는 불안이나 부담감으로 인해 사람들은 몇 번이나 반복해서 그 결정을 확인하게 된다. 6개의 초콜릿 중에서 원하는 초콜릿을 고른 사람들보다 30개의 초콜릿 중에서 원하는 초콜릿을 고른 사람들이 덜 만족감을 느끼며 더 많은 후회를 하는 것으로 나타났다는 연구결과도 있다.[25] 또 다른 사례로 거대한 뮤추얼펀드 투자회사인 뱅가드(Vanguard)를 들 수 있는데, 고용주가 직원들에게 더 많은 펀드를 추천할수록 직원들의 투자 참여도는 오히려 점점 더 낮아졌다고 한다. 이 내용은 『선택의 역설(The Paradox of Choice: Why More Is Less)』의 저자인 배리 슈워츠(Barry Schwartz)가 2006년 TED에서 설명하기도 했다.

왜 이런 결과가 나왔을까요? 50개의 펀드 중에서 특정 펀드를 고르는 게 너무나도 힘들기 때문에 우선 내일로 미루는 것입니다. 그리고 또 내일로, 내일로, 또 내일로, 또 다시 내일로 미루겠지만 결국 선택을 내리게 되는 그 내일은 절대 오지 않죠. 이 말은, 즉 은퇴 후에 저축해둔 돈이 부족해서 개 사료로 연명해야 하는 상황이 올지도 모른다는 의미일 뿐만 아니라, 결정을 내리는 것 자체가 너무 어렵기 때문에 고용주로부터 받아야 할 돈을 제대로 받지 못한다는 의미라는 것을 아셔야 합니다.[26]

가전제품들도 버튼을 누르는 것보다 더 간편해질 수는 없는 걸까?

물론 방법은 있다. 사용자 경험에 좀 더 중점을 둔 제품 개발자들은 유저 인풋으로 인한 문제를 피하고자 머신 인풋을 할 수 있는 신호를 사용하는 방식을 고민 중이다. 사용 설명서를 읽는 대신 선택에 대한 고민과 부담을 기계에 전담시켜 사용자의 시간을 절약할 수 있도록 도와주는 것이다.

십대 소녀의 청바지 이야기는 월풀의 센서 기반 세탁기를 알리는 광고였다. 이 세탁기는 2013년에 출시된 모델로, 세탁과 건조 기능을 모두 가지고 있으며 센서를 이용하여 세탁물의 양을 감지한 뒤, 적절한 물 사용량과 세제량을 알려준다.[27] 또한 습도센서를 이용하여 코스가 멈추기 전에 실제로 옷이 다 말랐는지를 확인한다.[28] 정말 깔끔한 결론이다.

그러나 이 센서들을 작동시키기 위해, 사용자들은 수많은 옵션이 있는 다이얼과 터치스크린으로 세탁 메뉴를 선택해야 한다. 웹사이트나 여러 판매처가 '사용자의 경험'보다 '제품의 주요 특징'을 내세워 판매하는 패러다임 때문에 가전업체들은 좀 더 많은 버튼이나 장치를 추가해야 한다는 압박을 느끼는 것 같다. 사용자에게 얼마나 더 나은 경험을 제공하느냐보다는 그저 판매량을 올릴 만한 몇 가지 주요 특징들을 내세우는 데 기를 쓰는 것이다.

오, 이것 좀 봐. 이 세탁기는 버튼이 12개인데다가 터치스크린까지 달려 있네! 이 세탁기가 최신형일 거야.

반면, 월풀이 식기세척기에 단 하나의 버튼만 넣었다는 사실은 매우 인상적이다. 이 버튼은 기존의 모든 버튼을 대신하는 것으로 '센서 사이클(sensor cycle)'이라 불린다. 평생 한 가지 버튼만 사용하고 싶다면 이 센서 사이클 버튼을 누르면 된다. 이 센서가 온도, 오염 정도, 세척할 그릇의 양을 감지[29]하여 세척기의 모든 셋팅을 결정하고 완벽하게 세척한다. 얼룩이 남은 와인 잔이나 스파게티가 잔뜩 눌어붙은 그릇일지라도 말이다.

잡다하고 자질구레한 잡일들은 끊임없이 생겨난다. 어마어마한 양의 의미 없는 허드렛일들이 이미 바쁘디바쁜 우리의 삶 구석구석에 자리 잡고 있다.

지난 수십 년 동안 이런 소소한 잡일들은 눈덩이처럼 불어나 사람들의 시간을 빼앗아 가는 것은 물론, 가족이나 친구들과 함께 보낼 시간과도 멀어지게 만들고 있다. 또한 노숙자를 위한 봉사활동 등 지역사회를 위해 봉사할 시간조차 허락하지 않는다.

이런 잡일들은 끊임없이 사람들의 주의를 요구하도록 만들어버린 그래픽 인터페이스 때문이라고 할 수 있다. 스크린 기반의 사고로 만들어진 제품의 부산물로, 전지전능하신 컴퓨터님과 분명히 생산적이어서 우리가 늘 관리해야 하는 소프트웨어의 잔심부름인 것이다.

"새 메일이 도착했습니다"라는 메시지는 처음에는 일종의 즐거움이었지만, 이제는 끝없이 이어지는 '해야 할 일'이자 '체크리스트'로 변질되어 버렸다. 우리의 일상이 디지털화됨에 따라, 이런 잡일 또한 기하급수적으로 증가해왔다고 할 수 있다. 기존의 표준 패러다임에 따르면 새로운 소프트웨어를 만들 때 사람이 컴퓨터에 시중 들도록 되어 있다. 사용자는 오로지 클릭을 위해 존재한다. 구세대의 낡은 것들을 디지털화하는 과정에서 소프트웨어는 사용자에게 점점 더 많은 요구를 하게 되었다.

여러분의 어느 하루를 떠올려 보자. 소프트웨어를 업데이트하기 위해 프로그램을 내려받아 설치하고, 리셋을 위해 비밀번호를 입력하고, 동의를 구하는 공지사항을 읽고, 파일과 폴더로 정리하고, 메시지들을 저장한다. 승인을 기다리는 SNS의 요청들과 업데이트가 필요한 달력, 잔액 확인이 필요한 신용카드에, 사용자의 확인을 기다리는 정보들도 있다. 저장 공간을 관리해야 하고, 백업해야 할 문서들이 있으며, 답장이 필요한 메시지와 업로드할 사진들이 있고, 출국 수속도 해야 한다.

　이 모든 것들이 디지털에 의한 잡일들이며, 우리의 디지털 인생을 지속시키는 항목들이다.

오, 새로운 버전이 나왔다고? 몇 시간이 걸리더라도 당연히 내려받아야지!

그래, 맞아. 여기를 클릭해서 내가 내일 탈 비행기 티켓을 구매할 거야. 출국 날짜와 경로도 정확하게 설정하고 1,000달러를 지불해야지. 혹시 내일 수속을 못하게 돼서 150달러의 취소 수수료를 물고 이 티켓이 다른 사람에게 팔리더라도, 컴퓨터가 잘 알 수 있게 기꺼이 이 버튼을 클릭할 거야.

이런 잡다한 디지털 일거리는 매일 밤, 매주, 매달 해야 하는 일종의 잔심부름 같은 것이다. 쓰레기를 갖다 버리는 것과 같이 따분하지만 반드시 해야만 하는 잡일처럼 말이다. 어떤 경우, 디지털 잡일은 이제껏 전통적으로 해왔던 일들보다 더 심각한 결과를 낳기도 한다. 과거에는 세탁기 돌리는 걸 깜빡해서 한 번 입었던 셔츠를 또 입어야 하는 정도였다면 요즘은 친구 요청을 깜빡하고 수락하지 않으면 아예 친구를 잃을 수도 있다. 비밀번호를 변경하는 것을 깜빡하면 계정을 해킹당해서 개인적으로 올렸던 사진들이 모두 사라지거나, 본인으로 착각하게 만드는 포르노 사진들이 친구들에게 보내질 수도 있다.

아니야, 맹세컨대 그 사진은 내 xx가 아니라고!

아주 드물게 디지털 잡일이 뭔가를 만들어내거나 세상에 기여하는 일을 하기도 한다. 그러나 대부분의 경우, 사용자가 컴퓨터를 위해 일하게 만들어버린다.

7,289

사람들은 받은 메일함을 0으로 만들어보겠다며 받은 메일을 삭제하고 이동하고 별도로 보관해두기도 하는 등 0이 되는 환상적인 순간을 위해 끊임없이 노력한다. 하지만 무엇을 위해 그래야 하는 걸까? 행복해지기 위해서? 사회의 발전을 위해서? 아니, 그것은 컴퓨터를 위해서이고 인터페이스를 위해서다. 앱 아이콘 위에 떠 있는 숫자 배지를 사라지도록 하기 위해서다. 앱 알림을 끄기 위해서다. 그렇게 해야 중요도가 높은 문서들을 잘 보관할 수 있고, 계정을 안전하게 유지하고 해킹을 막을 수 있다.

시스템 설정, 폴더, 배지, 알림 등과 같은 디지털 잡일 처리의 모순 중 하나는 디지털 잡일을 처리할수록 더 많은 디지털 잡일이 생겨난다는 것이다. 받은 메일함의 모든 메일에 답장을 완료했다면? 아마 답장을 요구하는 더 많은 메일을 받게 될 것이다. 아주 잠깐은 받은 메일함이 0일 수 있겠지만 이렇게 0인 상태이길 바라는 주기가 더 빠른 간격으로 찾아올 것이다. 다시 말해서 이메일을 처리하는 데 능숙해질수록 더 많은 이메일을 받게 될 것이라는 말이다.

사진을 백업해야 하는가? 그렇다면 클라우드 저장 공간을 확인해야 할 것이다. 메모리에 저장하고 보관한다는 것은 곧 그만큼의 파일 관리가 필요하다는 것을 의미한다. 스마트폰 소프트웨어를 업데이트해야 하는가? 그렇다면 스마트폰에 저장된 앱도 모두 함께 업데이트가 되어야 한다. 업데이트가 이루어지지 않은 앱은 새로운 버전의 소프트웨어에서 작동하지 않는다. 이 모든 과정은 마치 세탁을 다 마치고 건조까지 완료해서 꺼낸 빨래가 여전히 더러운 상황인 것과 비슷하다.

잠깐, 왜 양말 냄새가 더 고약해진 거지?

다행스럽게도 모든 사람이 이 과정을 옳다고 생각하지는 않는다.

소프트웨어끼리 서로 통신할 수 있도록 해주는 API(Application Programming Interface) 앱이나 와이파이, 블루투스와 같은 간단한 머신 인풋 방식을 수용하는 과정에서 얻는 이점들을 이용하여 일부 디자이너와 엔지니어 들은 UI를 없애는 방식으로 소프트웨어를 다시 고민하고 있다.

2006년, 스타트업 회사인 트립잇(TripIt)은, 여행을 계획하는 사람들을 위해 '완벽한 여행을 가능하게 하는' 서비스를 만들고자 했다. 이 목표를 이루기 위해 그들은 여행을 자주 가는 사람들을 위해 기존에 존재했던 불필요한 디지털 잡일들을 없애버렸다. 지금까지 여행객들은 항공사나 호텔로부터 확인 메일을 받으면 평소 사용하던 캘린더 프로그램에 직접 항공정보나 여행 일정, 시간 등의 정보를 입력하곤 했다. 트립잇은 이 점에 착안해 여행객들이 항공사, 호텔, 렌터카 업체로부터 받은 확인 메일을 트립잇으로 보내면 자동[30]으로 그들의 캘린더 프로그램에 입력되도록 했다.

트립잇은 여행 일정을 자동으로 편집해 제공한다. 이제 사용자의 여행 정보는 그들의 캘린더에 표시된다. 사람들은 이를 '마법' 같다고 표현했다. 디지털 잡일을 없애는 것은 정말 훌륭한 일이다. 사용자가 서비스를 마법 같다고 말했다면 그건 정말 굉장한 찬사이다.

2010년, 트립잇은 한 단계 더 진보했다. 사용자 인증을 거친 이메일을 통해 매리어트(Marriott)나 젯블루(JetBlue)에서 보낸 여행 관련 이메일을 검색한 뒤, 이 정보들을 자동으로 캘린더에 맵핑시키는 알고리즘을 적용했다.[31] 이제 이메일을 보내거나 열어볼 필요도 없이, 소프트웨어가 스스로 작동하여 사용자들이 해야 했던 무의미한 디지털 잡일들을 없애버렸다.

소프트웨어와 소프트웨어를 연결하고 유료 서비스를 만들려는 움직임은 컴퓨터가 사용자를 위해 일하게 하는 움직임이긴 하지만 아직은 초기 단계에 해당된다고 할 수 있다. 2012년, 드롭박스는 특색 있는 '백그라운드 업로드'[32] 기능을 소개했는데, 이 '백그라운드 업로드'는 와이파이가 연결되어 있는 동안 스마트폰의 사진을 드롭박스에 자동으로 백업해주는 역할을 한다.[33]

해커처럼 수동 조작을 더 많이 하게 하는 서비스를 통해 이들의 철학을 알 수 있다. 이프트(IFTTT, if this, then that)[34] 같은 서비스인데, 이프트는 사용자가 만든 레시피를 통해 특정 디지털 공간에서 어떤 일이 일어나면 다른 디지털 공간에서 또 다른 어떤 일이 발생하도록 만든 서비스이다. (예를 들어 중요한 클라이언트로부터 전화가 오면 '나중에 다시 연락을 드리겠다'는 메시지가 자동으로 보내지도록 레시피를 설정한다.)[35]

이렇게 눈에 띄지 않는 유료화 기반의 서비스가 미래를 바꾸고 있다. 더 많은 부가 장치나 관리가 필요한 소프트웨어와 늘 신경 써야 하는 디지털 잡일 대신 무대 뒤에서 자동으로 돌아가는 로봇들이 우리의 디지털 잡일을 없애줄 것이다. 컴퓨터는 사용자의 니즈를 충족시키기 위해 일하게 된다.

나는 여러분이 몹시 바쁜 사람이라는 사실을 잘 알고 있다. 모두가 그렇다. 우리는 사랑하는 사람들을 만나고, 인생을 즐기며, 무언가 세상에 기여할 수 있는 여유시간을 사랑한다. 컴퓨터의 생산력을 높여 사용자를 자유롭게 한다면 분명 가능해질 것이다. 그래, 그렇게 해보자. 위대한 컴퓨터가 사용자를 잘 섬길 수 있도록 말이다.

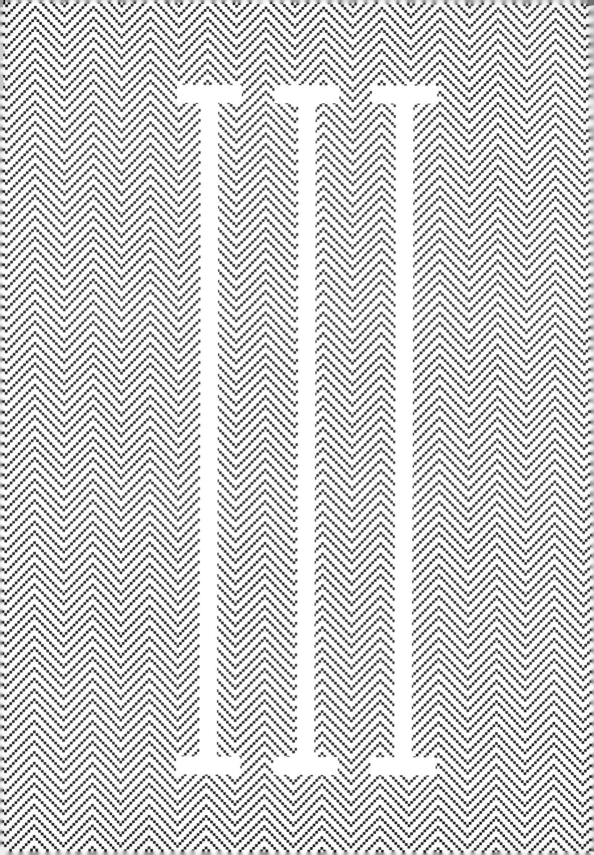

세 번째 원칙:
개인화 하기

14장 단 한 사람만을 위한 컴퓨터
여러분은 특별한 존재이므로...

내가 이 책을 쓰면서 여러 장에 파묻혀 지내고, 여러 쪽을 소모하고 그리고 여러 문단에서 헤매느라 지금에서야 놓치고 있던 것을 깨달았다. 지금 이 시점에서 양해를 구한다. 이 모든 시간, 내 앞에 있는 위대한 존재에게 눈을 들어 존경을 표해야 할 시간이 되었다. 바로 여러분이다.

　나는 지금 여러분이 입고 있는 셔츠가 참 마음에 든다.

　여러분과 너무나도 잘 어울리는 차림새에 감탄사가 저절로 나올 정도이다. 단순한 옷차림 그 이상으로 절제된 우아함이 드러난다. 여러분만의 고유하고도 특별한 내면을 나타낸다. 패션 그 이상의 무엇이다.

여러분은 정말 특별하다.[1]

여러분의 특별함은 더 강조될 만한 가치가 충분히 있다. 여러분이 삶을 대하는 태도인 웃음은 사람들에게 언제나 즐거움을 가져다 준다.

물론, 개인적으로 전혀 모르는 저자가 책 한 페이지에 여러분을 존경한다고 긁적거리니 내가 그저 실없는 사람처럼 보일 수도 있겠지만, 여러분이 특별하다는 사실은 부정할 수 없다. 여러분은 이 세상에서 유일한 존재이고 늘 그래왔다. 그건 그렇고 어쨌든, 다음 주말에 뭘 하실려나?

그러나 안타깝게도 CBS의 프로그램인 식스티 미닛츠(60 Minutes)는 여러분의 특별함을 무시해 버렸다. 방송의 진행자인 몰리 세이퍼(Morley Safer)는 어린 시절부터 영향을 받은 Y세대의 문제점을 논하면서 "이제 일터에서까지 자아도취적 성향이 만연해지고 있다. 이 세태에 대해 도대체 누구를 탓해야 하느냐"고 묻기도 했다.

월스트리트저널의 어느 신랄한 칼럼니스트는 '식스티 미닛츠'에 출연하여 "마치 로저스 아저씨(Mr. Rogers)[2]가 미취학 아동들에게 '너는 특별해', '너는 특별한 존재란다'라는 말을 계속 해주는 것과 비슷하다. 도대체 무엇을 위해 그러는지도 모르겠다"며 꼬집었다.[3]

하지만 이 모든 이야기에 앞서 여러분은 무엇보다 특별하다. 그러니 몰리와 칼럼리스트의 이야기는 무시하길 바란다. 아무리 멋진 가죽 자켓이나 나팔바지, 카펜터진을 입더라도 그들로부터 비난을 들었을 것이다. 최신 유행인 주배즈(zubaz) 바지까지도 말이다.

사실 여러분이 이 책을 여기까지 읽은 것만으로도 나는 굉장한 뿌듯함을 느낀다. 미국인 네 명 중 한 명이 독서를 전혀 하지 않는다는 통계 때문에 하는 말이 아니다.[4] 만약 우리가 커피 한 잔씩을 앞에 두고 진지한 시간을 갖거나, 맥주잔을 기울일 기회가 있었다면 나는 여러분에 대해 더 제대로 알 수 있었을 것이다.

바꿔 말해서, 내가 여러분을 진작에 만났더라면 이 책의 내용이 지금보다 좀 더 나아졌을 거라는 뜻이다. 여러분이 이 책의 작은 실수를 바로잡아 주거나 어떤 문장들에는 깊이를 더해줄 수도 있었을 것이다.

잠시 자신에 대해 생각해보라. 여러분은 각자 고유한 환경 속에서 살아왔으며 그 환경은 세상을 보는 특유의 관점을 만들어주었다. 그 안에는 여러분이 공유해줄 것도, 내가 배울 것도 참 많을 것이다.

오, 예! 이 바지 꽤 특이한데?

여러분에게는 자신만의 확고한 취향과 바람, 관심사가 있다. 좋아하는 색깔이 있고 선호하는 귀갓길, 좋아하는 음식이 있다. 특유의 어투가 있고 글 쓰는 방식이 있다. 또한 특별히 어울리는 친구들이 있으며 개인적인 계획과 일하는 방식도 가지고 있다.

절대 다른 식으로는 생각할 수 없다.

여러분은 매우 특별하기 때문에.

하지만 애석하게도 현실에서는 소프트웨어를 만들 때, 사용자가 늘 하던 고유의 행동방식을 고려하지 못하고 있다. 그 소프트웨어가 10억 원 정도의 가치를 지니거나 낙관적인 나스닥 지수를 가진다고 해도, 9개의 카메라로 둘러싸인 TED의 무대를 마련해준다고 해도 말이다.[5] 우리는 각기 다른 개별 사용자에 따라 독립된 인터페이스를 제공하지 않는다. 요즈음과 같이 프론트엔드 소프트웨어를 개발할 때 그 제약조건 안에서 개별 인터페이스를 제공한다면 정말 끝도 없이 거대한 업무가 되어버릴 것이다.

때로는 지극히 개인적인 관점과 기준에 따라 절망적인 인터페이스를 만들어내는 경우도 있다. 이 또한 사용자를 고려했다고 볼 수 없다. 경험이 많은 디자이너의 경우, 이렇게 개인적인 시야에 갇히지 않도록 팀원들과 협업하여 인터페이스를 설계하기도 하지만, 대부분의 경우 모호하고 특징 없는 평범한 인터페이스를 만들어내곤 한다.

하아...(한숨)

개개인의 특성과 독특한 삶이 네모 박스와 선, 입력 필드와 같은 스크린 기반의 인터페이스에 의해 밀려나 흐려져 버린다. 일시적인 트렌드를 쫓는 아트디렉터의 디자인적 취향에 의해 고유한 일상의 모습이 없어진다. 개개인의 특별함이 사라지는 것이다.

이러한 어려움 때문에 디지털 제품을 만드는 일은 결코 쉽지 않다. 그나마 수년간 축적된 경험과 공인된 여러 방법을 통해 GUI의 작업 방식이 어느 정도 자리를 잡긴 했지만 이렇게 검증된 도구와 방법을 평균치의 대중을 목표로 반복해서 사용한다고 해서 누구나 꿈꾸는 대박을 치기란 불가능에 가깝다.

1억 개가 넘는 앱이 존재하는데도 오직 소수의 앱들(전체 앱 중 겨우 약 500개 정도)만이 전체 다운로드 수의 80%를 차지하는 데는 그만한 이유가 있다.[6] 또 언론의 과장광고와는 반대로 왜 대부분의 사람들이 한 달에 단 한 개의 앱도 내려받지 않는가에 대해서도 그만한 이유가 있다.[7]

난 이 앱으로 돈방석에 앉고 말 거야!

앱을 만드는 일은 꽤 숙련된 과정으로, 보통은 충분한 비용과 열린 자세를 가진 리더, 훌륭한 리서치 자료, 깊이 있는 통찰력, 똑똑한 사람들로 구성된 팀, 그리고 약간의 운도 필요하다고 할 수 있다. 혁신은 사용자와 그들의 니즈를 깊이 이해함으로써 이뤄지며, 디지털 제품은 사용자와 그들의 니즈를 이해하지 못할 때 실패하기 십상이다. 모든 대중을 만족시키는 하나의 디지털 인터페이스를 만드는 일은 매우 어렵다. 평균치의 대중을 위한 인터페이스는 그 어떤 사용자도 대표할 수 없다.

유감이네요.

아마 여러분은 자동차보험에서부터 음료수에 이르는 거의 모든 산업 영역에서 왜 개성도 없고 개인의 패턴도 담지 못하는 평범한 앱을 만든답시고 수백만 달러[8]를 써버리는지 이해하지 못할 수도 있다.

불행하게도 대부분의 소프트웨어는 사용을 시작하는 순간부터 원래 제공하려던 가치를 잃기 시작한다. 평균치의 대중에 맞춰 만들어진 기능들은 처음 사용할 때 잠깐은 놀라움과 즐거움을 주지만, 정체가 명확하지 않은 탓에 시간이 흐를수록 점점 진부함을 느끼게 된다.

설치 및 탐색　　　　　　　　　　　**고정된 기능 사용으로 얻는 이득**

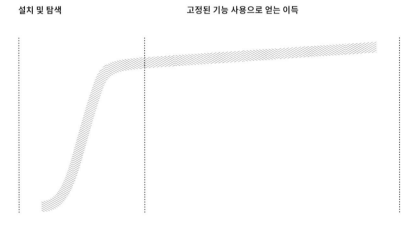

일반적인 소프트웨어를 사용하는 데 들이는 시간에 대한 시각적 표현
(수치 결과에 기반을 둔 그래프는 아니다)

더 나은 인터페이스, 즉 사용자를 기쁘게 할 새로운 기능들을 담은 진보한 인터페이스를 만드는 확실한 방법은, 슬프게도 디자이너와 엔지니어가 어마어마한 양의 시간과 노력을 들여 처음부터 다시 디자인하는 것이다. 그들이 재 디자인을 끝내면, 사용자의 눈앞에는 다시 처음부터 배워야 하는 새로운 인터페이스가 나타날 것이다. 어떤 기능들은 더 쓰기 좋아졌을 것이고 또 어떤 기능들은 더 불편해졌을 것이다. "가만.. 그 메뉴가 어디 있더라..?" 어휴. 사용자의 특수성이나 변화하는 기호를 수용하는 데 인터페이스는 최선의 방법이라고 할 수 없다.

그래도 방법이 있으니 기운을 내기 바란다.

일부 선견지명이 있는 사람들은 다른 방향에서의 접근을 시도했다. 그들은 가장 중요한 존재인 '사용자'에게 최적화된 솔루션을 찾기 위해 많은 시간들을 투자하여 그들의 독특한 패턴을 연구했다.

금융시장에서 주가를 예측하는 일을 하기 위해 사용되었던 기술들이 활발하게 적용되면서 새로운 시대가 열리고 있다. 제품이 시장에서 정점을 찍었다고 판단되면 새로운 기술을 적용해 형태가 완전히 다른 모습으로 변화시킨다. 이렇게 형태는 변하더라도 사용 경험은 매끄럽게 유지시키기 위한 방법 중 하나로 '개인화'와 '테크놀로지'의 새로운 공생이 시작되고 있다. 그들은 사용자에게 지속적으로 적용할 수 있는 것들을 만들기 위해 애쓰고 있다.

이러한 시스템을 강력하게 해줄 방법 중 하나는 산더미 같은 정보 속에서 추천 값을 찾아주는 능력이다. 즉, 과거의 기록을 바탕으로 학습하는 것이다. 수백 만 개의 데이터를 바탕으로 사용자의 패턴과 선호 값을 추적하여 사용자가 필요로 하고, 원할 만한 것들과 매칭시키는 것이다. 그러나 수만 년 동안 축적된 정보는 가장 초보적인 기술에 의해 저장되어 있다. 이는 사용자에게 무엇이 제일 좋을지에 대한 통찰을 얻기에는 충분하지 못한 양이라고 할 수 있다.

약 4만 년 전에는 동굴벽화에 정보를 기록했다.[9] 5,000년 전에는 암석 같은 점토에 그림 언어를 새겨 넣는 방식이었다. 1,000년 전쯤에서야 인쇄된 책을 통해 정보를 저장하기 시작했다. 인쇄된 책은 정보를 담아내는 방법 중에서는 가장 이상적이었다. 그러나 1944년 시인 프리몬트 라이더(Fremont Rider. 듀이 십진법의 창시자인 멜빌 듀이(Melvil Deway)의 제자)는 다음과 같은 내용을 발표했다. "현재의 성장세로 봤을 때, 2040년까지 예일(Yale) 대학교 도서관은 약 2억 권의 책을 가지게 될 텐데 이 분량의 책에 대한 색인 목록을 보관하는 데만 6,000마일 정도의 선반과 75만 개의 서랍이 필요합니다."[10] 공간이 수용할 수 있는 한계를 넘어선 것이다.

1990년 대(가정 내에서 개인용 컴퓨터가 어느 정도 자리를 잡기 시작했으나, 인터넷이 보급되기까지는 잠시 주춤하던 때이자 마이클 키튼(Michael Keaton)이 아직 배트맨 역할을 하던 시기)에 피터 데닝(Peter Denning)은 선견지명을 가지고 새롭게 등장한 매체의 강력함과 가능성을 내다보고 있었다. 동굴이나 점토, 종이와 같은 정보 저장매체들이 제공할 수 없었던 가능성이었다. 나사(NASA)의 연구소에서 일하던 그해, 피터는

「세상의 모든 조각들 저장하기(Saving All the Bits)」라는 논문을 발행했다. 그 논문의 첫 번째 문단은 이렇게 시작된다.

> 나는 지구과학, 천문학, 물리학, 그 외 과목과 관련된 일을 하는 동료들과 종종 하는 이야기이지만, 값비싼 기구들로 복잡한 계산을 시작한 후에 생성되는 모든 정보는 반드시 저장되어야 한다는 것이다. 우리의 논쟁은 첫째, 이 정보 비트들을 얻는 데 비용이 엄청 들기 때문에 절대 잃어버려서는 안 된다는 것이고, 둘째는 아주 진기한 이벤트가 정보 비트들 안에 기록되는데 이들이 버려지는 것 또한 과학계로서는 큰 손실이라는 것이다. 가끔은 이러한 논쟁이 격해지기도 하지만 나에게 남긴 인상은 뚜렷하다. 그것은 한낱 비용에 국한되는 문제가 아니라 일종의 도덕적 의무라는 것이다.[11]

이 아이디어에서 영감을 얻은 우리는 곧 데이터로 무엇을 해야 할지 알게 되었으며, 일부 컴퓨터 회사들은 곧 거대한 양의 데이터를 모으기 시작했다. 그들의 움직임에 따라, 압도적인 시장 수요가 창출되었다. 40메가바이트[12]의 하드 드라이브가 표준이 되었고, 이는 사이즈가 커진 반면 1바이트 당 단가는 낮아지게 만드는 기폭제 역할을 했다. 결과적으로 좋은 저장 매체 안에 괴롭히는 팝업창, 귀찮은 에러 메시지, 소프트웨어 충돌 횟수, 클릭 수 등까지 더 쉽고 저렴하면서도 대량으로 저장되었다.

고든 벨(Gordon Bell)은 마이크로소프트의 실리콘밸리 연구소에서 '내 삶의 모든 조각'이라는 프로젝트를 통해, 메모리 유실을 최소화하면서도 인생 전반에 걸친 모든 정보를 수집하기 시작했다.[13] 시간이 흐름에 따라, 디지털 매체의 기억 능력은 오늘날 우리가 '빅데이터(big data)'라 부르고 있는, 믿기 어려울 정도까지 향상되었다. 디지털 데이터로부터 연관된 의미를 찾는 데이터 과학자의 시대가 온 것이다. 이는 곧, 사용자의 특수성에 따라 최적화된 훌륭한 솔루션을 찾아낼 수 있음을 의미한다. 오로지 사용자를 위한 접근이라고 할 수 있다.

오늘 저녁은 뭐 먹지? 집으로 가는 최선의 경로는 뭘까? 같이 데이터 과학은 적은 비용으로, 저장된 정보 중에서 의미를 찾아내는 방법을 말한다. 즉, 데이터가 크든 작든 간에, 관련성이 있는 검색 가능한 세트에서 의미를 찾고, 핵심을 도출하며, 가치 있는 개별 질문들에 대한 적절한 답을 찾는 방법이다. 데이터 과학은 기술에 대한 우리의 생각을 완전히 바꿔버 릴 수도 있다.

사용자를 잘 안다는 것은 적절한 데이터 세트를 통해 올바른 질문이 가 능하고, 관찰된 내용을 정확하게 해석할 수 있는 프레임이 있다는 것을 말 한다. 이렇게 되면 사용자가 먼저 언제 무엇을 필요로 하는지 말하기도 전 에 그것들을 제공할 수 있다. 우리는 개별 사용자 혹은 비슷한 유형의 사 람들을 관찰하고, 한 명의 사용자가 다른 사람들과 어떻게 구분되는지를 비교함으로써 어떤 방식이 그 사용자에게 최선일지, 다른 이들과 어떻게 다른지 이해하게 된다. 의미 있는 문제를 해결하는 데 이러한 접근 방법이 사용된다면 사용자의 일상에도 긍정적인 영향을 줄 것이다.

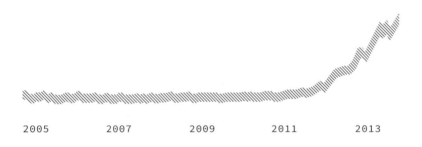

2005   2007   2009   2011   2013

빅데이터

(출처: 구글 트렌드)

이러한 문화적 통찰력과 명료하고 윤리적인 방법으로 수집한 데이터, 예 측 분석과 머신 러닝, 컴퓨팅적 사고와 통계적 신뢰도 등을 조합하는 일은 정치적, 기술적으로도 매우 중요하고 어려운 일이다. 그렇지만 바람직한 방향으로 시간과 비용이 할당된다면, 또한 윤리적으로도 투명할 수 있다 면 그 가능성은 무한하다. 인터페이스를 뒤로 밀어두면 개별 사용자의 특 수성에 맞춘 기술을 만들 수 있다. 여러분이 짓는 미소나 딱 맞는 차림새 처럼 사용자의 특별함을 온전히 아우를 수 있게 된다.

스탠포드 대학교의 앤드류 응(Andrew Ng) 교수는 "사실 머신 러닝이 컴퓨터공학 분야에서만 흥미로운 이슈라고 생각하지는 않는다. 머신 러닝은 지금껏 인류가 해온 모든 노력 중 가장 흥미롭다"고 했다.[14]

이 매력적이며 강력한 방법들은 어떤 일들에 적용되어 왔는가? 새로운 장을 열어준 이 통계정보의 활용 방식으로 우리는 지금까지 무엇을 해왔는가? 사용자 경험에 집중하게 해주는 통계정보를 활용하여 어떤 일들을 했을까?

세계 유수의 대학을 졸업한 핵심 인재(하버드를 졸업한 경제학자나 맥길(McGill) 대학교[15], 카네기 멜런(Carnegie Mellon) 대학교와 인도 공과대학[16], 시카고(Chicago) 대학교와 MIT를 졸업한 석박사)들은 거대하고 복잡하면서도, 엄청난 수익을 창출할 수 있는 RTB(real-time bidding)[17]와 같은 모델을 만드는 데 힘을 쏟고 있다. 이는 연관 검색이나 배너광고 등에 대해 큰 그림을 그리는 것이다. 그 결과로 사용자들은 자신의 검색 이력을 기반으로 하는 성가시고 사기성 짙은 광고를 보게 되는 것이다.

레드핀(Redfin)의 CEO는 비즈니스위크에서 "요즘 실리콘밸리에서 탐내고 있는 인재들은 소프트웨어 엔지니어가 아니라 수학자"라며, "이 수학자들은 우리의 욕망을 자극하여 한 편이라도 더 많은 광고를 보게 만들고 있다"고 했다.[18]

잠깐, 뭐라고?

불행하게도 그들이 눈앞에 보이는 단기간의 수익을 추구하는 바람에, 우리는 '해야 하는 일'보다는 '할 수 있는 일'에 동기부여가 되고 있다. 창의적이지 못한 온라인 광고에 수학자들의 재능이 소모되고 있는 것이다. 하지만 걱정할 필요는 없다. 모든 통계학자나 수학자가 단순하고 얄팍하게 돈만을 좇는 것은 아닐 테니 말이다.

✒ ✒ ✒ ✒ ✒

"최신의 그리고 최고의"

세계적으로 영향력 있는 테크놀로지 회사의 인재들은 '최신'이나 '최고'라는 말이 테크놀로지 업계의 새빨간 거짓말임을 잘 알고 있다. 현실에 희석된 거대한 가능성일 뿐인 것이다. 한 나라의 복지에 긍정적 영향을 크게 주는 유니버설 헬스케어(Universal Healthcare) 시스템을 위한 정치 자금이 의미 없는 뒷거래나 캠페인 후원자들의 명예, 그리고 편집증적인 여론 조사에 의해 의미 없이 사라져버린 것처럼, 기술 분야에서도 같은 일이 일어나고 있다.

훌륭한 솔루션과 멋진 제품, 혁신적인 아이디어 들이 이기적인 임원 간의 정치와 어설픈 잡스 따라쟁이들, 그리고 결정을 내리지 못하고 갈팡질팡하는 사람들로 인해 죽어버린다. 바보스럽고 근시안적인 고위경영진 그룹에 들어가 어느 정도 권력을 얻게 되면, 밥그릇을 지키기 위해 생각 없는 일들을 하게 되는 모양이다. 최고의 경영진과 선견지명을 가진 기업 대표가 있는 반면, 놀라운 성과를 내는 똑똑한 사람들이 때때로 적절하지 못한 부당한 권력을 가진 리더들의 변덕에 휘둘릴 때가 있다. 현실과 맞지 않는 결정으로 인하여 고객을 제대로 알고 그들의 니즈를 이해하는 일과는 엄청 멀어지는 것이다.

이런 식으로 제록스의 참신하고 혁신적인 인터페이스는 이사 회의실의 웃음거리가 되어버렸다. 나이트 리더(Knight Ridder)가 만든 아이패드와 유사한(하지만 20년 정도 앞선[19]) 디바이스를 제작했던 그룹도 신문사 경영진에게 반감을 사는 바람에 결국 와해되고 말았다.

회사가 안전함을 추구하면 기술직 근로자들이 해고되지 않는다. 그러나 그들이 안전하게 남아 있는 동안 회사는 죽어버린다.

지금 우리 제품의 사용자들을 보세요. 블랙베리는 언제나 세계 최고의 스마트폰으로 존재할 것입니다. 그러니 아무것도 바꾸지 맙시다.

기술의 역사를 회고해보자면, 유명 회사의 기술적 성과는 종종 기업 내부의 정치적 승리에 의한 결과물이기도 하다. 진정한 승리는 적합한 인재들이 알맞은 자리에 배치되어 좋은 아이디어를 냈을 때, 그것이 정말로 좋은 아이디어임을, 비록 느리지만 꾸준히 설득하는 과정에서 이루어진다. 여러분이 사용자의 입장으로 접하는 '최신'이나 '최고'라는 말은 진실이 아닐 수도 있다. 아마도 내부에서 가능한 방법을 쥐어짜낸 해결책이거나 해고 당하지 않기 위해 어떻게든 이해관계자들을 설득한 결과일지도 모른다.

사용자를 잘 이해하는 서비스를 만드는 데 도전해보면 어떨까? 단조로움은 피하고 다른 서비스처럼 독특하고 개인화된 경험들을 제공한다면? 글쎄. 그런 야심찬 목표라면 아마도 험난한 길이 펼쳐질 것이다.

2006년, 스탠포드 대학에서 물리학 박사로 졸업하고 전문적인 소셜네트워크인 링크드인(LinkedIn)에서 일하고 있는 조너선 골드만(Jonathan Goldman)은 사용자를 분석하여 그가 알고 있을 만한 인맥을 보여주는 서비스가 가능할지 궁금해졌다. 과연 사용자를 일반화된 데이터베이스 상자 안에 집어넣지 않고도 사용자와 지인들을 중심으로 하는 똑똑한 연결망을 가진 인터페이스를 만들 수 있을까?

링크드인의 유명한 데이터 과학자인 디제이 파틸(DJ Patil. 파틸은 제프 해머바커(Jeff Hammerbacher)와 함께 데이터 과학자라는 개념을 처음 만들었다)은 2008년, 사용자의 뚜렷한 특징을 적용한 플랫폼을 만들었다. 이는 그보다 2년 전인 2006년 당시만 해도 매우 낯설게 느껴졌다.[20]

파틸의 말에 의하면, 사내의 이해관계자들은 골드만의 콘셉트를 대놓고 무시하며 노골적인 발언을 서슴지 않았으며, 개발자들 또한 그 콘셉트에 무관심한 듯 보였다고 한다.

골드만은 그의 아이디어가 받아들여지길 기다리는 동안, 그의 친구이자 CEO인 레이드 호프만(Reid Hoffman)의 도움으로 작은 크기의 광고를 하는 아주 작은 픽셀 상자 영역에 '당신이 알 수도 있는 사람'이라는 기능을 시도해볼 수 있었다. 사용자가 링크드인 서비스 내에서 연결되기를 원하는 사람들이 있을 때, 이를 개별 사용자에게 최적화시켜 제안할 수 있도록 거대한 양의 데이터를 고속으로 처리한 것이다.

결과는 엄청났다. 이 영역은 사이트의 다른 기능과 비교하여 열 배 이상 작았음에도 불구하고 개별 사용자에 대한 맞춤 정보를 제공했기에 결과적으로 수백만 이상의 조회수를 창출해냈다. 데이터를 의미 있는 방식으로 이용한 이 작은 움직임은 회사를 폭발적으로 성장시켰다.

링크드인

— **사용자가 가지는 영역**

우리가 이러한 아이디어를 더 확장시킨다면 또 어떤 일을 해낼 수 있을까?

지금도 누군가는 영화를 추천해주거나 유사한 제품을 추천해주는 관련 기술을 연구 중이며, 이러한 프로젝트는 회사에도 큰 가치를 가져다 주고 있다. 그러나 아주 기본적인 한 가지를 실천한다면 우리는 더 많은 것을 성취할 수 있을 것이라 나는 믿는다. 그건 바로 인터페이스를 뛰어넘어 사고하는 것이다.

인터페이스 설계를 '벽을 장식하는 일'에 비유해보자. 벽을 장식하려면 그림도 걸고 선반도 달아야 한다. 이리저리 장식들을 옮기기도 하고 방문하는 손님에 따라 매번 다른 사진을 소개해줄 수도 있을 것이다. 하지만 무엇을 하든 선택할 수 있는 범위는 상당히 제한적이다. 주어진 공간과 방법 안에서, 한정된 장식으로만 이루어지기 때문이다.

하지만 벽이 없다면 어떨까? 사용자가 겪는 주요 경험을 손에 잡히는 구체화된 수준이 아니라 좀 더 추상적인 수준으로 바라본다면? 일 년만 지나도 구식처럼 보이는 고정된 인터페이스에 시간과 돈을 쓰기보다, 어떤 방식이든 사용자의 필요에 따라 서비스에 적용할 수 있는 알고리즘을 학습하는 데 에너지를 쏟는다면 어떻게 달라질까?

고정된 픽셀 상자가 주는 제약을 탈출하면서 머신 러닝이나 데이터 과

사용자를 학습하는 기간   **사용자에게 적응하는 기간**

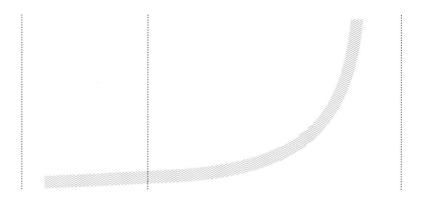

여러 종류의 소프트웨어를 사용하는 데 들이는 시간에 대한 시각적 표현
(수치 결과에 기반을 둔 그래프가 아니다)

학과 같은 기술이 나타났듯이, 우리는 모든 것을 변화시키는 통찰을 적용할 수 있다. 바로 사용자에 맞춰 빠르게 최적화시키는 것이다. 여러분의 일상을 즐거움과 웃음으로 채워줄 무언가를 만들 수도 있다. 그러는 동안 수익률이 줄어들까? 아니, 수익은 오히려 더 늘어날 것이다.

　말도 안 되는 소리처럼 들리는가? 그럴 수도 있다. 그러나 이와 같은 노력에 의해 멋진 기술이 적용될 미래가 조금씩 현실로 다가오고 있다. 정말 기대되지 않는가? 다음 장에서 더 자세한 내용을 알아보도록 하자.

15장 프로액티브[1] 컴퓨팅
미래에는 컴퓨터랑 대화할 거야!

약 60여 년 전, 잭 웍스(Jack Weeks)라는 이름의 여덟 살짜리 소년이 있었다. 이 소년은 차고에서 놀다가 그동안 아버지가 깊숙이 숨겨두었던 큰 박스를 하나 발견했는데, 그것은 놀랍게도 '로봇의 머리'였다.[2]

이 머리는 제2차 세계대전이 시작되던 즈음부터 쭉 그 차고에 보관되어 있었다.

소년의 아버지인 존(John)은 오하이오 주의 맨스필드(Mansfield)에 위치한, 잘 나가는 가전회사인 웨스팅하우스(Westinghouse)[3]의 엔지니어였다. 이 회사는 다리미와 오븐으로 유명했지만, 존과 그의 동료들의 관심사는 다른 곳에 있었다. 바로 2m의 키와 135kg의 몸무게를 가진 남성 형상의 로봇이었다.[4] 이 로봇은 1939년 뉴욕세계박람회(New York World's Fair)의 웨스팅하우스 파빌리온(Westinghouse Pavilion)에 전시되어 관람객들을 환영하는 역할을 담당하기도 했다.

이 미래지향적인 박람회는 대공황의 절정이 얼마 지나지 않은 시점에 개최되었는데, 2m가 넘는 로봇의 압도적인 사이즈는 마치 앞으로 다가올 밝은 미래를 시사하는 것만 같았다. 로봇 일렉트로(Elektro)는 "어이, 아가씨!"와 같이 익살맞은 대사나 웃긴 이야기들, 담배를 피우는 등의 재미난 모습을 보여주었다. 또한 스파코(Sparko)라는 로봇견과 함께 나타나기도 했다. 그러나 무엇보다도 인상적이었던 기능은 음성명령에 반응하는 것이었다. 그 뒤, 세계 제2차 대전이 발발하면서 웨스팅하우스는 일렉트로를 분해했고, 2m에 이르던 이 로봇의 명성도 주춤하게 되었다.

일렉트로의 전기배선을 담당했던 존은 분해된 일렉트로와 스파코를 가져와 그의 집에 보관해두었다. 그의 아들 잭은 지하실에서 일렉트로의 머리와 몸통 일부를 발견하고는 기꺼이 그의 친구가 되었다. 일렉트로에게 옷을 입혀주고 바퀴를 밀면서 '경찰과 도둑' 놀이를 하기도 했다.

전쟁이 끝나고 잭도 조금 자랐을 즈음, 웨스팅하우스는 일렉트로를 다시 조립하여 행사에 사용하기로 결정했다. 잭도 일렉트로와 함께 지역 박람회나 백화점 개점 행사에 참여해서 사람들을 즐겁게 했다.[5]

1930년대 B급 영화에서의 로봇을 연상시켰던 일렉트로는 웨스팅하우스 최초의 로봇이거나 유일한 로봇은 아니었다. 또한 웨스팅하우스가 로봇을 연구했던 유일한 회사도 아니었다. 그러나 일렉트로의 생김새와 행동은 그 어떤 다른 로봇들보다 돋보였다. 청동색으로 도장된 광택 알루미늄으로 머리부터 발끝까지 빛이 났으며, 크고 각진 흉부에는 불빛이 나오는 동그란 구멍이 있었다. 이 불빛은 일렉트로의 도우미가 일렉트로에 부착된 수화기로 말을 전할 때마다 깜빡였는데, 이는 곧 일렉트로 내부에 사람이 들어있지 않음을 보여주는 것이기도 했다.[6]

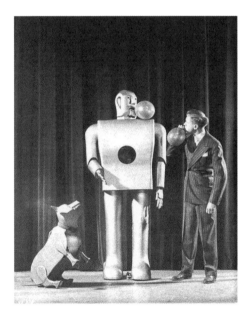

(출처: 이안 맥켈러(Ian McKellar)/CC BY SA 2.0)

일렉트로의 다리는 무릎 위치에서 2개의 파이프를 연결한 구조였으며 이로 인해 일렉트로는 특정한 음성명령에 따라 매우 천천히 직선으로 걸을 수 있었다. 둥근 머리는 양 옆과 위아래로 돌릴 수 있었고, 눈, 코, 입, 귀도 갖추고 있었다. 특히 입은 유일하게 기능을 가지고 있었는데 일렉트로가 스피커를 통해 녹음된 이야기를 말할 때, 위아래로 움직였다. 그리고 내부에는 작은 공기압력 장치가 있어, 담배를 피우거나 빠르게 풍선을 불 수도 있었다.[7]

일렉트로는 미래 컴퓨터의 정점이자 이야기를 나눌 수 있는 인간 형상의 로봇이었기 때문에 사람들을 놀라게 하기에 충분했다. 놀이공원에 전시되기도 했으며, 턱을 움직여 입을 열고 닫는 모습으로 두 편의 영화에도 출현했다.

1940년대에 이르러서는 간단한 음성명령에 반응할 수 있게 되었고, 걷거나 명령에 의해 담배를 피울 수도 있었다. 이는 사람과 기계가 미래에 어떻게 인터랙션할지를 구체화한 것이었다.

안녕, 컴퓨터야.

일렉트로의 일화는 지금 보더라도 여전히 환상적이다. 이런 비현실적인 존재가 자주 등장하는 곳 중 하나가 바로 SF 영화인데, 컴퓨터가 하나의 역할로 등장하여 대본과 시나리오를 따라 인간과 매끄럽게 대화하는 연기를 한다. 많은 사람이 별 생각 없이 미래를 이야기하면서, '할(Hal)'[8]이나 '그녀(Her)'[9]와 같은 존재가 필요하다고 말한다. 파퓰러 사이언스(Popular Science) 같이 삶과 기술이 나아가야 할 방향성에 영향을 미치는 유명 과학 잡지들이 그리고 있는 미래의 모습이기도 하다.

영화 감독이나 작가들에게는 기계와 인간이 매끄럽게 대화할 수 있다(비록 '록키4'에서는 로봇이 조금 당혹스러운 모습으로 등장하고, '더 문(The Moon)'에서는 굉장히 매력적인 모습이었다가, 일렉트로의 경우 무대에서 즐거운 모습을 보여주기도 하지만)는 전제가 단순한 보조장치일 수 있겠지만, 우리가 구상하고 시도했던 모습의 미래는 아직 펼쳐지지 않은 듯하다…

"제가 웹에서 찾은 결과입니다…"

시리(Siri)는 대화방식에 있어, 공상과학 속 도우미 로봇이 되살아난 듯한 경외감을 느끼게 만드는 시도라고 할 수 있다. 이 참신함과 잘 포장된 마케팅에 의해, 시리는 짧은 시간 내에 매우 대중적인 도구가 되었다. 그러나 어느 보고에 따르면 최신 기종의 아이폰 사용자 중 60% 이상이 한 달에 고작 한 번 정도만 시리를 사용한다고 한다.[10] 결과적으로 사용자의 85%는 시리를 완전히 없는 기능으로 여기는 셈이다.[11]

수치가 수치인 만큼 결국 관련 기술은 재정비되고 다시 디자인될 수밖에 없을 것이다. 이 말은 곧, 지금까지 해왔던 음성 입력, 스마트폰, 2m짜리 로봇에 대한 접근 방식이 근본적으로 잘못되었음을 반증하는 것이기도 하다.

뉘앙스(Nuance)[12]와 같은 음성인식 기술 회사들은 해당 분야에서 엄청난 진보를 이뤄왔다. 시리나 삼성의 에스 보이스(S Voice) 이외에도 또 다른 유명 서비스를 개발하는 등 이들의 행보는 정말 굉장하다고 할 수 있다. 하지만 이러한 서비스들은 결국 컴퓨터 유물에 해당하는 이런 입력 방식을 한결같이 사용하고 있다.

C:\>_

위의 구식 명령 프롬프트(command prompt)[13]는 사용자가 무엇을 입력하든 다 실행 가능할 것처럼 보이지만, 사실은 DIR 명령어나 기이한 특정 언어만 인식하여 실행된다. 음성인식도 마찬가지이다. 무엇을 어떻게 해야 하는지 알지도 못하는 상태에서, 사전에 입력되어 있던 제한된 보기들 중 가능성이 높은 하나를 제시해버리는 추측 게임과도 같다.

그래, 구글. 음... 아니, 내 말은, 음...

시리야, 어... 그래, 네가 나를 도와서, 어...

안녕, 코타나(Cortana), 어디 보자... 이러면 어떨까... 그게 말이지...

세계적인 박람회나 공상과학 영화, TV 광고에서의 음성입력은 항상 제대로 정확하게 작동한다. 사전에 철저하게 계획된 무대에서의 연극처럼, 잘 만들어진 인물 중심의 스토리텔링이기 때문이다. 하지만 브랜드 이름을 말하거나 시끄러운 지하철 안에서의 사용 경험에서 알 수 있듯이, 지난 80여 년간의 노력에도 불구하고 컴퓨터와의 마법 같은 대화는 실제 일상에서 번번히 실패한다. 흔히 음성입력과 같은 시도들이 시스템을 발전시켜 사람들에게 더욱 유용하게 쓰일 것이라 생각하기 쉽지만, 이제껏 그렇게 잘 적용된 적은 거의 없었다.

마이크는 여러 방면에서 매끄러운 머신 인풋 방식일 수 있다. 이론적으로는 시끄러운 공간임이 감지되면 전화벨 소리를 키워서 사용자에게 전화가 왔음을 알려주는 것이 가능하며, 소리 나는 건널목에서 진동을 울려 시각장애인과 같은 사람들이 안전하게 길을 건널 수 있게 도와줄 수도 있다. 그러나 마이크를 이용한 음성인식으로 컴퓨터와 진짜 대화를 나누기에는 아직 갈 길이 멀다.

언젠가 일렉트로와 같은 로봇이나 뉘앙스와 같은 음성입력이 완벽하게 만들어진다면, 아무런 문제없이 컴퓨터와 대화를 나눌 수 있게 될지도 모르겠다. 하지만 우리가 음성입력이 아닌 다른 곳에 목표를 두고 있다면 어떻게 해야 할까? 컴퓨터가 인간의 대화에 완벽하게 반응하려고 애쓰는 대신, 더욱 다양하고 풍부한 경험을 제공할 수 있도록 해야 할 것이다. 인간처럼 반응형 대화가 가능하도록 만들 게 아니라 사용자 개개인의 고유한 니즈를 주도적으로 도와주는 데 목표를 두면 어떨까? 단지 순간적으로 명령을 내리는 게 아니라, 사용자의 다양한 니즈를 계속해서 해결해줄 수 있는 서비스를 만드는 일을 목표로 하는 것이 맞지 않을까?

"안녕, 컴퓨터야"라는 문장으로 컴퓨터에게 말을 걸 게 아니라, 컴퓨터가 이미 처리해 준 일에 "고마워, 컴퓨터야"라고 말할 수 있도록 하면 어떨까? 사람들의 목소리에 도도한 태도로 대답하기보다, 사용자의 특수성에 맞출 수 있는 시스템을 만든다면 말이다. 이렇게 만들어진 시스템은 어떤 모습이어야 할까? 아마 수많은 질문이 이어질 것이다. 아주 단순한 것에서부터 시작해보자. 예를 들면 모든 집에 하나씩 있는 온도조절기부터 말이다.

2011년, 내가 처음 네스트(Nest)의 온도조절기를 접했을 땐, 그저 온도조절기에 스크린을 갖다 붙여놓고 '혁신'이라고 내세우는 건 아닌가 싶었

다. 하지만 그것은 편견에 불과했다. 로봇에게 음성명령을 내리는 것처럼, 네스트는 인터페이스를 사용한 반응 체계를 만들었다. 당장은 눈앞에 뭐가 있는지, 사용자가 어떤지도 이해할 수 없는 상태이지만, 스스로가 무의미한 존재가 되지 않도록 사용자의 입력을 기다리며 그 입력 내용을 통해 사용자의 목표에 가까워질 수 있도록 시도하는 방식이다.

네스트 연구소는 데이터 과학을 활용함으로써 스크린 기반의 사고를 벗어날 수 있었다. 온도, 습도, 원거리·근거리 움직임, 주변 밝기 등의 센서를 통해 수집한 정보들로 알고리즘을 생성하여, 사용자가 실내 환경을 설정했던 습관이나 필요사항 등을 파악할 수 있었다. 네스트는 사용자가 깨어나는 순간부터 외출을 준비하는 순간에도 학습이 이루어지며, 하루 종일 사용자가 선호하는 온도에 맞춰 따라간다.

결과적으로 모든 경험이 개별 사용자에 맞춰 설정된다. 사용자의 별도 입력 없이도 원하는 대로 온도가 설정되는 자동모드가 가능해진 것이다. 이전까지 가장 주요했던 사용자 경험이 반응형 인터페이스에 의한 것이었다면, 이제 인터페이스가 존재하지 않으면서도 컴퓨터가 주도적으로 움직이는 솔루션으로 전환되고 있다고 할 수 있다.

이렇게 하나의 주요 기능에 집중한 덕분에 네스트는 소비자의 신뢰를 얻을 수 있었으며, 그들이 원하는 바를 충족시킬 수 있었다. 2014년, 네스트가 32억 달러에 구글에 인수되었을 때, 모건 스탠리(Morgan Stanley)는 네스트

가 한 달에 약 십만여 개의 온도조절기를 판매하고 있다고 추정했다.[14]

네스트의 성과로 인한 이 액수들이 매우 인상적인 것은 사실이지만, 이렇게 실내 온도를 사용자의 선호도에 맞춰 조절하는 것 외에도 우리가 할 수 있는 일은 참으로 많다. 이미 누군가는 사람들의 건강을 유지하고 생명을 구하는 숭고한 목표를 이루기 위해, 쉽지 않은 환경 속에서도 열심히 제품을 개발하고 머신 러닝을 연구하고 있다.

환자를 치료하는 환경에서는 수술복이나 병원용 개수대, 동의서 그리고 여러 가지 소리가 예방책의 역할을 한다. 특히 각종 기계음과 벨소리, 삐 소리와 같은 경고음, 의료장비에서 딩동거리는 소리들은 거의 합주 수준으로 의사나 간호사 들을 호출한다. 그러나 이 소리들이 제 역할을 하지 못하는 바람에 많은 환자가 의도치 않게 희생되고 있다.

1920년대, 제1차 세계대전의 폭력성에 대응하고자 하는 다다이스트(Dadaist) 예술운동에 따라 새로운 형식의 시가 등장했던 적이 있었다. 이 시에는 다양한 언어로 여러 소리를 겹쳐서 내는 표현이 종종 등장했다. 전쟁에서 발생하는 혼란스럽고 복합적인 소리를 분별하기 어렵고 장황한 단어들로 표현한 것이었다.[15]

꽝꽝꽝꽝꽝꽝!

오늘날의 응급실에서도 이처럼 괴상하고 정신 없는 소리가 들린다는 것은 참으로 안타까운 사실이다. 예측하기 어려운, 낮고 톤이 없는 기계음, 구분이 어려운 삐 소리과 윙윙거리는 소음들이 하루 150회에 이를 만큼 휘몰아친다.[16] 단순한 상태 업데이트의 버튼음이나 소셜 서비스의 알림음이 아니다. 의료진이 응급상황에 대처할 수 있도록 도와주는 의료기기에서 발생하는 소리이다.

삐 삐 삐 삐 삐 삐!

2011년, 보스턴 글로브(Boston Globe)의 리즈 코발치크(Liz Kowalczyk)는 대단히 흥미롭지만 안타까운 기사를 하나 작성했다. 엉망으로 프로그래밍된 병원 기기들 때문에 수백 명의 환자가 불필요하게 목숨을 잃을 수도 있다는 내용이었다.[17] 보스턴 글로브는 2005년 1월부터 2010년 6월 사이에 전국적으로 200개가 넘는 병원에서 사망한 환자들의 사인이 심장, 호흡 등의 바이털사인을 모니터링하는 기계의 알람 문제와 관련이 있음을 발견했다.

분명 우리가 해결할 가치가 있는 문제라고 생각된다.

"제가 잘 이해한 건지 모르겠네요. '시리야, 나 오늘 컨디션이 별로 안 좋은 것 같아'에 대해 제가 찾은 결과입니다."

집중 치료가 필요하지 않은 환자들은 간호사의 모니터링을 4시간에서 6시간으로 간격을 넓힐 수도 있다. 인터페이스를 없애는 방식을 적용하여 이들을 도울 수 있을까? 어떻게 하면 알람을 놓치지 않으면서도 환자가 필요로 하는 때에 제대로 조치를 취하게 할 수 있을까?

첫째, 평소에 늘 하던 행동과 절차를 먼저 생각해보자.

러시아 연극 감독인 콘스탄틴 스타니슬라프스키(Constantin Stanislavski)는 학생들에게 본인이 맡은 배역의 인물처럼 행동하고 호흡하며 살도록 가르쳤다고 한다. 이것이 바로 오늘날의 '메서드 연기'로, 일부러 애쓰지 않아도 우아하고 자연스럽게 배역을 소화할 수 있게 하는 기술이다.

자, 이제 우리도 이 방법을 적용하여 스스로를 해당 시스템의 사용자로 가정해보자. 메서드 UX 디자이너가 되어 사용자의 입장에서 늘 하던 행동과 절차를 그대로 따라가 보는 것이다.

주 사용자(primary user)인 환자의 관점에서는 어떤 자세를 취하든 병원 침대에 가장 편안하게 누워 있어야 한다. 부 사용자(secondary user)인 의료진의 경우, 담당한 구역의 구석구석을 살피기 위해 항상 노력하고 있으나 때로는 주의가 분산되기도 한다. 이 두 사용자와 그들이 늘 해오던 과정 모두가 시스템에 반영되고 고려되어야 한다.

둘째, 컴퓨터를 모시지 말고 활용해보자.

환자의 상태를 확인하기 위해 가슴팍에 한 쌍의 전극을 붙이는 대신, 늘 해오던 행동과 절차를 고려하여 문제를 해결할 필요가 있다. 예를 들어 머신 인풋을 이용하여 끊임없이 정보를 수집하는 것이다. 침대 매트리스

밑에 센서를 부착한다면 심박수와 호흡수는 물론 움직임까지 감지할 수 있을 것이다. 환자를 흔들어 깨울 필요가 없어진다.

그리고 마지막으로, 우리가 지금 배우고 있는 개인화를 적용해보자.

무수한 경우와 상황들을 알람으로 알리는 대신, 개별 환자의 고유 패턴을 학습할 수 있어야 한다. 이렇게 모이고 학습된 패턴들은 환자의 과거 기록이나 특정 질환을 내포하고 있는 전형적인 패턴들과도 비교해볼 수 있다. 또한 개별화된 알람을 만들 수 있도록 데이터화할 수도 있다. 환자들의 개별 정보에 더 주도적인 자세를 취할 필요가 있다. 이렇게 된다면 호흡기 계통의 환자가 도움을 요청하는 경우, 그 환자가 가진 문제를 함께 파악하여, 폐 전문의와 같이 정확한 도움을 줄 수 있는 의료진에게 바로 알람이 가도록 할 수 있을 것이다.

이것이 바로 환자를 위한 최적의 인터페이스다. 보이지 않고 만져지지 않는 인터페이스가 환자를 위한 최적의 솔루션이 되는 것이다. 다행스럽게도 이렇게 보이지 않는 인터페이스를 갖춘 제품들이 실제로 존재한다. 그 중 얼리센스(EarlySense)는 비접촉식 환자 모니터링 기계로, 최고 시설이 갖춰진 일부 병원에서 사용하고 있다.

얼리센스의 에버온(EverOn) 센서는 눈에 잘 띄지 않는 매트리스 하단에 설치하여 환자와 그 어떤 물리적 접촉 없이도 심박수나 호흡수, 움직임을 감지해내는 놀라운 장치다. 부가적으로 무언가를 설치하거나 더해야 하는 게 아니라 그저 경험의 일부가 되어 환자들이 충분히 숙면을 취하고, 하루 종일 편안한 상태를 유지할 수 있도록 도와준다.

환자에게는 언제든 필요할 때, 의사나 간호사에게 도움을 요청할 수 있는 시스템이 필요하다. 하지만 그렇다고 해서 추가적인 알람으로 소음을 발생시켜 의료진을 산만하게 만들거나 다른 환자의 휴식을 방해해서는 안 될 것이다. 시스템에서의 예측 기능은 개별 환자의 니즈를 바탕으로 의료진과 시스템 사이의 커뮤니케이션 채널이 되어주어야 한다.[18]

시스템이 환자들의 패턴을 학습하게 되면 알람이 울리는 횟수는 점점 더 줄어들고, 정확해지며 확실해진다. 실험 환경에서 전형적인 모니터링 시스템이 120회의 알람을 울린 반면(120회의 알람 중 대부분이 의료처치

가 필요 없는 경우이다) 얼리센스는 단 두 번의 정확하고 적절한 알람을 울렸다.[19]

게다가 이 알람은 환자가 요구를 느끼기도 전에 미리 파악하여 울리도록 되어 있었다. 이 조사를 수행했던 브리검(Brigham)과 여성전문병원, 하버드 의과대학의 연구진은 얼리센스를 이용하여 환자의 부정적인 징후를 추적하는 경우, 실제로 대부분 그 징후가 발생하기 몇 시간 전에 모니터를 통해 미리 알아챌 수 있었다고 했다.

사용자의 입력에 반응만 해오던 컴퓨터를 주도적으로 행동하게 만들면, 우리의 선호를 더 정확히 파악하여 맞춰줄 수 있으며 건강에 있어서도 환자의 정확한 요구에 따라 더 주의를 기울일 수 있게 된다. 무엇이든 행동으로 옮기는 데 있어 자신감을 가지는 게 쉽진 않지만, 명확하게 정의된 문제에 집중한다면 프로액티브 컴퓨팅(Proactive Computing)은 믿을 수 없을 만큼 강력해질 것이다.

✒ ✒ ✒ ✒

2013년 4월, LA 레이커스(Lakers) 팀의 농구선수 한 명이 공을 드리블하며 골대로 전진하다가 경기장 바닥으로 고꾸라지는 일이 벌어졌다. LA 레이커스 팀의 슈퍼스타였던 코비 브라이언트(Kobe Bryant)의 시즌은 그렇게 한순간에 끝나버렸다. 그는 아킬레스건이 파열되는 부상을 당했는데 최악의 수준인 3등급의 심각한 파열이었다.[20]

코비는 절뚝거리며 경기장을 나섰다. 그리고 시합이 끝난 뒤의 인터뷰에서는 결국 눈물을 보이고 말았다.[21] 인터뷰 질문 중에는 코비가 부상을 회복하더라도 전과 다름없는 기량으로 다시 코트에 복귀할 수 있을지를 물어보는 내용도 있었다. 화가 난 LA 레이커스 팀의 팬들은 손가락으로 욕을 퍼붓기도 했다.

이 사건은 곧 헤드 코치였던 마이크 안토니(Mike D'Antoni)의 코칭에 대한 비난으로 이어졌다. 코비의 부상이 마이크 때문이라는 온라인 투표가 진행되기도 했다. 마이크가 코비를 너무 오랜 시간 경기에 투입했다는 것이다. 이후 NBA에서 17번의 시즌이 더 치뤄졌으나, 코비는 여전히 한 시즌

내에 가장 많은 시간 경기를 뛴 선수 명단에 두 번째로 링크되어 있었다.[22]

코비가 부상을 당했던 진짜 이유는 제한된 정보 내에서 그 징후를 예측해내기가 어려웠기 때문이었다. 그러나 그의 부상은 충분히 예상할 수 있을 만큼 명백했다. NBA에서 슈퍼스타를 잃는다는 것은 해당 시즌이 극적으로 뒤집힐 수 있음을 의미한다. LA 레이커스 팀은 플레이오프에서 완전히 배제되었으며 수백만 달러의 잠재적 수익을 잃게 되었다.[23] LA 레이커스 팀의 팬들은 별 수 없이 다음 시즌을 기다려야 했다.

2013년 9월, NBA는 30개의 농구 경기장 통로에 카메라 시스템을 설치하겠다고 공표했다.[24] 스포츠 정보통계 및 데이터 회사인 스태츠(STATS LLC)의 스포트VU(SportVU) 프로그램은 선수들의 움직임을 자동추적하는 시스템이다. 특히 각 선수의 속도와 거리, 패스 횟수 등을 모니터링한다.[25] 선수들이 추가적인 장비를 걸치지 않아도, 부가적으로 앱을 내려받지 않더라도 시스템이 선수들의 움직임을 측정할 수 있다. 카메라 또한 개별적으로 동작하며 자연스럽게 관찰하기 때문에 선수들은 평소처럼 경기에 임하면 된다.

좀 더 기술적인 설명을 덧붙이자면

경기장의 통로를 따라 6개의 카메라가 설치(하프코트에 각각 3개씩)된다. 이 카메라들은 복잡한 알고리즘에 따라 농구 코트의 모든 사물을 x, y, z축의 방향으로 데이터를 추출하여, 1초에 25개씩 이미지를 포착한다.[26]

카메라에 포착된 이미지들은 팬들이 열광하는 또 하나의 요소가 되었으며, TV 방송사들은 경기 중에도 새로운 통계자료를 얻을 수 있게 되었다. 가장 중요한 점은 농구팀의 의료진들에게도 코비와 같은 부상을 예방할 수 있도록 도움을 주었다는 것이다. 댈러스 매버릭스(Dallas Mavericks) 팀의 구단주 마크 큐반(Mark Cuban)은 "스태츠는 선수를 제외하고는 가장 길게 계약했던 파트너였으며 팀의 서포터스로서 의료진들에게 큰 도움을 주었다"고 했다.[27]

경기 중에는 스포트VU를 통해, 연습 중에는 옵팀아이(OptimEye. 휴대폰 크기의 GPS 웨어러블 장치)로부터 데이터를 확보함으로써, 일부 팀들의 경우 NBA에서의 부상에 대처하는 방식이 변화하기도 했다. 이에 대하여 토론토 랩터스(Toronto Raptors) 팀의 스포츠과학 디렉터 알렉스 멕케치니(Alex McKechnie)는 "우리는 이 시스템을 통해 선수 관리는 물론, 여러 상황에 대해 사전에 주도적으로 대비할 수 있게 되었다"고 했다.

알렉스는 생리학 데이터에 기반을 두어 개개인에게 특별히 맞춰진 훈련 프로그램을 소개했다. 이 프로그램에 의해 선수들은 좀 더 오랜 시간 동안 최적의 상태로 경기에 임할 수 있었으며, 철저히 개인에게 최적화된 덕분에 랩터스 팀은 2013~14 NBA 시즌 동안 최저 부상률을 기록한 팀이 될 수 있었다.

이 책을 읽는 방식 또한 사람마다 천차만별일 것이다. 개인마다 선호하는 작업 방식이 있고, 목표에 도달하는 방법도 모두 다를 것이다. 보이지 않고 만져지지 않는 인터페이스는 이 모든 실제의 영역을 아우른다. 단순히 반응하는 인터페이스를 능동적으로 주도하고 사전에 대비하는 방식으로 컴퓨터 사용 경험을 바꿔줄 수 있을 것이다.

도전

16장 변화의 시작
이 책이 좀 불편하신가요?

아마 많은 사람들이 이 책을 좋아하지 않을 거예요.

그럴 수도 있을 것이다.

그들은 인터페이스를 설계하고 디자인하는 탄탄한 프로세스를 구축해왔다. 그리고 수십 년 동안 그 일을 지나치게 잘 해왔다. 이 프로세스를 통해 누군가는 클라이언트에게 아이디어를 제안했을 것이며, 누군가는 콘퍼런스나 강의실에서 내용을 공유하고, 또 누군가는 스크린 기반의 사고를 하는 전문가로서 명성을 쌓았을 것이다. 많은 사람이 그렇게 자리를 잡고 부를 쌓았다.

그렇기 때문에 지금껏 사람들이 어떤 일을 해왔는지, 그들이 무엇을 위해 돈을 썼었는지, 무엇이 잘못된 방향인지를 이야기한다는 것 자체가 그들의 심기를 불편하게 만들 것이다. 아마 그들은 "훌륭한 인터페이스는 인터페이스를 없애는 것이다"라는 문장이나, 이런 내용을 집필한 나를 포함해서 이 책의 모든 것이 마음에 썩 들지 않을 것이다.

예상했던 반응이기도 하고, 통념적으로도 이견이 나올 만한 부분이기도 하다. 앞으로는 다른 방향으로 가야 한다고 말하는 것 자체가 사람들의 반발을 불러일으키기 때문이다.

그래서 나 또한 온라인상에서의 모진 비난이나 반대 의견을 담은 블로그 포스팅 공격을 마주할 준비가 되어있다. 보이지 않는 인터페이스를 부정하거나 "그건 그때그때 다른 것 아닌가요?"와 같은 식의 조롱이나 문장 하나하나에 꼬투리를 잡기 등등…

언제든 여러분의 의견을 환영한다. 스크린이 없는 세상에 대해 쓴 이 책의 내용이 처음에는 다소 새롭겠지만, 이 글이 점점 더 성숙해져서 결국 대세가 될 수도 있을 것이다. 만약 누군가 이 내용에서 오류를 발견한다면, 나는 '인터페이스 없는 인터페이스'라는 개념을 벗어날 수 있는 더 나은 방법을 찾아나서게 될 것이다. 혹은 더 좋은 대안을 발견하지 못하더라도 이 개념이 가지는 한계를 인정하게 될 것이다. 이 책을 담당했던 편집자가 5,000개 이상의 단어를 수정해주지 않았다면 이 책은 더 형편없어졌을지도 모르겠다. 그는 "골든, 이걸 보면 자네가 날 죽이려 할 거야"라고 말하며 나에게 원고를 돌려주었다. 진심 어린 비평은 우리를 성장하게 한다.

이 책은 누군가를 설득하고 격려하며, 영감을 줄 수 있는 원칙을 세우기 위해 쓰여졌다. 혁신적인 기술을 발전시키는 단순하고 멋진 철학을 소개하고자 했다. 그저 엉뚱하게 웃고 빈정대는 말만 가득하다면 독자들의 반감을 샀을 것이다. 또 전문적인 기술자가 낙오된다거나 똑똑한 디자이너가 길거리에 나앉게 되길 원하는 것도 아니다. 앞으로 이 분야에서 더 나은 발전이 일어나길 바라는 것이다. 나는 여러분 모두를 사랑하며 우리가 하는 일에 있어서, 점점 더 나은 모습으로 변화되기를 희망한다. 쉽지는 않겠지만 우리에게는 이 앞선 생각을 실현시키기 위해 할 수 있는 일들이 분명히 존재한다.

아마 이 '인터페이스 없애기'에 대한 의문을 불러일으키는 모든 사례를 설명하려면 몇 년이 걸릴지도 모르겠다. 하지만 적어도 사람들이 가질 법한 대표적인 우려나 오해를 풀어주기 위해, 우리가 앞으로 만들고자 하는 '인터페이스가 없는 세상'에서 피해야 할 내용은 무엇인지를 다음 장에서 알려주고 싶다.

17장 개인정보 보호
기계가 나를 학습한다구요?
저는 사양할래요.

약관 동의서를 읽는 일은 그 자체로 너무 고통스럽기 때문에 차라리 못 본척 그냥 넘겨버릴 때가 많다. 사용자는 약관이 바로 눈앞에, 그것도 화면 중앙에 떡하니 띄워져 있는데도 외면하거나 무시해 버린다. 지금까지 읽은 내용에 동의하는지 묻는 질문에도 '그렇다'고 건성으로 대답하고 만다.

위 내용을 숙지하였으며...
확인!

위 내용을 확인하였으며...
계속하기!

위 내용에 따를 것을...
동의!

아마 여러분이 태어나서부터 지금까지 약관 동의서를 읽었던 모든 시간을 더해도 이 장을 읽는 데 들인 시간보다 적을 것이다. 그만큼 약관을 읽는 일은 디지털 시대의 고문과도 같다.

와이파이를 사용하고 싶다고? 물론 가능하지. 게다가 무료로 말이야. 지금 당장 사용해 볼 수 있다고. 광고를 볼 필요도 없이 바로 접속할 수 있는 이 빠른 인터넷 좀 사용해보게나! 자, 그럼 일단 여기 이 단두대 위로 올라와 보라고...!

단두대의 줄이 당겨지고... 온통 라틴어뿐인 문장들...!
칼날이 떨어지고... 깨알 같은 글씨로 적힌 끝이 없는 문장들...!
모인 군중들의 탄식이 들려오고... 맙소사, 강조한답시고 모두 대문자로 써놨어...!

공항 내 무료 와이파이 이용하기

공항 내 초고속 무료 와이파이를 사용하시려면,
다음 약관에 필수적으로 동의하셔야 합니다.
본 약관은 공항과 귀하 사이에 구속력을 가지며,
이는 사용자가 계약에 동의하고 제한받을 수 있는
법적 연령에 해당함을 의미합니다.

개인 용도로만 사용 가능

해당 서비스와 기술은 이곳에 명시된
고유 목적에 한해서만 이용하실 수 있습니다.
기타 검증되지 않은 와이파이의 사용이나
보안에 위배되는 경우,
담당자에게 알려주시기 바랍니다.

◀   Page 1 of 213   ▶

 위의 약관을 모두 숙지하였으며 이에 동의합니다.
공항 와이파이 이용 약관은
개인정보 보호정책을 따릅니다.

계속하기

이렇게 여러분의 법적 권리들과 판단력은 모두 혼란스러운 글자 속으로 사라져 버린다.

이 법률이 적용되는 경우, 위 내용의 일부 또는 전체에 대한 예외 및 제한사항 등이 적용되지 않을 수 있으며 부가적인 권리를 가질 수 있습니다.[1]

위의 내용? 아하, 그 난해한 법률 용어들로 가득한 데다가 56쪽에 달해[2] 끝도 없이 이어지는, 단 한 번도 개선된 적 없는 아이튠즈 약관 동의서를 말하는 건가? 5억 명 가량의 사람들에게서 물고문으로 자백을 받아내는 듯한 그 터무니없이 긴 약관 동의서?[3]

약관 동의에는 길고도 지루하지만 분명 개인정보를 보호하기 위해 우리가 숙지해야만 하는 중요한 사항들이 있다. 그러나 대강 넘기고도 내용을 확인했다고 거짓말한 대가로 사용자는 엄청난 정신적 고통을 치르게 된다.[4]

마이크로소프트 본사의 보고[5]에 의하면 전세계적으로 약 11억 명이 '착한 사람 역할'을 하는 데 동의하는 약관에 따르고 있다고 한다. 이제 그 혼란스러운 구절을 어떻게 읽어야 하는지 살펴보자.

다음의 부가 조항은 구속력이 있는 중재 조항을 포함하고 있으며 집단 소송에 대한 권리를 포기하는 내용을 포함합니다. 미국에 거주하고 계신 경우, 이 조항은 분쟁 해결 방법에 영향을 미치므로 주의 깊게 읽어 주십시오.[6]

'주의 깊게 읽어 달라'니.. 퍽이나 신중히도 읽겠다.

자, 멘탈이 붕괴되기 직전의 사용자들을 구하는 셈 치고, 우선 사람들이 많이 방문하는 웹사이트의 개인정보 취급방침을 읽는 것부터 시작해보자. 도대체 개인정보 취급방침을 전부 읽는 데 얼마나 오랜 시간이 걸릴까?

무려 540억 시간이 걸린다고 한다.

이 숫자는 카네기 멜런 대학교의 연구원인 로리 페이스 크레너(Lorrie Faith Cranor)와 알리샤 맥도널드(Aleecia McDonald)가 미국 개인정보 취급방침의 길이와 복잡성을 실제 비용으로 계산한 결과다. 이 연구는 212명을 대상으로 미국에서 가장 많이 이용되는 웹사이트의 개인정보 취급방침을 '간단히 이해'하는 수준인 '대강 훑어보는' 방식으로 진행되었다. 그리고 닐슨(Nielsen)에서 조사한 사람들의 탐색 습관 같은 방대한 종류의 데이터를 토대로, 미국인들이 일반적인 웹사이트에서 개인정보 취급방침을 읽는 데 얼마나 걸릴지를 측정했다. 그들은 이 실험으로 약관을 통한 고문의 정도가 아주 심각하다는 사실을 다시 한 번 밝혀낼 수 있었다.

좋아, 이 포크로 225만 일 동안 작업하면 터널을 하나 만들 수 있을 거야.[7]

로리와 알리샤는 개인정보 취급방침을 읽는 일 자체를 직업(하루 8시간 근무 기준)이라고 가정했을 때, 웹사이트의 개인정보 취급방침을 읽는 데 76일(근로자 1명, 근로일수로만 계산) 정도가 걸린다고 측정했다. 게다가 이 수치는 앱 사용 시에 필요한 개인정보 취급방침은 제외한 것이었다. 그들의 연구에 따라 미국 인구 수에 비례하여 대입하면, 자주 방문하는 웹사이트로만 제한하더라도 나라 전체로서는 538억 시간을 쏟아부어야 한다는 계산이 나온다.

이 어마어마한 경제적 비용 손실이 모두 따분하기 짝이 없는 개인정보 취급방침 때문이라고?

개인정보 취급방침을 읽는 데 급여의 25%가 소비된다고 가정하면, 우리가 한 번 이 취급방침을 읽을 때마다 7,810억 달러가 소비되는 셈이다.[8] 물론, 자주 방문하는 웹사이트에 한해서만 계산했는데도 천문학적인 액수가 들어가는 것이다.

약관의 내용은 길고, 지루하며, 복잡하다. 비용 또한 많이 소모되며, 우리를 고통스럽게 만드는 존재다. 무엇보다 사용자가 이루고자 하는 목표를 가로막는다. 새로운 서비스들이 더 많이 등장하게 되면 웹사이트나 앱의 데이터는 더 많아질 것이며 관련 정책은 더욱 더 중요해질 것이다.

프렌드스터(Friendster)나 마이스페이스(MySpace)에 처음 가입했을 때를 생각해보자. 아니면 페이스북(Facebook)이나 인스타그램(Instagram), 엘로(Ello), 혹은 그냥 요즘 뜨고 있는 소셜네트워크 서비스에 가입했을 때를 생각해보라.

우선, 사용자는 언제든 원하는 때 기본적인 관심사들을 자유롭게 공유한다. 그 뒤엔 모든 것이 눈 깜짝할 사이에 일어난다. 신뢰가 쌓여가고, 친구들과 소통하며 서로를 더 자주 확인하게 된다. 그리고 모든 것을 공유한다. 언제든 무엇이든 간에 말이다. 사용자는 피드백을 좋아한다. 포스트한 글에 스스로 '좋아요'를 누르며 점점 더 서비스에 빠져든다. 셀 수 없이 많은 '좋아요'와 '즐겨찾기'를 얻으며 더 열정적으로 이런 행동을 즐기게 된다.

이렇게 모두가 사랑하는 소셜네트워크 서비스는 어느샌가 개인정보 취급방침을 변경하게 되고, 곧 사용자의 모든 비밀이 새어나간다. 어느 날 갑자기 사촌동생이 여러분을 태그하고, 플로리다(Florida)의 데스틴(Destin)에서 광란의 봄방학을 보내며 찍었던 사진을 엄마가 보게 되는가 하면, 노래방에서 퀸(Queen)의 히트곡을 불렀던 영상이 삽시간에 퍼져나간다. 망할. 여러분은 이제부터 개인정보 취급방침이라는 말만 들어도 두려움에 떨게 될 것이며, 개인정보 보호에 그 누구보다 앞장서는 지지자가 될 것이다.

페이스북은 대중성을 가진 동시에 허술한 개인정보 관리로 인해, 개인정보 보호 지지자들의 대표적인 타깃이 되었다. 때문에 페이스북의 엔지니어링 팀은 사용자들의 개인정보 노출에 대한 두려움을 줄이고자 '공룡 캐릭터(a cartoon dinosaur)'를 만들었다.

2014년 뉴욕타임스와의 인터뷰에서 한 페이스북 엔지니어링 매니저는 다음과 같이 대답했다. "우리는 여러 가지 캐릭터를 살펴본 결과, 사람들이 공룡 캐릭터에 가장 친근감을 느낄 것이라고 생각했다. 그것은 아주 탁월한 선택이었다."

이 마스코트는 페이스북이 그들의 개인정보 취급방침을 더 잘 설명하기 위해, 그리고 사용자의 포스팅이 어디까지 공개될지 설명하려고 만들었다.

뭐라고?

요즘은 그야말로 개인정보 보호에 민감해질 대로 민감해진 시기인 것 같다. 세계 최대의 소셜 네트워크 기업이 공룡 캐릭터를 이용하여 변경된 개인정보 약관을 설명[9]하는가 하면, 개인정보 유출의 심각성을 일깨워준 어느 미국인[10]은 러시아로 내쫓겼으며, 미국 거대 검색 엔진 회사는 개인 정보 보호에 대한 한바탕 소란을 일으키고 유럽을 상대로 개인정보 보호 에 대한 정책을 설명하고 있다.[11]

한편, 미국의 퓨 리서치센터(Pew Research Center)에 따르면, 인터넷 사용자의 68%가 "현재의 법률이 온라인상의 개인정보를 보호하는 데 충 분하지 않다"고 응답했다고 한다.[12] 또한 사용자가 특정 서비스에서 다른 서비스로 이동하는 경우에도 개인적인 데이터나 정보들이 여전히 서버에 남아 있는데 사용자들도 그냥 잊어버리기 일쑤라고 했다.

이것은 마치 20명쯤 되는 전 부인이나 전 남편이 여러분의 가장 부끄러 운 비밀을 세상에 폭로해 버릴지도 모르는 불안감을 안고 사는 것과 마찬 가지다.

어떤 이들은 이런 걱정들이 곧 지나갈 이슈라고 할지도 모른다. 다음 세대가 성장하면 이런 개인정보 보호에 대한 모든 걱정은 다 사라질 것이 라고 말이다. 마치 엘비스 프레슬리(Elvis Presley)가 엉덩이를 흔들며 광 적인 화제를 불러일으켰던 것이 지나간 일이 된 것처럼 말이다.[13]

뉴욕 매거진(New York Magazine)의 부편집장은 "윗세대들은 젊은 사 람들이 사생활을 인터넷에 노출하는 것에 대해 불안감과 오해의 시선으 로 바라보고 있다"고 했다.[14]

컴퓨터 보안업체 맥아피(McAfee)의 보안 책임자도 이에 동의했다. 그 녀는 USA 투데이에서 "젊은 세대는 사생활과 개인정보에 대해 관대한 태 도를 보인다"고 말했다.[15]

여러분이 걱정스러운 마음으로 딸의 인스타그램을 바라보는 와중에, 예상과는 전혀 다른 연구결과가 발표됐다. 십대들에게도 개인정보 보호 는 중요한 문제라는 것이다. 젊은 세대라고 해서 사진, 영상, GIF 등 공유 되는 모든 파일에 대하여 개인정보를 신경 쓰지 않고 있다는 의미가 아니 다. 언제나 그렇듯 단지 얻는 게 있으면 잃는 것도 있는 법이다.

여러분의 딸은 아마도 고모의 결혼식에서 닭날개 춤을 선보였던 영상을 친구들에게 보여주고 싶지 않을 것이다. 사이가 나쁜 친구들이라면 더더욱 숨기고 싶을 것이다. 몰리 우드(Molly Wood)는 뉴욕타임스에 "온라인에서 대부분의 시간을 보내는 십대들은 개인정보를 보호할 수 있는 도구를 더욱 쉽게 받아들이는 것 같다"는 내용의 글을 기고했다.[16]

스냅챗처럼 메시지들을 빠르게 주고받는 콘셉트의 서비스가 십대들에게 인기를 끄는 것도 같은 이유일 것이다. 퓨 리서치센터의 한 연구는 미국 십대(12세~17세)들의 51%가 사생활 노출에 대한 걱정 때문에 특정 앱을 사용하지 않고 있으며, 미국 십대 소녀 중 59%는 미행당할 수 있다는 두려움 때문에 위치 추적 기능을 사용하지 않고 있음을 밝혀냈다.[17]

유수 대학들의 연구에서도 비슷한 결과를 확인할 수 있다. 하버드의 버크만센터(Berkman Center) 연구자들은 퓨 리서치센터와의 공동연구에서 미국 십대의 60%가 페이스북 프로필을 '친구에게만 공개'되도록 수동으로 설정을 변경한다고 했다.[18] 캘리포니아대학교 버클리 캠퍼스(UC Berkeley)와 펜실베니아(Pennsylvania) 대학교[19]의 공동 연구에서는 18세 ~24세의 미국 성인 대부분이 온라인 개인정보 보호에 대한 기준, 정책 제안 등에 우려를 표하며 어른들의 의견과 일치하는 모습을 확인했다.[20] 공유쟁이들은 불쾌함에 들고 일어설지도 모르지만, 평범한 십대들은 개인정보 보호에 대해 이전 세대와 같은 견해를 가지고 있다.

더 나아가 기술에 대한 경험을 계속 발전시키고 인터페이스 없이도 사람들의 니즈를 이해할 수 있는 세상으로 나아가려면 사람들의 선호나 기호와 관련된 정보를 모으는 일은 그 무엇보다 강력한 도구가 될 것이다. 측정할 수 없을 정도의 기술적 진보는 우리가 살아가는 방식을 변화시킬지도 모른다. 그러나 진정한 성공을 위해서도 새로운 제품과 서비스 들이 지금, 그리고 다음 세대가 원하는 윤리적 정책을 잘 갖추고 있어야 한다.

자, 그렇다면 어떻게 해야 이 고문과도 같이 어렵고 난해한 약관 동의서 읽기를 끝낼 수 있을까? 법적 동의 절차에 대한 문제를 어떻게 수정해야 한걸음 더 나아간 경험에 이를 수 있을까?

프로그램을 설치할 때 사용자들이 약관을 읽어주기를 바라며 마지막까지 스크롤을 내려야 다음으로 넘어갈 수 있게 만들까? 모든 글자를 대문자로 작성하여 다 중요해 보이도록 만들면 될까? 약관을 필수적으로 읽어야 한다는 경고창을 띄우면 될까? 더 많은 체크박스를 만들어 확인하도록 하면 될까? 아니면 글씨체를 바꿔서 사용해볼까?

그렇지 않다. 이런 방법들 대신, 현실을 직시해야 한다. 약관 동의서를 읽는 일은 정신적 고문이며, 사람들은 절대로 약관을 읽지 않을 거라는 사실 말이다.

얼마 전, PC 핏스톱(Pitstop)이라는 이름의 회사가 옵티마이즈(Optimize)라는 인기 있는 소프트웨어를 출시했다. 이 소프트웨어는 사람들의 컴퓨터 속도를 느리게 만드는 원인을 알아내기 위해, 개인 컴퓨터에 있는 모든 내용(개인 문서, 이미지, 음악 등)을 스캔한다.

옵티마이즈와 같이 비밀번호나 금융 등의 민감한 정보를 다루는 소프트웨어는 개인정보 보호가 무엇보다도 중요하다. 핏스톱은 사용자가 '권리'와 관련된 내용을 읽는 지루한 시간을 얼마나 참아낼 수 있을지 궁금해졌다. 그들은 아무도 모르게, 소프트웨어 사용 동의서(EULA)의 마지막 부분을 수정하여 '동의서를 끝까지 다 읽는 사람에게 상금을 제공하겠다'는 내용을 포함시켰다. 그 긴 문서를 읽는 고통을 감수하는 사용자가 있을지 알아보기 위해서였다.

몇 달이 지나고, 수천 개의 소프트웨어가 팔렸지만 상금을 받아가는 사람은 없었다.

그런데 어느 날, 약 3개월이 흘러 3,000개의 제품이 판매되었을 즈음이었다. 한 구매자가 상금을 받겠다고 회사로 연락을 해왔다. 그는 1,000달러짜리 수표를 상금으로 받았다.

약간은 비도덕적인 실험일 수도 있겠지만, 핏스톱은 한 가지 확실한 사실을 밝혀낼 수 있었다.

그로부터 몇 년 뒤, 한 영국 소매업자가 비슷한 호기심으로 실험을 하나 계획했다. 게임스테이션(Gamestation)의 온라인 구매자들에게 적용되는 약관에 한 가지 특별한 조항을 추가한 것인데, 그것은 바로 구매자들에게 그들의 영혼을 회사에 팔라는 내용이었다. 영혼에 대한 권리가 넘어가는 줄은 꿈에도 모른 채 7,500여 명의 구매자들이 이 조항에 동의했다.[21]

막간 퀴즈! 사용자가 소프트웨어의 약관 동의서를 다 읽는데 평균적으로 소요되는 시간은 얼마일까? 74일? 10일? 5일? 대체 그 고문 같은 약관 동의서에 사용자들이 얼마나 오래 머물러 있을 거라 생각하는가?

정답은 약 1초~1.5초 정도이다.[22]

이제 제발 그만해! 약관에 동의한다고! 박스에도 체크할게! 원하는 건 뭐든 다 해줄게!

이렇게 고문을 견디지 못하고 기밀을 누설한 또 한 명의 형편없는 스파이가 탄생했다.

1초~1.5초라는 결론은 노팅엄(Nottingham) 대학교[23]의 컴퓨터학과 톰 로든(Tom Rodden) 교수가 도출한 것이다. 그의 연구에 따르면 우리가 새 앱을 설치하고 약관에 동의하는 데 드는 시간은 TV에서 화장실 휴지 광고를 보는 시간(약 30초)의 15분의 1 정도밖에 되지 않는다고 한다.

기술 법률 분야 사람들이 일반 사람들보다 약 3배가량 더 많은 시간을 들여 약관을 읽는다고는 하지만 이들이 약관을 읽는 시간은 여전히 6초 정도밖에 되지 않는다.

미국인들의 데이터 사용량 노출에 대한 우려도

아주 그렇다	80%
다소 그렇다	
조금 그렇다	
전혀 그렇지 않다	
무응답	

(출처: Big Data: Seizing Opportunities, Preserving Values
Executive Office of the President, White House 2014)

우리의 노력이 헛되지 않게 하려면 사용자가 개인정보를 잘 보호할 수 있도록 경험이 개선되어야 한다.

그 중 하나는 간단한 설정 메뉴를 제공하는 것이다.

2014년 오바마 대통령은 '빅테이터와 개인정보 보호에 대한 90일간의 검토'라는 이름으로 2만 4천 명을 대상으로 다양한 이슈에 대해 조사를 실시했다. 무엇보다 충격적이었던 것은 응답자의 80% 가량이 데이터 사용의 투명성에 대해 "아주 심각하게" 우려한다고 대답했다는 점이었다.[24]

같은 해에 마이크로소프트는 음성 비서인 코타나(Cortana)의 첫 번째 버전을 발표했다. 이 초기 버전에는 우리가 논의해볼 만한 흥미로운 점들이 많았는데 대표적인 것 중 하나가 바로 설정 메뉴다. 독자들을 위해 여기서 한 번 더 재현해보겠다.

코타나의 환경설정:

코타나의 추천받기

On　　　　　

더 이상 코타나로부터 그 어떤 제안이나
알림, 경고, 안내 등을 받지 않습니다.
단, 코타나의 노트북 내용은 그대로 유지됩니다.

☑ **이메일에 포함된 비행일정 등의
　정보 추적하기**

스티브

　　내 이름 변경하기

코타나가 사용할 수 있도록 이름을 변경하세요.
코타나에게 발음을 알려주셔도 좋습니다.

☑ **코타나가 이름으로 나를
　부르도록 허용하기**

무엇보다 놀라웠던 것은 바로 단순하고, 알기 쉬우며, 군더더기 없는 글자 그 자체였다. 스위치 버튼 하단에는 이해하기 쉬운 설명들이 달려 있으며, 사용자의 이름도 손쉽게 바꿀 수 있다. 공룡 캐릭터 따위는 전혀 필요하지 않았다. 미국 인구의 80%가 데이터 수집의 투명성에 대해 우려하고 있다는 조사 결과가 있는 만큼, 약관 내용을 전부 읽도록 강요하는 것보다는 '이메일에 포함된 비행일정 등의 정보 추적하기'라는 체크박스를 넣어주는 것처럼 이해하기 쉬운 환경설정 메뉴를 제공하는 것이 신뢰를 얻을 수 있는 더 확실한 방법이라고 할 수 있다.

개인정보 보호의 이상적인 토대는 데이터를 투명하고 도덕적인 방법으로 수집함으로써 이루어진다. 모든 글자를 대문자로 적는다고 해결되는 것이 아니다.

그러나 일부 기업들은 더 나은 경험을 제공하려는 목적으로 사용자 정보를 더 많이 수집하려고 든다. 그들 스스로가 제대로 하고 있는지에 대한 확신을 얻고 싶기 때문이다.

예를 들어 알람시계가 울리기 전에 조명으로 서서히 방 안을 밝혀주는 경험을 만들고 싶어 하는 한 스타트업 회사가 있다고 해보자. 해가 뜨는 것처럼 사용자가 부드럽게 깨어날 수 있는, 인터페이스를 없앤 경험이다. 이를 가능하게 하기 위해 필요한 정보는 '사용자가 알람을 몇 시에 설정하는지'에 대한 것뿐이다. 사용자의 트위터나 링크드인에 연결된 연락처 정보들은 알 필요가 없다.

과도하게 데이터를 수집하는 경우, 기업의 신뢰를 떨어뜨리고 고객들을 달아나게 만든다. 소셜 네트워크 서비스 중 하나인 패스(Path)는 사용자의 스마트폰 연락처를 서버에 몰래 복사해 두었다가 발각되었는데, 이후 잘못을 바로잡고 손발이 닳도록 고객에게 사과했으나[25], 연방거래위원회(FTC)에 8십만 달러의 벌금[26]을 문 것은 물론, 서비스 이미지에도 영구적인 타격을 입고 말았다.

또 다른 사례로 제이 지(Jay-Z)의 앨범과 관련된 일화를 들 수 있다. 그의 앨범 중 마그나 카르타...홀리 그레일(Magna Carta...Holy Grail)은 무료 앱을 통해 배포되었는데 사용자가 연락처 정보나 통화기록, 소셜 미디어 계정에 대한 접근, 서비스에서 제공하는 메시지 받기, 메일 계정 등의 정보를 허용하기 전까지는 그의 어떤 노래도 들을 수 없도록 되어 있었다.[27] 개인정보에 대한 비난에 제이 지는 트위터를 통해 "이 거지 같은 앱이 좀 적당히 형편없었어야 했는데"라는 메시지를 남겼다.[28]

그야말로 역대급 사과문이었지.

앞의 사례들로 알 수 있듯이 사용자가 언제, 무엇을 원하는지가 제대로 전달되려면 사용자의 기호를 학습할 수 있는 발전된 시스템이 필요하다. 예를 들어 사용자의 음식 취향을 파악하여 맞춤 배달 서비스를 제공하는 앱을 만드는 경우, 사용자는 소프트웨어 사용 동의서에 동의하게 된다. 이로써 우리는 사용자가 이용하는 공식 채널을 통해 좋아하는 음식에 대한 정보를 수집할 수 있는 권리를 갖게 된다.

소프트웨어는 이렇게 소셜 미디어에 올린 포스트나 공유 게시글을 통해 컵케이크와 관련된 사용자의 패턴을 읽어낸다. 사용자가 컵케이크를 좋아한다는 확신이 생기면 서비스를 통해 최고의 컵케이크를 찾아 무료로 배달해 주는 것도 가능해진다. 사용자는 컵케이크를 공짜로 받게 되고 매우 만족스러워 하며 주변 사람들에게 서비스에 대한 입소문을 내줄 수도 있다.

오직 나를 위한 컵케이크라고...!?

그러나 아무리 고객을 깜짝 놀랄 만큼 만족시켰다 하더라도, 컵케이크를 좋아한다는 것 자체는 여전히 사용자 소유의 데이터에 해당한다. 따라서 그 권한에 맞는 대응이 필요하다고 할 수 있는데, 일정 시간이 지나면 앱의 관련 상세 정보가 자동으로 삭제되는 기능 등이 그것이다. 반 이상이 광고로 이루어지는 기술 분야의 산업에서 '삭제'된다는 것 자체가 신성모독처럼 들릴 수도 있겠지만, 데이터 수집에 대한 투명성을 확보하고 신뢰를 얻기에는 더 없이 좋은 방법이라고 생각한다.

컵케이크 배달 이벤트가 성공으로 향하는 작은 계기가 될 수도 있다. 배달 서비스로 사용자를 기쁘게 해준 다음, 시스템에는 디저트가 성공적으로 배달되었다는 정보가 입력되고, 컵케이크에 대한 사용자의 개인적인 데이터는 모두 삭제된다. 그 다음엔 디저트와 연관이 없는 무언가를 대상으로 다시 처음부터 새로운 패턴을 찾기 시작할 것이다.

디저트를 얻었으니... 그 다음엔?

사용자가 오랫동안 사용하지 않은 활동 기록 또한 자동으로 삭제될 만한 정보들이다. 사용자가 오랜 시간 동안 시스템을 이용하지 않은 경우, 음식 관련 데이터를 자동으로 초기화시키는 것이다. 장시간 서비스를 사용하지 않은 경우, 사용자가 자신과 관련된 모든 정보가 자연스럽게 삭제된다는 것을 안다면 새로운 서비스를 사용하기 시작할 때 갖게 될 개인정보 제공에 대한 부담감을 조금은 덜 수 있을 것이다.

더 나아가 얼마나 오랫동안 사용자의 데이터를 수집할 것인지에 대해 명확하게 알려줄 수도 있다. 모바일 앱 글림스(Glympse)의 경우, 사용자의 위치 정보를 미리 정해둔 시간과 특정 사람들에게만 공유할 수 있도록 되어 있다.[29] 친구를 만나러 가는 20분 동안만 위치 정보를 공유하도록 설정해 놓으면 약속했던 상대방은 그 시간 동안만 여러분의 위치를 확인할 수 있으며, 관련이 없으면 어떠한 데이터도 공유되지 않는다.

혹은 더 쉬운 방법으로, '다시 시작하기' 버튼을 제공함으로써 저장된 모든 정보를 언제든지 지울 수 있게 하는 방법도 있다. 리스트 하단에 투명도를 좀 더 적용하거나 세세한 옵션을 설정하는 버튼으로 만들 수도 있다. 사용자가 삭제한 정보에 따라 시스템이 맞춰가는 방식으로, 아마 다음과 같은 모습이 될 것이다.

예상: 당신은 컵케이크를 좋아합니다.

지우기	더 이상 이 정보를 기억하지 않습니다

이렇게 예상했던 이유는 다음과 같다.

페이스북에 "나는 컵케이크가 너무 좋아!" 게시물을 업로드했습니다.

지우기	더 이상 페이스북 정보를 가져오지 않습니다

아마존에서 컵케이크 요리 도서를 주문했습니다.

지우기	더 이상 아마존 정보를 가져오지 않습니다

이번 달 포스퀘어(Foursquare)에서 카라의 컵케이크 가게에 10번의 체크인 기록을 남겼습니다.

지우기	더 이상 포스퀘어 정보를 가져오지 않습니다

지난 12개월 동안 'springkles'라는 단어를 42번 트윗했습니다.

지우기	더 이상 트위터 정보를 가져오지 않습니다

구글 플러스(Google Plus)에 컵케이크 팩토리(Cupcake Factory)에서 찍은 셀카를 게시했습니다.

지우기	더 이상 구글 플러스 정보를 가져오지 않습니다

디자인적으로 아름답지는 않지만 배경과 명확하게 대비되어 눈에 들어오는 버튼은 사용자가 느끼는 막연함을 없애며 직관적으로 서비스의 신뢰도를 높인다. 이 대목에서의 인터페이스는 단지 겉모습만을 뜻하지 않는다. 개인정보를 보호하기 위해 조정할 수 있어서, 설정을 도와주는 역할을 한다.

이해하지도 못할 약관 동의서를 들여다보기 위해 몇 시간씩 앉아 있을 사람은 아무도 없을 것이다. 고문처럼 느껴지는 약관이 아니더라도 우리는 이미 매일매일 충분히 고군분투하며 살고 있지 않은가. 그러나 개인정보를 보호하는 일은 매우 중요하다. 따라서 기술 분야의 다음 단계에서 개인정보 보호 방식을 어떻게 제공할 것인지를 진지하게 고민해야 한다. 그 방식은 수동일 수도, 자동일 수도 있지만 사용자들이 필요로 하는 것을 제공받는 동안, 그들의 개인정보와 비밀은 철저하게 보호되어야 할 것이다.

최고의 인터페이스는 인터페이스 자체가 드러나지 않는 것이다. 그러나 무엇보다 기술이 도약해 나가는 데 개인정보 보호에 대한 중요성을 간과한다면 성공하기 어려울 것이다.

18장 자동화

자동화 기능은 정말 최악이야!
클리피(Clippy)[1]를 좀 보라고!

자동화 기능은 언뜻 듣기엔 그럴듯하게 느껴진다.

모든 게 마법처럼 저절로 이루어지는 세상. 기계는 사람들이 무엇을, 언제, 어떻게 필요로 하는지에 따라 스스로 움직이며 모든 것을 해결해준다. 컴퓨터는 사람들의 선호를 파악하기 위해 마음을 읽어낸다.

로봇 청소기, 항공기의 자동 조종장치, 무인 자동차. 영화 '백 투 더 퓨처(Back to the Future)'의 파워레이스(Power Lace)[2] 등 공상과학 속의 일들이 현실이 되고 있다.

보이지 않는 인터페이스를 만들거나, 인터페이스를 없애는 과정에서 이러한 자동화 기능은 꽤 적합한 방법이라고 할 수 있다. 자동화 기능은 마법처럼 동작하며, 사용자의 '진정한 행복'을 목표로 한다. 그리고 그 행복은 21세기의 기술이 추구해야 할 목표다.

그러나 막상 자동화 기능을 구현하는 과정은 많은 사람을 두려움에 떨게 만든다. 어떤 디자이너는 몸서리를 치기도 하고, 어떤 개발자는 아주 멀리 떠나버리기도 한다. 내가 자동화 기능을 화이트보드에 그리며 설명하자, 한 프로젝트 매니저는 테이블을 치며 웃기도 했다. 일부 실무진들은 날더러 미쳤다고도 했다. 모두가 불가능하다는 표정으로, 그중 몇몇은 나에게 회의실을 나가 달라고까지 했다.

나는 그런 반응들을 당연하게 받아들이고 있다. 왜냐하면 자동화 기능이라는 것 자체가 완벽하게 작동하기 어려우며, 설령 일부 기능만 자동화한다고 해도 제대로 돌아가기란 굉장히 힘들기 때문이다.

자동화 기능을 제대로 만들기 위해서는 사용자의 의도를 검증할 수 있는 유효 데이터가 굉장히 많이 필요하다. 자동화를 수행하기에 적절한지를 판단하려면 데이터 분석력에 상당한 확신이 있어야 한다. 기기가 잘못된 정보를 받아들였거나, 잘못된 방식으로 정보를 해석하면 끔찍한 결과로 이어지기 십상이다. 위험도가 낮은 상황이라고 해도 목표를 벗어나 원치 않았던 결과가 나온다면 고객과 멀어지는 것은 물론, 제품에 대한 신뢰를 망가뜨리는 섬뜩한 상황이 되어버린다.

그렇지만 우리가 이 어마어마한 장벽을 극복한다면 주변 환경에 대한 풍부한 이해를 바탕으로 이상적인 상황, 그 이상으로 동작한다면 사람들이 환호할 만한 특별한 무언가를 만들어낼 수 있다. 자동화 기능이 제대로 실현된 경우, 시장에서 좋은 반응을 얻었던 사례도 있었다. 이들 중 일부는 눈에 잘 띄지는 않지만 이미 우리 일상에 깊이 자리잡고 있다.

헤론(Heron)은 알렉산드리아(Alexandria)의 수학자로 대략 기원후 10년 경 태어난 것으로 알려져 있다. 그는 미래에 있음직한 거대한 기계에 대한 책을 몇 권 저술했는데, 앱을 위한 와이어프레임 없이도, 공기나 물, 증기를 이용해 인류에게 도움을 주는 발명을 해냈다. 그가 설계한 발명 중 증기기관은 1,500년이나 지나서야 사람들이 알게 되었으며, 자동화에 대한 두 가지 디자인은 1960년대에 이르러서야 비로소 실현되었다.[3]

약 2,000년 이상이 흐른 뒤, 류 휴잇(Lee Hewitt)과 디 호튼(Dee Horton)은 마침내 헤론의 꿈이었던 실제로 작동하는 '자동문'을 만들어냈다. 코퍼스 크리스티(Corpus Christi)에 위치했던 휴잇과 호튼의 회사는 강력한 돌풍으로 문이 저절로 열리고 닫히며 부서지는 등의 사고가 많이 발생했던 곳이었다. 그들은 이 경험을 바탕으로 세계 최초의 자동문 회사를 설립했다.[4]

오늘날 호튼의 자동문은 전세계로 확산되어 어느 곳에서나 만날 수 있다. 마트나 병원으로 걸어들어갈 때나, 긴급 환자를 앰뷸런스에서 응급실로 이송할 때도 자동문이 사용되고 있다.

흠, 나도 자동문이 어떻게 작동하는지는 이미 알고 있는데...

자동문이라는 게 특별히 새롭거나 놀라운 것도 아니며, 회의실을 나가달라는 말을 들을 만큼 충격적인 아이디어도 아니기에, 테크노 유토피안

(techno-utopian)⁵들의 시선에서는 진부한 기술로 느껴질 것이다. 그저 사용자들이 딱 예상하는 만큼의 해결책이라고 할 수 있는데, 오히려 그렇기 때문에 굉장하다고 말할 수 있다.

자연스러운 자동화 기능이 완벽하게 우리의 일상에 녹아들기까지는 수천 년에서 수십 년(헤론에서부터 호튼까지)이 걸렸다. 결코 쉽지는 않았지만, 자동화 기능은 성공적인 기술 혁신의 기준점을 제시했다.

1953년, 존 헤트릭(John W. Hetrick)은 부인과 7살짜리 딸을 차에 태우고 운전하던 중 사고를 경험하게 된다. 이 사고를 계기로 그는 이듬해 차량 내에 설치하는 에어백 프로토타입을 제작하여 특허(미국 특허번호 2,649,311)를 취득한다. 약 1년 뒤, 독일의 엔지니어였던 발터 린더러(Walter Linderer) 또한 유사한 시스템으로 특허를 취득했으며 메르세데스 벤츠는 1967년부터 차량 내 에어백을 테스트하기 시작했다. 그 뒤, 몇몇 자동차 제조사들이 이후 몇 년에 걸쳐 에어백 기능을 향상시키며 개선해 나갔다.

이후 앨런 브리드(Allen K. Breed)가 에어백을 충격감지 시스템과 결합(미국 특허 번호 5,071,161)하면서 이 솔루션은 비로소 표준이 되었다. 충격을 감지해서 자동으로 에어백이 펼쳐지는 기능이 안전상 신뢰도가 높았기에 1998년, 미국 연방법원은 모든 승용차와 소형 트럭에 에어백 장착을 의무화했다.⁶

이렇게 자동차와 사용자 사이에 놓여진 부드러운 안전장치로서의 에어백, 즉 자동화 시스템은 그야말로 확실하면서도 위대하며 반드시 지켜야 하는 법이기도 하다. 에어백은 1,000분의 1초라는 찰나의 시간 동안 만 명이 넘는 생명을 구하고 있는 것⁷으로 추산되고 있다. 이 찰나의 시간이란 절대 사용자가 스마트폰을 찾아서 화면을 켜거나 밀고, 아이콘을 눌러 에어백 앱을 실행할 수 없는 시간이다.

우리가 일상적으로 행하는 일들 중 가장 위험한 것 중 하나가 바로 운전이다. 게다가 자동차는 '자동 변속장치'라는 가장 위험하고도 미치광이 같은 자동화 기능을 내장하고 있는 물건이 아닌가!

"기존의 변속장치로 자동차를 움직이려면 얼마나 많은 단계를 거쳐야 하는지 알아? 잘 보라고... 무려 19단계를 수동으로 조작해야 마침내 도로에 진입할 수 있었다고!"

위 문장은 1940년대 올즈모빌(Oldsmobile)[8]의 첫 번째 전자동 변속장치인 '하이드러매틱(Hydra-Matic)' 광고의 시작 부분에 나오는 것으로, 마치 이 책 전반부의 실수를 다시 보는 듯하다. '단순함, 그 자체(simplicity itself)'로 표현된 이 광고는 '자동차 계의 매직 카펫'이라는 자동화 기능으로 클러치와 같은 수동 제어가 얼마나 불필요한지를 보여줬다.[9] 1939년, 뉴욕 타임스는 어느 엔지니어의 말을 빌려, "이 기능은 자동차 역사상 셀프 스타터가 생겨난 이후로 가장 혁신적인 발명에 해당한다"고 했다.[10]

2013년에 미국에서 판매된 차량을 살펴보면 수동 변속기가 장착된 차량은 약 4% 정도밖에 되지 않는다.[11] 심지어 이제는 자동차 애호가들이 사랑하는 람보르기니(Lamborghini)까지도 자동 변속 방식으로 생산되기 시작했다고 한다.[12]

시장은 잘 만들어진 자동화 솔루션을 선호한다.

물론 자동화 기능을 잘 만들기란 정말 쉽지 않다. 완벽하게 만들어지기까지 10년이 걸릴지, 20년이 걸릴지 모를 일이다. 혹은 자동화 개념을 제안했다가 나처럼 회의실에서 쫓겨나는 상황을 겪을 수도 있을 것이다. 그러나 절대 과소평가하지 말자. 잘 만들어진 자동화 솔루션은 결국 자연스럽게 우리의 일상에 녹아들 것이기 때문이다.

19장 실패
이러다 모두 망해 버리면 어떡하죠?

참 걱정도 많으시네요...

그렇게 전전긍긍할 바에는 냉장고를 사지 않는 게 좋겠다. 어차피 냉장고를 쓰게 되면 자연스레 채소나 우유 같은 신선식품들을 사놓게 될 텐데, 그러다 부지불식간에 고장이라도 나면 악취가 나는 식품들을 떠안게 되리라는 건 불 보듯 뻔한 일일 테니 말이다. 게다가 한번 산 냉장고를 평생쓸 수도 없으니 애초에 냉장고를 사는 바보짓은 하지 말자.

시도 때도 없이 샤워하는 것도 그만두자. 습관처럼 샤워를 해버릇하다가 수돗물이라도 끊기는 날엔 매우 곤란한 상황이 될 게 뻔하다. 게다가 수돗물을 계속 틀어놓고 씻는 못된 샤워 습관에 익숙해지면 이전에는 어떻게 욕조에서 씻었는지조차 가물가물해질 것이다. 머리 위로 그렇게 강력한 물대포 샤워기가 있어야 하는지도 나는 잘 모르겠다.

정전이 걱정된다면 전등도 집어치우고 양초를 쓰도록 하자. 정부에서 만든 전력시스템이 각 가정에서 필요한 만큼의 전력을 자동으로 공급해주고는 있지만 말이다. 사실 나도 어디서부터 어떻게 설명해야 할지 잘 모르겠지만, 확실한 건 여러분이 살고 있는 곳은 꿈의 나라라는 것이다.

혹시 여러분은 수돗물을 틀어놓고 샤워를 즐기며 냉동실에 차갑게 보관된 음식을 좋아하고 온 집안 전기를 독차지하며 살아가고 있지는 않은가?

이러다 수돗물 공급이 중단되면, 중간에 작동을 멈추어 버리면, 전기 공급이 끊기면, 그럼 어떻게 해야 하지? 지금은 이 시대착오적인 바보 같은 소리로 들릴 테지만, 근대 시대에 살던 사람들에게는 충분히 큰 두려움이자 걱정거리였다.

Y2K: 오, 안 돼! 이제 어떻게 연도를 두 자리 숫자로 표현하지?

온라인 뱅킹: 돈을 만지지도 않고 가상공간에서 주고받는다고?

낯선 세계에 발을 들여놓는 일은 언제나 두렵다. 새로운 방법으로 일을 해내야 하는 상황이 되면 누구나 실패에 대한 두려움이 앞선다. 생산 초기 시점에서부터 실패 상황, 즉 여러 예외적인 상황에 대해 검토하는 일은 제약이 되며 생산성을 떨어뜨린다. 그러나 모든 요소가 결합되는 마지막 단계에서는 예외나 실패 상황에 대한 검토가 반드시 필요하다.

인류 역사상 가장 거대하고 야심 찼던 일부 도전들이 재앙으로 막을 내렸던 것도 아이디어를 실행하는 과정에서는 중요한 세부 요소를 보지 못했기 때문이었다. 체르노빌 원전 사고 과정에서 원자로 노심의 용융으로 주변 지역이 오염되었으며 수많은 노동자가 방사능에 피폭되었다. 타이타닉 호는 빙산과 충돌하여 침몰했으며, 챌린저 우주 왕복선은 발사 73초 만에 공중에서 폭발하고 말았다.

이들은 매우 큰 규모로 발생한 비극적인 사건들이었지만, 한편으로는 아무리 사소하더라도 실패 상황에 대한 가능성을 절대 간과해서는 안 된다는 뼈아픈 교훈을 주기도 했다. 사람들의 일상에 녹아들 제품이나 서비스를 만들 때는 제아무리 훌륭한 시스템이라 해도 실패 상황을 충분히 고려하고 예측해야 한다.

이 책에 언급된 인터페이스를 없앤 여러 사례는 '실패 상황에 대응할 수 있는 유용한 방법'을 찾은 경우라고 할 수 있다. 우리가 흔히 접할 수 있는 자동문에도 제대로 작동하지 않는 만일의 상황에 대비하여 '눌러서 여는' 버튼이 존재하는 것처럼 말이다.

일부 제품들에는 실패 상황을 예방하기 위한 센서들이 부착되어 있다. 다음 몇 가지 사례를 살펴보자.

영유아가 차량에 탑승할 때는 조수석이 아닌 뒷좌석에 타도록 되어 있다. 이는 교통사고 발생 시, 조수석에 앉게 되면 갑자기 터지며 팽창하는 에어백 때문에 오히려 상해를 입을 수 있기 때문이다. 이런 잠재적인 실패 상황을 대비하여 여러 에어백 업체는 탑승자의 무게나 앉는 자세, 안전벨트 착용 여부 등을 감지하는 추가적인 센서를 적용하고 있다. 센서가 감지하는 신호에 따라 에어백의 작동 여부가 결정된다.[1]

개인적으로는 실시간으로 실패 상황을 해결할 수 있도록 돕는 센서나 예측 시스템을 긍정적으로 바라보고 있다. GE(General Electric, 제너럴 일렉트릭)는 산업 인터넷에 대한 앞으로의 행보로 이러한 시스템을 언급했다. GE의 수석 이코노미스트인 마르코 아눈치아타(Marco Annunziata)의 TED 강연을 들어보자.

우리가 개발한 예방 정비 시스템은 어느 비행기에나 설치할 수 있습니다. 이 시스템은 스스로 학습이 가능하고 문제를 사전에 예측할 수도 있습니다. 사람이 놓칠 수 있는 부분까지도 말이죠. 비행기는 운항 중에 지상에 있는 기술자와 통신합니다. 비행기가 착륙할 즈음에는 이미 기술자들도 어떤 정비가 필요할지 알고 있습니다. 미국에서만 해도 이런 시스템은 해마다 6만 건 이상 발생하는 항공 지연과 운항 취소를 예방할 수 있으며, 7백만 여행객들이 제시간에 목적지에 도착하도록 해줄 수 있습니다.[2]

이미 여러 사례를 언급했지만, 제조사나 서비스 제공자는 실패나 예외 상황을 다루기 위한 손쉬운 방법 중 하나로 인터페이스를 부가적으로 사용한다. 이렇게 사용자가 제품이나 서비스를 사용할 때, 주된 경험과 부가적인 경험을 쉽게 전환할 수 있도록 하는 것은 매우 현명한 해결 방법이다. 인터페이스를 없앤 미래로 나아갈 수 있도록 도와주는 보조바퀴인 셈이다.

사용 이력에 따라 학습해 나가는 온도조절기 '네스트'는 전면 중앙에 인터페이스를 내세우고 있다. 사용자의 선호나 습관이 바뀌더라도 손쉽게 다이얼을 돌려 원하는 온도에 맞추면 그만이다. 네스트는 언제든 사용자의 기호를 다시 학습할 준비가 되어 있다.

잠긴 문을 자동으로 열어주는 '락키트론'의 경우, 앱과 웹페이지에서 부가기능을 제공한다. 사용자가 본인의 계정에 접속하면 현관 자물쇠를 열었던 사람들을 확인할 수도 있다. 이렇게 백 엔드 시스템(back end system)은 사용자가 좀 더 복잡한 기능이나 활동을 잘 조율하고 활용할 수 있게 도와준다. 예를 들어 에어비앤비(Airbnb)의 호스트 입장이라면 며칠 동안만 손님이 머물 수 있도록 현관문의 접근 권한을 제공할 수도 있다. 별도로 자물쇠를 바꾸거나 열쇠를 제공할 필요도 없이 말이다.

헤드램프 '페츨'은 어둡고 깊은 동굴 속에서도 사용자가 필요로 하는 용도에 따라 빛의 양을 자동으로 조절해준다. 이 헤드램프는 사용자에게 특별한 프로그램을 설치하도록 요구하지 않는다. 대신 자동으로 설정된 값이 마음에 들지 않는 경우, 데스크톱 소프트웨어에서 빛의 밝기 등을 조절할 수 있다.

'얼리센스'는 환자의 주요한 건강정보를 측정할 수 있는 센서를 가지고 있다. 환자의 패턴을 학습하며 정확한 시점에 해당 의료진에게 정보를 전달한다. 좀 더 복잡하고 복합적인 병원 환경에서는 의료진들이 얼리센스의 소프트웨어를 활용하여 수집된 데이터의 스프레드시트를 검토해볼 수 있다. 이로써 개별 사례나 환자에 따라 결정을 내리는 데 필요한 중요한 정보들을 확인할 수 있다.

'트립잇'은 웹사이트와 앱으로 사용자의 여행 관련 정보를 모아 사용자들의 캘린더 프로그램에 맵핑해준다. 이렇게 자동으로 모이고 얽힌 정보 중, 혹시나 잘못된 정보를 수정할 수 있도록 부가적인 인터페이스도 제공한다.

스크린이 없는 세상을 만드는 일은 그 자체로 매우 환상적이다. 하지만 모순적이게도 스크린이 없는 세상을 만들어가는 과정에서, 오히려 스크린이 예외 상황과 실패 상황에 대한 꽤 괜찮은 대응책 중 하나임을 깨닫게 될 것이다.

제품이나 서비스를 개발하는 초기 시점에서 예외 및 실패 상황에 대한 논의는 새로운 아이디어에 대한 가능성을 가로막기도 하고 피해 의식에 사로잡혀 끝도 없이 토론하기도 한다. 그러나 현실 세계로 나올 준비를 하려면, 언제까지나 계획된 해결 방법에만 의존해서도 안 될 노릇이다. 실패 상황이란 언제든 잠재적으로 발생할 수 있는 가능성이 있기 때문에 아무리 훌륭한 시스템이라 하더라도 그 상황을 효과적으로 대처할 준비가 되어 있어야 한다. 그 방법이 사전 예측 시스템이든, 센서이든, 인터페이스든 간에 말이다.

20장 예외 사항
가끔은 덜어낼수록 더 좋아지는 법이죠

이 책의 목표는 사용자 인터페이스 이론에 대한 새로운 방향을 제시하고, 더 흥미를 갖고 그 방향으로 나아갈 수 있도록 안내하는 데 있다. 때문에 기존의 사용자 인터페이스 이론처럼 괴롭거나 지루하게 들리지 않도록 신경 썼다. 그래서 이 책을 흥미롭게 읽은 여러분이 또 다시 누군가에게 이 책을 전하고, 전달받은 그 누군가도 충분히 재미있게 읽어주었으면 좋겠다.

여기까지 오기 위해 나는 수많은 시간을 구상하고 생각하고 또 끄적거리며 보냈다. 여러분의 손에 이 책이 닿을 수 있도록, 썩 내키지는 않았지만 스크리브너(Scrivener)[1]나 아이에이 라이터(iA Writer)[2], 인디자인(InDesign)[3] 등의 프로그램을 사용해가며, 이제껏 내가 비난해왔던 수많은 입력 필드와 메뉴, 드롭 다운 박스와도 친해지기 위해 무던히 노력했다.

으웩, 속이 다 울렁거리네.

하지만 만약 이러한 인터페이스가 없었다면 아마 이 책은 여러분의 손에 들려있지 못했을 것이다. 단언컨대 정말 확실하게 말할 수 있다. "훌륭한 인터페이스는 인터페이스 자체가 없는 것이다"라고 했지만 이는 단순히 모든 결과물에서 인터페이스를 없애야 한다는 의미가 아니다. 최고의 결과물을 얻으려면 인터페이스를 없애는 것이 가장 가능성 있는 방법이라는 뜻이다. 인터페이스를 없애는 것만이 유일한 해결책이라 우기는 건 정말 멍청한 짓이다.

열정이 담긴 목표나 뚜렷한 관점, 디자인 철학을 가진다는 것은 아이디어를 판단하고 걸러낼 수 있는 장치가 있다는 의미이며 프로세스를 만들 수 있는 원칙이 존재한다는 의미이기도 하다. 덜어낸다고 해서 항상 더 나아지는 것은 아니지만, 요즈음의 디자인 철학으로 본다면 실제로 '덜어낼수록 더 좋아진다'고 할 수 있다.

'인터페이스 없애기'는 기술적으로 더 나은 경험을 성취하려는 앞선 방향 중 하나다. 스크린의 시대를 넘어 우리를 멋진 경험으로 이끌어줄 수 있는 원칙을 실행해주며, 무엇보다 사람을 우선으로 한다. 지루하고 비효율적인 방법들은 이미 넘쳐나고 있으니 우리는 좀 더 높은 목표를 가져보도록 하자.

물론 예외란 항상 존재하기 마련이다.

그 중 하나는 우리가 컴퓨터를 이용해서 방대한 정보를 가진 콘텐츠나 과업 지향적인 일들(task-oriented)을 개괄할 수 있다는 점이다. 특히 스크린을 통해 얻는 즐거움이나 오락적 기능까지 없애버릴 필요는 없지 않은가. 물론 복잡한 비디오 앱을 대신할 수 있는 더 멋진 사용자 경험을 구상해 볼 수도 있겠지만, 사실 나는 스크린 없이 어떻게 베네딕트 컴버배치(Benedict Cumberbatch)가 나오는 영화를 감상할 수 있을지 상상이 잘 되지 않는다.

주요 사항들을 결정할 때는 인터페이스 같은 형식들이 필요한 경우도 있다. 커피를 사거나 택시비를 내는 일은 인터페이스를 없애서 해결할 수도 있겠지만, 온라인으로 거액의 집세를 결제해야 한다면 나는 그냥 버튼 메뉴를 한두 개 제공하는 게 좋겠다고 말하고 싶다. 20만 달러나 되는 대출금을 확인해야 할 테니 말이다.

국가정책 또한 마찬가지다. 세법이 단순히 빅데이터 기반의 소프트웨어에 의해 작성되어서는 안 된다. 우리는 올바른 선택을 할 수 있는 공감 능력을 갖춘 지도자를 필요로 한다. 군대에서는 더 말할 필요도 없다. 사용자들이 스탠리 큐브릭(Stanley Kubrick)의 영화처럼, 뜻하지 않게 온 세상을 멸망시켜 버릴지도 모를 자동화 기계를 바라는 게 아니기 때문이다.

야호!!

요리나 등산, 스포츠 경기 관람 같은 일들은 사람들이 즐기며 하는 활동이기에, 이 일을 기계로 대신하려는 사람은 아무도 없다. 효율성에 대한 판단은 사람들이 그 활동을 얼마나 좋아하고 즐기느냐에 있다.

여기에 적힌 내용이 모든 예외 사항을 포함하고 있다고는 할 수 없다. 그저 어떤 규칙이든 예외 사항은 반드시 존재한다는 사실을 알아두면 좋겠다.

'인터페이스 없애기'의 진정한 힘은 그것이 하나의 철학으로서 '실천'을 유도한다는 데 있다. 웹이나 모바일에서의 플랫 디자인이나 스큐어모픽(skeuomorphic) 디자인[4]을 논하자는 것이 아니다.

우리는 인터페이스를 없애는 과정을 통해 최고의 결과물을 얻는 데 목표를 두고 있다. 사용자의 주의를 산만하게 하거나 인터페이스에 중독시키는 게 아니라 자연스러우면서도 멋진 방법으로 우리의 일상을 더 나은 삶으로 만드는 일을 이야기하고 있다. 사용자를 중요한 문제에서 멀어지게 할 게 아니라 사용자의 일상에 더욱 깊이 녹아들어야 한다. 그것이 바로 기술이 갖춰야 할 모습이다.

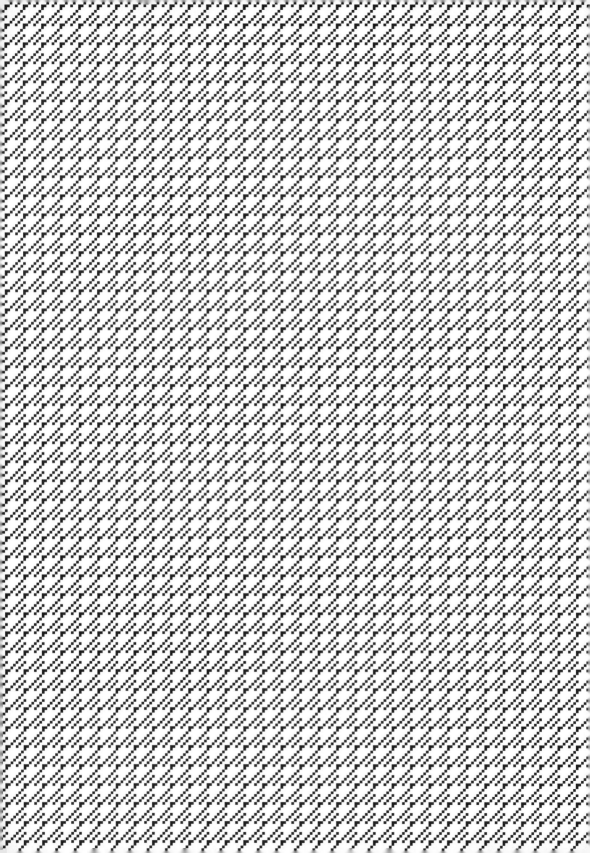

결론

21장 내가 바라는 미래
그건 너무 식상하잖아요

나는 언젠가 여러분이 이 책을 지루해 할 그날을 꿈꿔본다. 정말로. 부디. 간곡하게.

누군가 스크린을 없앤 아이디어를 이야기했을 때, 지루하게 하품을 하며 듣고 있을 그날을 말이다.

훌륭한 인터페이스는 인터페이스 자체가 없는 거라고? 그런 식상한 거 말고 제발 내가 놀랄 만한 아이디어를 좀 가져와보라고.

그리고 그날이 온다면 꼭 잊지 않고 기념하고 싶다. 그런 날이 되었다는 건 분명 지금보다 더 나은 삶을 살고 있다는 의미가 되기 때문이다. 사용자를 인터페이스에 중독시켜 스크린에 허우적대며 산만하게 만드는 대신 늘 해오던 일들의 순서와 방식을 잘 담아낼 수 있는 솔루션이 등장하는 시기. 컴퓨터를 모시는 대신 컴퓨터가 우리를 위해 일하며, 시스템들은 지속적으로 개별 사용자의 니즈에 맞춰 변화해나가는 그런 때일 것이다. 아마도 수십 년 이내에 그런 날이 오게 되지 않을까. 그때쯤이면 아마 집안 아이들 중 하나가 핼러윈데이라며 얼굴에 스마트폰을 붙인 할아버지 분장을 하고 나타날지도 모르겠다.

엄마, 나 좀 봐. 맨날 스마트폰 끼고 사는 우리 할아버지랑 똑같지?

그런 날이 온다면 참 기쁠 것 같다. 나는 오늘 겪었던 놀라움과 경이로움이 내일에는 평범한 일상이 될 수 있기를 기대해본다. 마치 오래된 시트콤인 '프렌즈(Friends)'의 재방송을 보고 있는 느낌으로 이 책을 볼 수 있다면 말이다.

그러나 아마 그런 날은 오지 않을 수도 있다. 이 책은 그저 미래에 대한 하나의 가능성을 다루고 있을 뿐이다. 여러분이 이 책을 읽고 있을 즈음에는 내가 미래를 선도할 거라며 언급했던 회사가 이미 사라져 버렸을 수도 있다. 표지에 먼지가 쌓일 즈음에는 일부 사례들이 고대의 이야기처럼 들릴 수도 있겠다. 그러나 이 책이 전달하고자 하는 개념은 잊혀지지 않았으면 한다. 먼 훗날, 인터페이스를 논할 때 최고의 인터페이스는 곧 인터페이스가 없는 것으로 이해되는 그 미래에 이르기 위한 작은 디딤돌이 되기를 소망한다.

목적지로 향하는 길에는 수많은 다툼과 방해물이 가득할 것이다. 회사와 강의실에서는 끝도 없는 논쟁이 오갈 것이며, 개인정보 보호정책을 비롯하여 보이지 않던 장애물들이 넘쳐날지도 모른다. 그러나 그 철학이 정착되면 실천가들은 방법을 찾을 것이고 비즈니스 플랜이 제자리를 잡기 시작할 것이다. 그러면 혁신적인 결과물이 온전히 우리의 손에 들어오게 된다.

그리고 마침내 그 혁신이 결실을 맺게 되는 순간, 사람들은 벌써 그 혁신을 지루하게 느끼기 시작할 것이다.

스크린이 없는 인터페이스를 만들었다고? 그런 식상한 이야기 좀 그만하고 제발 새로운 아이디어 좀 내보라고!

그 지루함이 눈앞의 현실이 되기를 간절히 소망해본다.

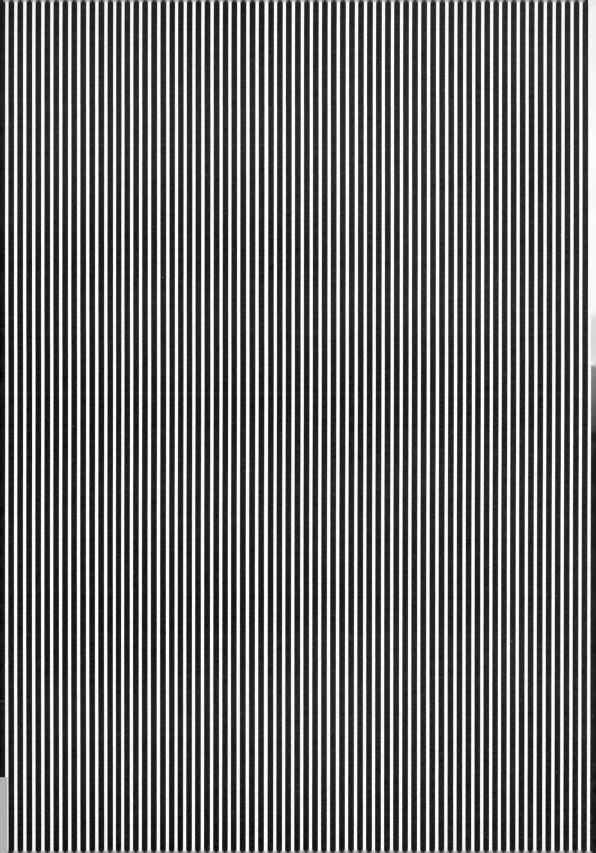

부록:
주석

추천의 글

1 (옮긴이) IT 정보, 미디어, 휴대폰, 컴퓨터, 디지털카메라 등의 제품 리뷰와 특징 등을 소개하는 사이트다.
2 (옮긴이) 사진이나 동영상으로 대화하는 미국의 메신저 서비스로 수신인이 내용을 확인하고 나면 사라지기 때문에 사생활 노출을 꺼리는 이들에게 환영을 받았다.
3 (옮긴이) NFL(National Football League, 미국 프로 미식축구)의 시카고 베어스 팀을 말한다.
4 (옮긴이) 미국 연예정보 월간지. 할리우드, 스포츠, 세계 소식 등의 정보를 제공한다.

1장
서문

1 (옮긴이) 정보기술(IT), 영화, 음악을 아우르는 세계 최대의 창조산업 축제. 혁신을 가장 빠르게 받아들이는 콘텐츠·기술 분야의 최신 이슈를 한자리에서 접할 수 있다. 매년 3월 미국 텍사스 주 오스틴에서 열리며 30만 명이 넘는 관람객이 몰린다. 1987년 이 지역 소규모 음악 축제로 시작해서 영화와 스타트업으로 분야를 확장했다. 트위터, 포스퀘어 등 세계적으로 유명한 다수의 스타트업이 이곳에서 처음 서비스를 선보여 인기를 얻었다.
2 존 파블루스(John Pavlus)가 *MIT Technology Review*에 기고한 글, "A Tale of Two News-paper Interfaces", 2013년 3월 13일.
3 (옮긴이) 미국 보스턴을 기반으로 하는 국제 언론기관으로, 온라인과 주간지를 통해 뉴스를 보도한다. 기독교계 새로운 종교 단체 크리스천 사이언스의 창시자인 메리 베이커 에디(Mary Baker Eddy)에 의해 1908년 창간되었다. 2008년 10월 28일 일간지 폐지를 예고했고, 이듬해 4월부터 주간지와 온라인으로 뉴스를 전하고 있다.
4 캐리스 허스터드(Karis Hustad)가 *Christian Science Monitor*에 기고한 글, "Netflix Rolls Out Updated, Smarter TV Interface", 2013년 11월 13일. *http://www.csmonitor.com/Innovation/2013/1113/Netflix-rolls-out-updated-smarter-TV-interface*
5 *Washington Post*에 기고된 글, "Apple TV: A Simpler Interface, Easier Access to Media Through the iCloud", 2012년 3월 8일. *http://www.washingtonpost.com/business/economy/apple-tv-a-simpler-interface-easier-access-to- media-through-icloud/2012/03/08/gIQARVivzR_story.html*
6 (옮긴이) 미국의 주택 개량·개선 용품 및 기기 소매점 체인업체다.

2장
스크린에 기반한 사고

1 YouTube에 게시된 영상, "애플의 아이폰 3G 광고 - There's An App For That (2009)", 2014년 8월. *https://www.youtube.com/watch?v=Mc-pV2YYOAs*
2 사이먼 허드슨(Simon Hudson)이 저술한 책, *Bumps for Boomers: Marketing Sport Tourism to the Aging Tourist*(2011년, Oxford: Goodfellow Publishers, p.14.)
3 "애플은 2008년 7월에 오픈한 앱스토어의 인기를 나타내기 위해 '여기 당신을 위한 앱이 있습니다(There's an app for that)'라는 문구를 2009년부터 TV광고 카피로 사용했다."
    브라이언 X. 첸(Brian X. Chen)이 *Wired*에 기고한 글, "Apple Registers Trademark for 'There's an App for That", 2010년 10월 11일. *http://www.wired.com/2010/10/app-for-that*
4 "국제 연합(United Nations)과 유니세프(UNICEF) 공동연구 보고서에 의하면 빈곤층에 속하지 않는 주요 국가의 7억 8천3백만에 이르는 사람들이 여전히 깨끗한 물을 공급받지 못하고 있다."
    조안 로즈(Joan Rose) 박사가 Water Quality and Health에 기고한 글, 2012년 4월 5일. *http://www.waterandhealth.org/clean-drinking-water-goal-met-years-early*
5 "610,042명의 사람들이 노숙 생활을 하는 것으로 기록되었다. 이 수치는 2012년부터 2013년까지 4% 정도 감소했다."
    빌 채플(Bill Chappell)이 NPR에 기고한 글, "Number Of Homeless Declines Again, But Gains Aren't Universal", 2013년 11월 21일. *http://www.npr.org/blogs/thetwo-way/2013/11/21/246589487/number-of-homeless-declines-again-but-gains-arent-universal*
6 "우리가 사랑하는 사람과 포옹이나 키스를 할 때, 옥시토신 수치는 상승한다."
    *Psychology Today*에 기고된 글, " What Is Oxytocin?", 2014년 8월. *http://www.psychologytoday.com/basics/oxytocin*

7 키트 이튼(Kit Eaton)이 New York Times에 기고한 글, "이번 주의 스마트 앱" 칼럼, "App Smart Extra: Apps to Improve Your Singing", 2013년 2월 15일. http://gadgetwise.blogs.nytimes.com/2013/02/15/app-smart-extra-apps-to-improve-your-singing

8 밥 테데스키(Bob Tedeschi)가 New York Times에 기고한 글, "App Smart Extra: A Weather App That Works", 2011년 5월 20일. http://gadgetwise.blogs.nytimes.com/2011/05/20/app-smart-extra-a-weather-app-that-works

9 "투자할 여유자산이 있다면, 블룸버그에서 제공하는 주식시장 데이터와 뉴스 프로그램을 아이폰에서 무료로 이용해 보세요." 로이 퍼츠갓(Roy Furchgott)이 New York Times에 기고한 글, "App of the Week: Dial M for Meltdownn", 2009년 1월 25일. http://gadgetwise.blogs.nytimes.com/2009/01/25/If-You-Have-Any-Money-Left-To

10 "애플리케이션 시장에 쏟아져 나오는 애플리케이션 (Facebook, Youtube, SitOrSquart 등), 수천 수만 개의 앱이 우리의 생활을 확실히 바꿔놓고 있다." 제니퍼 졸리(Jennifer Jolly)가 USA Today에 기고한 글, "5 New apps That Will Change Your Life", 2014년 5월 3일. http://www.usatoday.com/story/tech/columnist/2014/05/03/5-new-apps-that-will-change-your-life/8571485

11 CNN의 검색 결과를 스크린샷으로 저장한 내용. https://www.dropbox.com/sh/ntfhibch27kvpep/PkhxvS6YSc

12 CNN 보도, "Stuck in Snow? There's an App for That", 2014년 2월 13일. http://newday.blogs.cnn.com/2014/02/13/stuck-in-snow-theres-an-app-for-that

13 사무엘 버크(Samuel Burke)의 CNN 보도, "Moody? There's an App for That", 2013년 12월 19일. http://edition.cnn.com/videos/tech/2013/12/19/cnn-pkg-burke-mood-app.cnn

14 제이슨 믹스(Jason Miks)의 CNN 보도, "Staying Safe in Danger Zones? There's an App for That", 2013년 10월 8일. http://globalpublicsquare.blogs.cnn.com/2013/10/08/staying-safe-in-danger-zones-theres-an-app-for-that

15 CNN 보도, "Remote Sex: There's an App for That", 2013년 4월 25일. http://edition.cnn.com/2013/04/26/tech/innovation/fundawear-orig-ideas

16 라파엘 로모(Rafael Romo)의 CNN 보도, "No TP? There's an App for That", 2013년 6월 17일. http://edition.cnn.com/videos/tech/2013/06/17/pkg-romo-venezuela-shortage-app.cnn

17 토리 더넌(Tory Dunnan)의 CNN 보도, "Need to Pray? There's an app for that", 2013년 5월 3일. http://edition.cnn.com/videos/bestoftv/2013/05/03/prayer-tech.cnn-universal-pictures

18 마이크 마운트(Mike Mount)의 CNN 보도, "Sending Top Secret Information? There's an App for That", 2013년 2월 26일. http://security.blogs.cnn.com/2013/02/26/sending-top-secret-information-theres-an-app-for-that

19 CNN에 기고된 글, "Need a Concierge? There's an App for That", 2012년 10월 3일. http://edition.cnn.com/2012/10/01/travel/personal-concierge-app-guide/index.html

20 CNN 보도, "On Health Kick? There's an App for That", 2012년 9월 27일. http://edition.cnn.com/videos/health/2012/09/27/health-minute-weightloss-apps.cnn.html

21 로라 코란(Laura Koran)의 CNN 보도, "Ordination on the Go? There's an App for That!", 2012년 7월 17일. http://religion.blogs.cnn.com/2012/07/17/ordination-on-the-go-theres-an-app-for-that

22 CNN 보도, "What's #Trending: Want to Know How Attractive You Are? There's an App for That!", 2012년 4월 30일. http://earlystart.blogs.cnn.com/2012/04/30/whats-trending-want-to-know-how-attractive-you-are-theres-an-app-for-that

23 오엔 맥과이어(Eoghan Macguire)의 CNN 보도, "Save the Whales? There's an App for That", 2012년 4월 23일. http://edition.cnn.com/2012/04/22/world/whale-iphone-app/index.html

24 CNN 보도, "Dead? There's an App for That", 2012년 4월 18일. http://edition.cnn.com/videos/us/2012/04/18/dnt-in-qr-code-tombstones.wlfi

25 파로미타 샤(Paromita Sha)의 CNN 보도, "Opinion: Being Arrested? Yes, there's an App for That", 2012년 3월 17일. http://inamerica.blogs.cnn.com/2012/03/17/opinion-undocumented-immigration-being-arrested-app-for-that

26 산제이 굽타(Sanjay Gupta)의 CNN 보도, "Are You Sick? There's an App for That!", 2012년 1월 16일. http://edition.cnn.com/videos/bestoftv/2012/01/16/exp-are-you-sick-theres-an-app-for-that.cnn

27 카린 카이파(Karin Caifa)의 CNN 보도, "New Year's Eve: There's an App for That", 2011년 12월 30일. http://www.cnn.com/video/data/2.0/video/

bestoftv/2011/12/30/nr-new-years-apps.cnn.html

28 섀넌 쿡(Shanon Cook)의 CNN 보도, "Sting's Career? There's an App for That", 2011년 11월 16일. *http:// marquee.blogs.cnn.com/2011/11/16/stings-career-theres-an-app-for-that*

29 존 아벨(John Abell)의 CNN 보도, "Stalking: There's an App for That?", 2011년 10월 28일. *http://edition.cnn.com/ videos/politics/2011/10/28/am-abell-apps-stalking.cnn*

30 피터 타가트(Peter Taggart)가 CNN에 기고한 글, "Want to Be a Priest? There's an App for That", 2011년 10월 17일. *http://religion.blogs.cnn.com/2011/10/17/want-to-be-a-priest-theres-an-app-for-that*

31 카린 카이파의 CNN 보도, "Can't Sleep? There's an App for That", 2011년 9월 16일. *http://edition.cnn.com/ videos/tech/2011/09/16/caifa-sleep-and-relaxation-apps. cnn*

32 카린 카이파의 CNN 보도, "Wedding Plans? There's an App for That", 2011년 6월 12일. *http://www.cnn.com/ video/data/2.0/video/living/2011/06/12/caifa.wedding. planning.apps.cnn.html*

33 에릭 마라포디(Eric Marrapodi)의 CNN 보도, "Selling Bread for Passover? There's an App for That", 2011년 4월 19일. *http://religion.blogs.cnn.com/2011/04/19/ selling-bread-for-passover-theres-an-app-for-that*

34 CNN 보도, "Heart Attack? There's an App for That", 2011년 1월 4일. *http://www.cnn.com/video/data/2.0/ video/health/2011/01/04/ok.iphone.heart.monitor.koco. html*

35 CNN 보도, "Need a College? There's an App for That", 2010년 10월 30일. *http://www.cnn.com/video/data/2.0/ video/tech/2010/10/30/nr.find.a.college.app.cnn.html*

36 CNN 보도, "Giving Birth? There's an App for That", 2010년 9월 21일. *http://www.cnn.com/video/data/2.0/ video/living/2010/09/21/dnt.ipad.baby.cnn.html*

37 CNN 보도, "Home Security-There's an App for That?", 2010년 8월 24일. *http://www.cnn.com/video/data/2.0/ video/us/2010/08/24/dnt.iphone.app.thwarts.burglary. wfaa.html*

38 T.J 홈즈(T.J. Holmes)의 CNN 보도, "Want to Save Cash? There's an App for That", 2010년 7월 31일. *http://newsroom.blogs.cnn.com/2010/07/31/mobile-phone-apps-that-save-you*

39 마리오 암스트롱(Mario Armstrong)의 CNN 보도, "World Cup? There's an App for That", 2010년 6월 13일. *http://newsroom.blogs.cnn.com/2010/06/13/world-cup-theres-an-app-for-that*

40 스티븐 스턴(Steven Stern)이 CNN에 기고한 글, "Cooking Dinner? There's an App for That", *http:// edition.cnn.com/2010/LIVING/homestyle/05/10/digital. recipes.cooking*

41 아미 엔젤로위치(Ami Angelowicz)가 CNN에 기고한 글, "Britney Spears, there's an App for That", 2009년 11월 25일. *http://www.cnn.com/2009/SHOWBIZ/11/25/ celebrity.iphone.apps*

42 구글 트렌드, "Web Search interest: App, One Direction, Justin Bieber, God-Worldwide, Jan 2012-Jan 2014", 2014년 8월. *http://www.google.com/trends/ explore?hl=en-US&q=app,+one+direction,+/m/02m-jmr,+justin+bieber&cmpt=q&content=1#q=app %2C%20one%20direction%2C%20justin%20bieber %2C%20God&date=1%2F2012%2025m&cmpt=q*

43 로런 콕스(Lauren Cox)가 Live Science에 기고한 글, "Who Invented the Car?", 2013년 6월 18일. *http://www. livescience.com/37538-who-invented-the-car.html*

44 위키피디아, "Cheek to Cheek", 2014년 8월. *http:// en.wikipedia.org/wiki/Cheek_to_Cheek*

45 매트 카마이클(Matt Carmichael)이 Advertising Age에 기고한 글, "Edward Tufte: The AdAgeStat Q&A", 2011년 11월 9일. *http://adage.com/article/adagestat/edward-tufte-adagestat-q-a/230884*

46 "지멘스는 믿기 어려울 만큼 단순한 장치로 2000년에 열렸던 PACE 어워드에서 수상했다. Keyless-Go라는 이름의 이 장치는 물리적인 열쇠를 신용카드 사이즈의 트랜스폰더(Transponder)로 대체한 것인데, 운전자가 자동차에 가까이 다가가는 순간, 잠겨있던 문이 열리고 버튼을 눌러 바로 운전을 시작할 수 있도록 한다." *Automotive News*에 기고된 글, "2009 Automotive News PACE Awards", 2014년 8월. *http://www.autonews.com/ Assets/html/09_pace/past_winners.html#2000*

3장
스크린을 갖다 붙이자!

1 가이 가와사키(Guy Kawasaki)가 쓴 글, "How to Kick Silicon Valley's Butt", 2006년 6월 6일. *http:// blog.guykawasaki.com/2006/06/how_to_kick_sil. html#comment-18254667*

2 크리스 지글러(Chris Ziegler)가 *The Verge*에 기고한 글, "Going the distance: driving the Tesla Model S in the real world", 2013년 2월 12일. *http://www.theverge.com/2013/2/12/3969260/going-the-distance-driving-tesla-model-s-in-the-real-world*

3 MINI Space에 게재된 글, "Mini Connected, Dashboard Entertainment", 2012년 8월 17일. *http://www.minispace.com/en_us/article/mini-connected/456/?eid=456*

4 레이프 니들맨(Rafe Needleman)이 *Evernote Blog*에 기고한 글, 2013년 1월 23일. *http://blog.evernote.com/blog/2013/01/23/beyond-the-evernote-fridge*

5 (옮긴이) 미국의 자동 음악 추천 시스템 및 인터넷 라디오 서비스다.

6 파하드 만주(Farhad Manjoo)가 *Slate*에 기고한 글, "Smart appliances: A washer that connects to the Internet and other amazingly dumb 'smart' gadgets", 2013년 1월 11일. *http://www.slate.com/articles/technology/technology/2013/01/smart_appliances_a_washer_that_connects_to_the_internet_and_other_amazingly.html*

7 "공공정보와 광고가 제공되는 LCD가 부착된 이 쓰레기통은 2012년 올림픽 때 처음 설치되었으며 쓰레기통 1개의 설치비용은 약 30,000파운드(47,000 달러)라고 한다."
레이첼 사비지(Rachel Savage)가 *Bloomberg*에 기고한 글, "Snooping Garbage Bins in City of London Ordered to Be Disabled", 2013년 8월 12일. *http://www.bloomberg.com/news/2013-08-12/snooping-garbage-bins-in-city-of-london-ordered-to-be-disabled.html*

8 "사람들이 다음에 뭘 먹을까를 고민하기 시작할 때, 디저트 사진이 메인 코스의 화면 정중앙에 뜨게 된다. 서비스의 테스트 당시, 디저트의 매출은 거의 20% 정도 상승했다. 커피의 매출 또한 비슷한 방식으로 상승했다. 칠리스는 알코올음료의 프로모션 또한 고민 중이다."
세라 나사우어(Sarah Nassauer)가 *Wall Street Journal*에 기고한 글, 'Chili's to Install Tabletop Computer Screens", 2013년 9월 15일. *http://online.wsj.com/news/articles/SB10001424127887323342404579077453886739272?mg=reno64-wsj*

9 브루스 호로비츠(Bruce Horovitz)가 *USA Today*에 기고한 글, "Coke aims for cool with new 146-flavor dispenser", 2014년 4월 16일. *http://www.usatoday.com/story/money/business/2014/04/14/coca-cola-coke-freestyle-soft-drinks-beverages/7478341*

4장
UX ≠ UI

1 (옮긴이) 1986년 9월 24일 첫 방송을 시작한 미국 CBS의 탐사보도 프로그램이다.

2 (옮긴이) 정보기술 분야의 북미 최대 온라인 매체다.

3 "월스트리트저널(WSJ): 당신의 2014년 최우선순위 목표는 무엇입니까? 맥 휘트먼(Meg Whitman): 우리는 지속적으로 혁신을 해내야 합니다. 우리가 이루어 내야 할 일이 아직 많이 남아있습니다."
스펜서 앤티(Spencer E. Ante)가 *Wall Street Journal-Digit*에 기고한 글, "H-P CEO Meg Whitman: We Are Doubling Down on Hardware", 2014년 2월 21일. *http://blogs.wsj.com/digits/2014/02/21/h-p-ceo-meg-whitman-we-are-doubling-down-on-hardware*

4 "제프 베조스(Jeff Bezos)는 다음과 같이 말했다. '우리의 초점은 고객에서부터 시작하여 워킹 백워드(working backward)의 방법으로 혁신한다. 이것이 우리의 제품을 만드는 시금석이 된다.'"
애덤 라신스키(Adam Lashinsky)가 *Fortune*에 기고한 글, "Amazon's Jeff Bezos: The Ultimate Disrupter", 2012년 11월 16일. *http://fortune.com/2012/11/16/amazons-jeff-bezos-the-ultimate-disrupter*

5 "애플의 CEO인 팀 쿡(Time Cook)은 다음과 같이 말했다. '우리는 그 어느 때보다 강력하다. 혁신의 정신은 애플 문화에 깊이 뿌리박혀 있다. 혁신에 대한 우리의 강인함, 열정, 믿음은 한계를 규정할 수 없을 정도이며, 세계 최고의 제품을 만들기 위한 열망 또한 전무후무할 정도로 강렬하다. 이것은 애플의 DNA나 다를 바 없다.'"
*Wall Street Journal-Digit*에 기고된 글, "Live Recap: Apple CEO Time Cook Speaks at Goldman COnference", 2013년 2월 12일. *http://blogs.wsj.com/digits/2013/02/12/live-apple-ceo-tim-cook-speaks-at-goldman-conference*

6 제시 솔로몬(Jesse Solomon)이 CNN Money에 기고한 글, "Google Worth More Than Exxon. Apple Next?", 2014년 2월 7일. *http://money.cnn.com/2014/02/07/investing/google-exxon-market-value*

7 2012년 로비 금액(단위: 백만 달러)
구글(Google) 18.22
엑슨 모빌(Exxon Mobil) 12.97
*Bloomberg*에 기고된 글, "Biggest Increase in Lobbying in U.S", 2013년 5월 28일. *http://www.bloomberg.com/visual-data/best-and-worst/biggest-increases-in-*

lobbying-in-u-dot-s-companies

2014년 4월-6월(2분기) 로비 금액(단위: 백만 달러)
구글 5.03
엑슨 모빌 2.80
화이자(Pfizer) 1.60
로렌 헬퍼(Lauren Helper)가 *Silicon Valley Business Journal*에 기고한 글, "Google Drops $5M on Q2 2014 Lobbying: Self-Driving Cars, Health, Tax, Immigration", 2014년 7월 28일. *http://www.bizjournals. com/sanjose/news/2014/07/28/self-driving-cars-health- tech-immigration-google.html*

8 (옮긴이) 클라우드 컴퓨팅이라는 용어를 처음 만든 크리스토프 비시글리아(Christophe Bisciglia)를 중심으로 오라클, 구글, 야후, 페이스북 등에서 일했던 전문가 집단들이 모여 설립한 컨설팅 회사이다. 대용량 데이터 분석, 처리 서비스를 기업고객에게 제공하고 있으며 미래 핵심사업인 생명공학, 텔레콤 등의 사업을 추진하고 있다.

9 애슐리 반스(Ashlee Vance)가 *Businessweek*에 기고한 글, "This Tech Bubble Is Different", 2011년 4월 14일. *http://www.businessweek.com/magazine/content/11_17/ b4225060960537.htm*

5장
UX 중독

1 (옮긴이) Free와 Premium의 합성어로 무료 서비스로 고객을 끌어들인 후, 고급 기능을 유료화하여 수익을 창출하는 것을 말한다.

2 (옮긴이) 번역서의 제목은 『프리(FREE)』 (정준희 옮김, 랜덤하우스코리아, 2009)이다.

3 "2011년 구글은 379억 달러의 수익 중 96%를 광고로 벌어들였다."
메간 켈리(Meghan Kelly)가 *Venture Beat*에 기고한 글, "96 Percent of Google's Revenue Is Advertising, Who Buys It?", 2012년 1월 29일. *http://venturebeat.com/ 2012/01/29/google-advertising*

4 "2012년 페이스북은 총 5,089달러의 수익 중 4,279 달러를 광고로 벌어들였다."
켄 양(Ken Yeung)이 The Next Web에 기고한 글, "Facebook's Long Road to 'Mobile Best': HTML5, Native Apps, and Now Home", 2013년 4월 7일. *http://thenextweb.com/facebook/2013/04/07/facebooks-*

long-road-to-mobile-best-html5-native-apps-and-now- home

5 "트위터는 1건의 공유에 대해 2센트씩 벌어들였으며, 4 분기 수익은 2억 4천 3백만 달러에 이르렀다... 그중 2 억 2천만 달러는 광고 수익이다."
나탈리 자베이(Natalie Jarvey)가 *Hollywood Reporter*에 기고한 글, "Twitter Reports Ad Revenue Upswing, But Anemic User Growth", 2014년 2월 5일. *http://www. hollywoodreporter.com/news/twitter-reports-ad-revenue- upswing-677495*

6 "지난해, 야후는 47억 원의 수익을 냈으나 이는 전년도 대비 6% 감소한 금액이다. 야후는 배너와 검색광고가 전체 수익의 5분의 4를 차지하고 있으며 수익은 계속해서 떨어지고 있는 추세이다."
빈두 고엘(Vindu Goel)이 *New York Times*에 기고한 글, "Yahoo Wants You to Linger (on the Ads, Too)", 2014년 6월 21일. *http://www.nytimes.com/2014/06/22/ technology/yahoo-wants-you-to-linge*

7 "스테판은 인터넷계의 코리 펠드먼(Corey Feldman) 이었다. 이 가죽 바지를 입은 천재는 CNN 카메라팀에게 나이트클럽의 테이블 위에서 춤추는 모습으로 포착되었다. 그는 다음과 같이 외쳤다고 한다. '난 여자도 얻고, 돈도 얻었으니, 이제 막돼먹은 인생을 살 준비가 됐어요!'"
안드레스 핀터(Andres Pinter)가 *New York Observer* 에 기고한 글, "A Star Is Rebooted", 2003년 3월 31일. *http://observer.com/2003/03/a-star-is-rebooted*

8 (옮긴이) 1994년에 코넬대 학생이었던 스테판과 토드 크리젤만(Todd Krizelman)에 의해 설립된 인터넷 스타트업이다.

9 다우존스 뉴스 서비스(Dow Jones News Service)가 *Chicago Tribune*에 기고한 글, "Another Internet Firm, Theglobe.com, Makes a Spectacular Debut", 1998년 11월 13일. *http://articles.chicagotribune.com/1998-11- 13/news/9811140043_1_theglobe-com-internet-firm-ipo*

10 (옮긴이) 웹 호스팅 서비스로 현재 일본에서만 서비스 중이다.

11 "더글로브닷컴의 두 설립자가 최고 경영진 자리에서 사퇴했다(2000년 1월 28일)... 지난 주 더글로브닷컴은 너무 낮은 주가로 인해 나스닥 상장 기업 명단에서 제외됐다."
이안테 진 듀간(Ianthe Jeanne Dugan)과 아론 루체티 (Aaron Lucchetti)가 *Wall Street Journal*에 기고한 글, "After Becom-ing Stars of the Dot-Com Boom, Theglobe.com Founders Find Fame Fleeting",

247

2001년 5월 2일. *http://online.wsj.com/news/articles/*
SB988750097459636

12 (옮긴이) 매사추세츠 주 보스턴에서 1857년에 창간된
미국 잡지다.

13 에단 주커만(Ethan Zuckerman)이 *The Atlantic*
에 기고한 글, "The Internet's Original Sin", 2014
년 8월 14일. *http://www.theatlantic.com/technology/*
archive/2014/08/advertising-is-the-internets-original-
sin/376041

14 롤프 윙클러(Rolfe Winkler)가 *Wall Street Journal*
에 기고한 글, "As Google Builds Out Own Content,
Some Advertisers Feel Pushed Aside", 2014년 8월 18
일. *http://online.wsj.com/articles/googles-richer-content-*
worries-some-advertisers-1408391392

15 (옮긴이) 기관 거래 및 중개 서비스를 전문으로 하는
글로벌 금융 서비스 업체다.

16 (옮긴이) 미국의 다국적 금융 서비스 기업이다.

17 요리 코(Yoree Koh)가 *Wall Street Journal*에 기고한 글,
"Twitter's User Problem: Fastest Gains Are People That
Don't See Ads", 2014년 8월 1일. *http://online.wsj.com/*
articles/twitters-user-problem-fastest-gains-are-people-
that-dont-see-ads-1406924973

18 "'사용자들은 어떤 피드를 사용할까?'라는 내 연구
테마의 일부 주제가 곧 팀 전체의 사안이 되었다.
'사진' 피드는 고민할 필요가 없었고, '가까운 친구들'
피드는 어느 정도 연구 결과를 따르는 혼합된 형태를
띠게 되었다. 반면 '팔로잉 피드'는 사람들이 관심사와
연관된 이야기를 보고자 하는 욕구에 의해 더욱 탄력을
받게 되었다. '모든 친구들' 피드 또한 연구결과에
따라 추가된 것으로 '모든 친구들'의 목록에서 우연히
이야기를 발견하는 것을 흥미로워한다는 점에서
착안된 것이었다."
제인 저스티스 레이브록(Jane Justice Leibrock)이
Facebook Engineering에 게시한 글, "User Experience
Lab: How We Designed a New News Feed Using
Your Feedback", 2013년 3월 12일. *https://www.*
facebook.com/note.php?note_id=10151359587673920

19 로빈슨 메이어(Robinson Meyer)가 *The Atlantic*에
기고한 글, "Everything We Know About Facebook'
s Secret Mood Manipulation Experiment", 2014
년 6월 28일. *http://www.theatlantic.com/technology/*
archive/2014/06/everything-we-know-about-facebooks-
secret-mood-manipulation-experiment/373648

20 "페이스북은 새롭게 디자인한 뉴스피드를
발표했다. 이 뉴스피드는 다수의 카테고리로

콘텐츠를 나누어볼 수 있으며 모바일 사용 기반의
인터페이스에 최적화되어 사용자에게 '개인화된 신문'
을 제공하는 것을 목표로 한다. 마크 저커버그(Mark
Zuckerberg)는 '이미지와 같은 비주얼 콘텐츠를 많이
공유했었던 페이스북의 특징이자 강점이 변화하고
있다. 개인적인 이야기를 올리는 것과 모두가 보는
이야기를 올리는 경험이 전혀 달라야 하는 것처럼
말이다'라고 이야기했다."
아디 로버트슨(Adi Robertson)이 *The Verge*에 기고한
글, "Facebook Redesigns News Feed with Multiple
Feeds and 'Mobile-Inspired' Interface", 2013년 3월 7일.
http://www.theverge.com/2013/3/7/4075548/facebook-
redesigns-news-feed-with-multiple-feeds

21 "페이스북의 데이터 팀에서 '사용자들이 뉴스피드
영역에서 왜 시간을 많이 보내는지'를 조사한 결과,
그들은 새롭게 디자인된 뉴스피드가 너무 잘 돌아가고
있다는 것을 발견했다. 디자인 관점에서 뉴스피드의
기능을 너무나 잘 수행했기에 사용자들은 더 이상
뉴스피드 이외의 영역을 탐색할 필요를 느끼지 못했던
것이다. 때문에 페이스북에 머무는 시간도 훨씬
줄어들었다. 이러한 사용자들의 행동 변화는 불행히도
광고의 영향력을 떨어뜨렸고, 궁극적으로는 이전보다
수익이 줄어들었다."
더스틴 커티스(Dustin Curtis)가 Svbtle에 게시한 글,
"Whatever Goes Up, That's What We Do", 2014년 3월
7일. *http://dcurt.is/facebooks-predicament*

22 줄리 주오(Julie Zhuo)가 *Medium*에 게시한 글,
"Whatever's Best for the People, That's What We
Do", 2014년 3월 28일. *https://medium.com/@joulee/*
whatevers-best-for-the-people-thats-what-we-do-
ed75a0ee7641

23 (옮긴이) 1984년 미국의 전직 주식 애널리스트인 조
만수에토(Joe mansueto)가 설립한 펀드 평가회사다.

24 "우리가 보기에 트위터에서 가장 중요한 성장 척도는
트윗 공유 수, 사용자 수, 이용 시간이다."
릭 섬머(Rick Summer)가 *Morningstar*에 기고한 글,
"TWTR : Twitter Inc Analyst Report ㅣ Analyst Report",
2014년 7월 30일. *http://analysisreport.morningstar.*
com/stock/research?t=TWTR&region=usa&culture=en-
US&productcode=MLE

25 (옮긴이) 뱅크오브아메리카(Bank of America)와 함께
미국에 있는 세계 최대급 상업은행인 씨티은행의
지주회사다.

26 마크 공로프(Mark Gongloff)가 *Wall Street Journal*
에 기고한 글, "Facebook Sucks Up a Ridiculously

Huge and Growing Share of Our Time Wasted Online", 2011년 9월 26일. *http://blogs.wsj.com/marketbeat/2011/09/26/facebook-sucks-up-a-ridiculously-huge-and-growing-share-of-our-time-wasted-online*

27 "투자자와 분석가들은 트위터의 한 달간 실제 이용자 수에 집착했는데 이 통계 수치가 광고업계의 정상이 될 수 있다는 전망을 보여준다고 생각했기 때문이었다." 요리 코(Yoree Koh)가 *Wall Street Journal*에 기고한 글, "Twitter's User Problem: Fastest Gains Are People That Don't See Ads", 2014년 8월 1일. *http://online.wsj.com/articles/twitters-user-problem-fastest-gains-are-people-that-dont-see-ads-1406924973*

28 블라드 사보프(Vlad Savov)가 *The Verge*에 기고한 글, "I Am Not Emotionally Prepared for Twitter to Suck", 2014년 8월 21일. *http://www.theverge.com/2014/8/21/6052699/i-am-not-emotionally-prepared-for-twitter-to-suck*

29 마체이 세글로브스키(Maciej Cegłowski)가 *IdleWords*에 게시한 발표 자료, "The Internet with a Human Face - Beyond Tellerrand 2014 Conference Talk", 2013년 5월 20일. *http://idlewords.com/bt14.htm*

30 제임스 메이클(James Meikle)이 *The Guardian*에 기고한 글, "Twitter is Harder to Resist Than Cigarettes and Alcohol, Study Finds", 2012년 2월 3일. *http://www.theguardian.com/technology/2012/feb/03/twitter-resist-cigarettes-alcohol-study*

31 알렉산드라 시퍼린(Alexandra Sifferlin)이 *Time*에 기고한 글, "Why Facebook Makes You Feel Bad About Yourself", 2013년 1월 24일. *http://healthland.time.com/2013/01/24/why-facebook-makes-you-feel-bad-about-yourself*

6장
주의력 분산

1 베일렌슨(Bailenson)은 "클리포드 나스(Clifford Nass)가 처음 발표했던 연구결과는 정말 혁신적이었으며 놀라웠다. 실제로 빌도 굉장하다고 말할 정도였다"고 했다. 또 "온화한 성품 덕에 그의 총명함이 더욱 빛나는 것 같다. 그는 마치 마술사처럼 방안의 공기를 행복하게 만드는 사람이었던 걸로 기억한다"고 했다. 캐서린 설리반(Kathleen J. Sullivan)이 *Stanford Report*에 기고한 글, "Professor Clifford I. Nass, Expert on Human/Computer Interactions, Dead at 55", 2013년 11월 4일. *http://news.stanford.edu/news/2013/november/cliff-nass-obit-110413.html*

2 "클리포드는 스탠포드 대학의 교수로 사람과 테크놀로지의 상호작용에 대한 선구적 연구를 통하여, 오늘날 스크린 집착 현상으로 인한 멀티태스킹은 집중력이나 분석 능력, 공감 능력을 키우는 데 도움을 주지 못한다고 밝혔다. 그는 55세에 타호(Tahoe) 호수 근처에서 심장마비로 사망하였다." 윌리엄 야들리(William Yardley)가 *New York Times*에 기고한 글, "Clifford Nass, Who Warned of a Data Deluge, Dies at 55", 2013년 11월 6일. *http://www.nytimes.com/2013/11/07/business/clifford-nass-researcher-on-multitasking-dies-at-55.html?_r=0*

3 (옮긴이) Daily Active Users는 하루 동안, Monthly Active Users는 한 달 동안 해당 서비스를 이용한 순수한 이용자 수를 나타내는 지표다.

4 "… 사람은 동시에 1개 이상의 콘텐츠 또는 연속된 콘텐츠를 어떻게 소비하는가" 에얄 오피르(Eyal Ophir), 클리포드, 안토니 바그너(Anthony D. Wagner)가 National Academy of Sciences에 기고한 글, "Cognitive Control in Media Multitaskers", 2009년 7월 20일. *http://www.pnas.org/content/106/37/15583.full*

5 (옮긴이) 미국 공영방송으로 모닝 에디션(Morning Edition)과 올 싱스 컨시더드(All Things Considered)가 대표적이다.

6 아이러 플레이토(Ira Flatow)가 NPR에 기고한 글, "The Myth of Multitasking", 2013년 5월 10일. *http://www.npr.org/2013/05/10/182861382/the-myth-of-multitasking*

7 "에얄은 '실험 참가자들은 미처 수행하지 못한 과제에 대한 생각을 떨쳐버리지 못하는 모습을 보였다. 멀티태스킹을 많이 하는 사람들은 필요한 정보를 찾을 때, 항상 모든 정보들 속에서 끌어내려고 애썼으며, 머릿속에서는 이 과제들의 구분을 계속 유지하지 못했다'고 했다." 애덤 골릭(Adam Gorlick)이 *Stanford Report*에 기고한 글, "Media Multitaskers Pay Mental Price, Stanford Study Shows", 2009년 8월 24일. *http://news.stanford.edu/news/2009/august24/multitask-research-study-082409.html*

8 기가움(Gigaom)이 YouTube에 게재한 영상, "Clifford Nass: Multitasking is Bad for Your Brain", 2013년 5월 28일. *https://www.youtube.com/watch?v=BEbmUQpwR2E*

9 마사 멘도자(Martha Mendoza)가 *San Jose Mercury News*에 기고한 글, "Oh, the irony: Apple-Samsung Trial Judge Annoyed by Smartphones", 2014년 4월 9일. *http://www.mercurynews.com/business/ci_25529665/oh-irony-apple-samsung-trial-judge-annoyed-by*

10 (옮긴이) 인스타그램(Instagram)의 필터 이름으로, 밝기를 낮추고 대비를 높인다.

11 (옮긴이) 인스타그램의 필터 이름으로, 노란 톤으로 그을린 느낌을 준다.

12 맷 리치텔(Matt Richtel)이 *New York Times*에 기고한 글, "Texting Raises Crash Risk 23 Times, Study Finds", 2009년 7월 27일. *http://www.nytimes.com/2009/07/28/technology/28texting.html?pagewanted=all&_r=0*

13 "FCC(Federal Communications Commission, 미국 연방 통신 위원회) 직원의 말에 따르면, 제이슨 험프리(Jason Humphrey)는 그의 SUV 차량에 전파차단기를 장착했다는 사실을 시인했으며, 2011년부터 2013년까지 매일 세프너(Seffner)와 탬파파(Tampa) 시를 이동하며 이 장치를 작동시켰다고 했다."
그레이슨 캄(Grayson Kamm)이 WTSP에 기고한 글, 'Man caught jamming cell signals along I-4', 2014년 5월 1일. *http://www.wtsp.com/story/news/local/2014/04/30/fcc-seffner-man-caught-jamming-cell-signals-along-i-4/8500979*

7장
스크린이 만든 불면증

1 "… 버락 오바마(Barack Obama) 대통령에게서 대통령 자유 훈장상을 받았다", CNN에 기고된 글, "Oprah Winfrey Fast Facts", 2014년 3월 21일. *http://edition.cnn.com/2013/08/05/us/oprah-winfrey-fast-facts*

2 "… 미국에서 가장 영향력 있는 유명인사이자 자선가로…"
라이언 해거티(Ryan Haggerty)가 *Chicago Tribune*에 기고한 글, "Giving to Chicago and Beyond", 2011년 5월 20일. *http://articles.chicagotribune.com/2011-05-20/entertainment/ct-ae-0522-oprah-causes-metro-20110520_1_philanthropy-harpo-janice-peck*

3 "오프라 윈프리, 법학 박사"
케이티 코흐(Katie Koch)가 *Havard Gazette*에 기고한 글, "Harvard Awards 9 Honorary Degrees", 2013년 5월 30일. *http://news.harvard.edu/gazette/story/2013/05/harvard-awards-9-honorary-degrees*

4 "정말로 이 글을 읽어보겠는가? 눈물 없이는 읽을 수 없을 것이다."
앤 올덴버그(Ann Oldenburg)가 *USA Today*에 기고한 글, "Oprah Winfrey Signs Off After 25 Years: 'It Is Done'", 2011년 5월 21일. *http://usatoday30.usatoday.com/life/people/2011-05-20-Oprah-interview_n.htm*

5 "오프라 윈프리 쇼는 역사상 가장 높은 시청률을 보유한 토크쇼로…"
CNN에 보도된 글, "Oprah Winfrey Fast Facts", 2014년 3월 21일. *http://www.cnn.com/2013/08/05/us/oprah-winfrey-fast-facts*

6 "오프라 매거진은 격월간지로서는 매우 특이하게도 광택지와 대형 출력의 형태로 2000년 5월과 6월에 그들만의 가판대를 꾸렸다."
엘리자베스 프라이(Elizabeth Fry)가 About.com에 기고한 글, "A Brief History of O the Oprah Magazine". *http://oprah.about.com/od/omagazine/p/OprahMagazine.htm*

7 "오프라 윈프리가 허스트 매거진(Hearst Magazine)과 거의 유사한 이름으로 출판하는 에로 잡지 상표권 싸움에서 이겼다."
제프 베르코비치(Jeff Bercovici)가 *Media Life*에 기고한 글, "Oprah Puts Lash to German Fetish Title", 2002년 7월 15일. *http://www.medialifemagazine.com:8080/news2002/jul02/jul15/1_mon/news3monday.html*

8 "『매거진 오(O)』 판매부수 2,417,589."
닐 룰로프(Neal Lulofs)가 Alliance for Audited Media에 기고한 글, "The Top 25 U.S. Consumer Magazines for June 2013", 2013년 8월 6일. *http://www.auditedmedia.com/news/blog/2013/august/the-top-25-us-consumer-magazines-for-june-2013.aspx*

9 Union of Concerned Scientists에 기고된 글, "Coal generates 44% of our electricity, and is the single biggest air polluter in the U.S.", *http://www.ucsusa.org/clean_energy/coalvswind/c01.html*

10 "수역이나 공기 중에 과다한 질소와 인이 포함된 경우, 인간활동에 직접적인 영향을 미치게 된다."
United States Environmental Protection Agency에 게재된 글, "Sources and Solutions | Nutrient Pollution", *http://www2.epa.gov/nutrientpollution/sources-and-solutions*

11 지구의 인공 조명 사진과 암 등록률을 비교한 연구에 따르면, 야간에 다량의 빛이 발생하는 곳에 사는 여성은 일반적인 어둠 속에 사는 여성보다 유방암에 걸릴 확률이 높다고 한다. 밤중에 너무

많은 빛에 노출되면 뇌에서 종양 생성을 억제하는
호르몬을 방해한다는 연구 결과가 유방암에 걸릴
위험을 증가시킨다는 가설에 신빙성을 더하고 있다.
이스라엘 하이파(Haifa) 대학의 이타이 클루그(Itai
Kloog) 박사는 다음과 같이 말했다. "유방암의 주
요인이 야간의 조명이라는 것은 결코 아니다. 그러나
이 부분은 충분히 고려해야 될 만큼 명백하고 강력한
연관성이 있다는 것을 밝혀냈다."
릭 와이즈(Rick Weiss)가 Washiton Post에 기고한 글,
"Lights at Night Are Linked to Breast Cancer", 2008
년 2월 20일. http://www.washingtonpost.com/wp-dyn/
content/article/2008/02/19/AR2008021902398.html

12 "… 이스라엘과 서구의 가장 일반적인 악성 질환…
이스라엘 여성 8명 중 1명이 유방암에 걸릴 가능성이
있는 것으로…"
Israel Cancer Association에 게재된 글, "Breast Cancer",
2014년 8월. http://en.cancer.org.il/template_e/default.
aspx?PageId=7749

13 "2014년 미국에서 예상되는 약 23만 5천개의 새로운
유형의 암 중에 가장 흔한 유형은 유방암이다. 그
다음으로는 전립선암과 폐암이다."
National Cancer Institute에 게재된 글, "Common
Cancer Types", 2014년 3월 31일. http://www.cancer.
gov/cancertopics/types/commoncancers

14 "현재의 발병률에 따르면, 미국에서 태어난
여성의 12.4%가 유방암에 걸릴 가능성이 있는 것으로
나타났다."
National Cancer Institute에 게재된 글, "Breast Cancer
Risk in American Women", 2012년 9월 24일. http://
www.cancer.gov/cancertopics/factsheet/detection/
probability-breast-cancer

15 "흡연은 소세포성, 비소세포성 폐암의 주원인으로
여성과 남성의 폐암 사망률의 80~90%를 차지한다."
American Lung Association에 게재된 글, "Lung Cancer
Fact Sheet", 2014년 8월. http://www.lung.org/lung-
disease/lung-cancer/resources/facts-figures/lung-cancer-
fact-sheet.html

16 마가렛 에비(Margaret Eby)가 NY Daily News에 기고한
글, "Oprah Winfrey Admits She Smoked Marijuana
in 1982: 'I Hear It's Gotten Better'", 2013년 8월 16
일. http://www.nydailynews.com/entertainment/gossip/
oprah-admits-smoked-marijua- na-1982-hear-better-
article-1.1428915

17 "우리는 침실 창문에 매일 밤 비춰지는 가로등 불빛이
그저 사람들을 성가시게 하는 것뿐만 아니라 유방암

발병률을 촉진한다는 것을 발견했다. 이스라엘
연구원들이 예전에 147개 지역의 위성사진에서 야간
불빛 게이지의 사진을 유방암 환자들의 거주 지역에
얹혀 비교하였다. 그리고 그들은 밖에서 독서를 할 수
있을 정도의 빛이 있는 지역에 사는 여성들이 그렇지
않은 지역에 사는 여성들에 비해 73% 이상 유방암으로
고통을 겪고 있는 것을 발견했다."
캐서린 거스리(Catherine Guthrie)가 The Oprah
Magazine에 기고한 글, "Bright Light May Cause
Cancer", 2008년 8월. http://www.oprah.com/omagazine/
Bright-Light-May-Cause-Cancer-Health-Risks

18 크룩 I(Kloog I), 하임 A(Haim A), 스티븐 R.G(Stevens
R.G.), 포트노브 B.A.(Portnov B.A.)가 Chronobiology
International에 기고한 논문, The Global Co-
Distribution of Light at Night (LAN) and Cancers of
Prostate, Colon and Lung in Men, 26: pp.108~125.
2009년.

19 ScienceDaily에 기고된 글, "Artificial Light At
Night: Higher Risk Of Prostate Cancer, Study
Suggests", 2009년 2월 4일. www.sciencedaily.com/
releases/2009/02/090203135015.htm

20 "하버드 의과 대학 찰스 차이슬러(Charles Czeisler)
교수는 '빛을 마약에 비유한다면, 정부는 승인하지
않았을 것이다'라고 했다."
제프리 린(Geoffrey Lean)이 New Zealand Herald
에 기고한 글, "Burning the Midnight Oil Could
Lead to Breast Cancer", 2006년 7월 21일. http://
www.nzherald.co.nz/technology/news/article.cfm?c_
id=5&objectid=10387483

21 "2008년, 이스라엘 대학에서 야간 불빛과 유방암과의
상관관계를 연구한 리차드 스티븐스(Richard Stevens)
는 '인류가 불을 사용하기 시작하고 전구를 발명한
이후로 모든 것이 달라졌다'고 했다."
랍 스타인(Rob Stein)이 Washington Post에 기고한 글,
"Maybe It's Better To Stay in the Dark", 2009년 2월
17일. http://www.washingtonpost.com/wp-dyn/content/
article/2009/02/13/AR2009021302482_2.html

22 "지난 1월, 과학저널인 플로스 원(PLoS One)은
바젤(Basel) 대학교 연구팀의 실험을 소개했다. 이
연구팀은 푸른빛을 더 많이 발생하도록 개조한 뒤,
백열전구를 형광등으로 바꿨을 때의 영향을 비교했다.
성인 남성이 형광등에 노출되는 경우, 백열전구와
비교하여 멜라토닌이 40% 가량 감소하였으며, 실험
참가자는 불을 끈 이후에도 약 1시간 이상 깨어있었던
것 같다고 했다."

라우라 베일(Laura Beil)이 *New York Times*에 기고한 글, "In Eyes, a Clock Calibrated by Wavelengths of Light," 2011년 7월 4일. *http://www.nytimes.com/2011/07/05/health/05light.html*

23 "16명의 건강한 남성을 저녁 시간대에 2시간 동안 3종류의 빛(40럭스의 소형 형광등에서 6500K와 2500K, 40럭스의 백열등에서 3000K)에 노출시켰다."

"… 소형 형광등 불빛(6500K)에서는 램프 불빛(3000K) 대비 멜라토닌 분비량이 40% 가까이 억제되었다."

사라 라크미 첼라포(Sarah Laxhmi Chellappa), 롤랜드 슈타이너(Roland Steiner) 등이 *PLoS One*에 기고한 글, "Non-Visual Effects of Light on Melatonin, Alertness and Cognitive Performance: Can Blue-Enriched Light Keep Us Alert?", 2011년 1월 26일. *http://www.plosone.org/article/info%3Adoi%2F10.1371%2Fjournal.pone.0016429*

24 같은 책, "표3. 빛에 노출되기 전의 졸음 정도와 건강 상태, 2시간 동안(회색 영역) 각각 6500k, 2500k, 3000k의 빛에 노출, 빛에 노출된 후", *http://www.plosone.org/article/fetchObject.action?uri=info:doi/10.1371/journal.pone.0016429.g003&representation=PNG_L*

25 "D65는 대낮의 밝기 정도로, 약 6500k의 색온도를 가진다."

마크 에브너(Marc Ebner)가 저술한 책, *Color Constancy*(Singapore: John Wiley & Sons, p.59). Google Books에서도 확인 가능. *http://books.google.com/books?id=WVKJST7zE8cC&lpg=PA59&ots=29-rn0Hirs&dq=d65%20%20International%20Commission%20on%20Illumination&pg=PA59&v=onepage&q=d65%20%20International%20Commission%20on%20Illumination&f=false*

26 "비디오나 컴퓨터 이미징의 목적으로 사용되는 색온도는 6500K 또는 D65가 표준이다."

크리스천 에베를레(Christian Eberle)가 Tom's Hardware에 기고한 글, "Grayscale: Why White Is the Color of Everything - Display Calibration 201: The Science Behind Tuning Your Monitor", 2013년 10월 13일. *http://www.tomshardware.com/reviews/calibrate-your-monitor-theory,3615-4.html*

27 "소비자에게 속임수를 사용하거나 반경쟁적 혹은 불공정한 비즈니스가 이루어지지 않도록 막는 것이 우리의 목표이다. 또한 소비자에게는 선택권과 경쟁구조에 대한 내용을 올바르게 알려야 하며 이 모든 일들이 비즈니스 활동에 과도한 부담이 되지 않는 선에서 이루어져야 한다."

Federal Trade Commission에 기고된 글, "About the FTC", 2014년 8월. *http://www.ftc.gov/about-ftc*

28 "빛 분석표는 식품포장의 영양소 분석표를 본따 만들어졌다."

소비자보호원에 기고된 글 "The FTC 'Lighting Facts' Label: Questions and Answers for Manufacturers | BCP Business Center", 2013년 5월. *http://www.business.ftc.gov/documents/bus26-lighting-facts-questions-and-answers-manufacturers*

29 "실험연구에 따르면 페트리 접시*에 놓인 유방암과 전립선암 세포는 멜라토닌에 노출되는 경우 성장 속도가 더 느려졌으며, 실험용 쥐에 이식된 유방암과 전립선 종양은 빛에 노출되어 멜라토닌의 양이 줄어듦에 따라 성장 속도가 더욱 빨라졌다."

랍 스타인(Rob Stein)이 *Washington Post*에 기고한 글, "Maybe It's Better To Stay in the Dark", 2009년 2월 17일. *http://www.washingtonpost.com/wp-dyn/content/article/2009/02/13/AR2009021302482.html*

* (옮긴이) 얇은 유리나 플라스틱으로 만든 원형의 얕은 접시와 그것에 맞는 하나의 뚜껑으로 된 유리 용기의 일종이다. 독일의 페트리(R. J. Petri)가 고안했으며 주로 미생물이나 동식물 조직의 평판배양 등 생물학 실험에 쓰인다.

30 "아직 확언하기는 어렵지만 야간의 불빛은 멜라토닌의 양을 줄이며, 유방암의 주요 원인으로 보인다."

주디 포먼(Judy Foreman)이 *New York Times*에 기고한 글, "Melatonin, Sleep Aid That May Fight Cancer", *http://www.nytimes.com/2005/10/05/health/05iht-snmel.html*

31 "디바이스의 밝기를 낮게 설정하고, 얼굴과 약 30cm가 넘는 위치에서 사용하면, 빛이 주는 위험(멜라토닌 분비를 감소시키고 수면을 방해하는 일)을 줄일 수 있다."

Mayo Clinic News Network에 게재된 글, "Are Smartphones Disrupting Your Sleep? Mayo Clinic Study Examines the Question", 2013년 6월 3일. *http://newsnetwork.mayoclinic.org/discussion/are-smartphones-disrupting-your-sleep-mayo-clinic-study-examines-the-question-238cef*

8장
스크린이 없는 사무실

1 엠마 그린(Emma Green)이 *The Atlantic*에 기고한 글,

"The Origins of Office Speak", 2014년 4월 24일. *http://www.theatlantic.com/features/archive/2014/04/business-speak/361135*

2   사무용지 사용량(단위: 천 톤)
1960년 - 1,520톤
1970년 - 2,650톤
1980년 - 4,000톤
미국 환경청(EPA)에서 발행한 자료. 2012년 미국의 도시 고형 폐기물 발생, 재활용 및 처리에 대한 표와 그림 중 "표 15. 1969년~2012년 동안 제품 생산과정에서 발생한 도시 폐기물", 2014년 2월. *http://www.epa.gov/epawaste/nonhaz/municipal/pubs/2012_msw_dat_tbls.pdf*

3   애너 퀸들런(Anna Quindlen)이 *New York Times*에 기고한 글, "About New York", 1982년 5월 5일. *http://www.nytimes.com/1982/05/05/nyregion/about-new-york.html*

4   *New York Times*에 게재된 글, "Paperback Best Sellers; Mass Market", 1981년 1월 25일. *http://www.nytimes.com/1981/01/25/books/paperback-best-sellers-mass-market.html*

5   *Businessweek*에 게재된 글, "The Office of the Future", 1975년 6월 30일. *http://www.businessweek.com/stories/1975-06-30/the-office-of-the-futurebusinessweek-business-news-stock-market-and-financial-advice*

6   "2003년에 설립되었으며 룩셈부르크(Luxembourg)에 본사를 두고 있는 스카이프는 마이크로소프트의 한 부문이다."
Microsoft에 게재된 글, "About Skype - What is Skype", 2014년 8월. *http://www.skype.com/en/about*

7   *The Economist*에 게재된 글, "Business Brief", 1980년 12월 27일: p.3.

8   "운영 상의 기술적 문제에 대한 아이디어를 교환하는 새로운 매개체. 이것이 암호학이다."
허버트 울프(Herbert E. Wolff)가 *Cryptolog*에 기고한 글, "A letter of introduction", 1974년 8월. *https://www.nsa.gov/public_info/_files/cryptologs/cryptolog_01.pdf*

9   *Cryptolog*에 기고된 글, "What Is a Collector?", 1974년 8월. *https://www.nsa.gov/public_info/_files/cryptologs/cryptolog_01.pdf*

10 "우리는 '종이가 없는 사무실'이라는 미래로 나아가면서도 여전히 비틀거리고 있다. 나로서는 조금 놀랍기도 하지만, 종이가 완전히 사라질 거라고 생각해 본 적은 없다."
매트 브래들리(Matt Bradley)가 *Christian Science Monitor*에 기고한 글, "What Ever Hap-pened to the Paperless Office?", 2005년 12월. *http://www.csmonitor.com/2005/1212/p13s01-wmgn.html*

11 "미국의 화이트 컬러 노동자 한 명당 종이 사용량은 2001년 이후로 매해 그 숫자가 줄어들고 있으며, 인포트랜드(InfoTrends)에 의하면 이 추세는 당분간 지속될 것으로 보인다."
*The Economist*에 게재된 글, "Paper Usage: A Greener Office", 2008년 10월 10일. *http://www.economist.com/node/12405651*

12 Federal Register(The Daily Journal of the United States Government)에 게재된 글, "Paper and Paper-Based Packaging Promotion, Research and Information Order", 2013년 9월 16일. *https://www.federalregister.gov/articles/2013/09/16/2013-22330/paper-and-paper-based-packaging-promotion-research-and-information-order*

13 (옮긴이) 애플 워치(Apple Watch) 같은 스마트워치와 웨어러블(wearable) 기기인 구글 글래스(Google Glass)를 지칭한다.

14 "대부분의 미국 아동들은 하루에 약 3시간 정도 TV 시청을 한다. 모든 종류의 스크린 화면을 포함한다면 총 5-7시간 정도가 된다."
Common Sense Media에 게재된 글, "Zero to Eight: Chil-dren's Media Use in America 2013", 2013년 10월 28일. *https://www.commonsensemedia.org/research/zero-to-eight-childrens-media-use-in-america-2013*

15 "카이저 가족 재단(Kaiser Family Foundation)에 따르면, 8~18세의 아동과 청소년 들은 하루에 무려 평균 7.5시간을 스크린 앞에서 보내고 4.5시간 동안 TV를 시청한다고 한다."
CDC Division of Com-munity Health에 게재된 글, "Screen Time vs. Lean Time", 2014년 8월. *http://makinghealtheasier.org/getmoving*

16 "사실상 성인들은 하루에 8.5시간 정도 TV, 휴대폰, GPS 등과 같은 디바이스의 스크린에 노출되어 있다."
브라이언 스텔터(Brian Stelter)가 *New York Times*에 기고한 글, "8 Hours a Day Spent on Screens, Study Finds", 2009년 3월 26일. *http://www.nytimes.com/2009/03/27/business/media/27adco.html?_r=1&*

17 에릭 시그먼(Aric Sigman)이 *Biologist*에 기고한 글, "Well Connected? The Biological Implica-tions of 'Social Networking'", 2009년 2월. *http://www.aricsigman.com/IMAGES/Sigman_lo.pdf*

9장
뒷주머니 속 앱

1 "나는 '유령 진동 증후군(Phantom Vibration Syndrome)'이라 불리는 증상을 실제로 경험했다. 그 느낌이 매우 거슬렸고, 나와 똑같은 경험을 한 사람들이 더 있는지 알고 싶어 조사를 시작했다. 설문 대상자의 4분의 3이 응답해 주었으며 그 내용도 꽤 준수했다. 우리는 정확히 밝혀내지는 못했지만, 그 증상을 최초로 설명한 사람들이었다. 페이스북에는 실제로 유령진동 증후군으로 고통받는 사람들의 모임이 3개나 있다. 결론적으로 그 증상은 유령이 아니라 환각이라고 할 수 있다."
YouTube에 게재된 영상, "Phantom Vi-brations", The BMJ, 2010년 12월 17일. *https://www.youtube.com/watch?v=WlEfdsxOteM*

2 "전체 응답자 169명 중, 115명의 사람들이 유령 진동 증후군을 경험했다(68%, 95% 신뢰구간)."
마이클 로스버그(Michael Rothberg), 애시스 아로라(Ashish Arora), 조디 헤르만(Jodie Hermann), 레바 클레펠(Reva Kleppel), 피터 마리(Peter St Marie), 폴 비신타이너(Paul Visintainer) 외. *The BMJ*에 게재된 글, "Phantom Vibration Syndrome Among Medical Staff: A Cross Sectional Sur-vey", 2010년 11월 24일. *http://www.bmj.com/content/341/bmj.c6914*

3 "290명의 학부생 중 대부분(89%)이 유령 진동 증후군을 경험했다. 그들은 평균적으로 매 2주마다 한 번씩 이 증상을 느낀다고 말했다."
미셸 드로인(Michelle Drouin), 대런 카이저(Daren H. Kaiser), 다니엘 밀러(Daniel A. Miller)가 *Science Direct*에 기고한 글, "Phantom Vibrations Among Under-graduates: Prevalence and Associated Psychological Characteristics", 2012년 4월 14일. *http://www.sciencedirect.com/science/article/pii/S0747563212000799*

4 "2012년 대학 졸업생을 대상으로 한 연구에 따르면 유령 진동 증후군을 느꼈다고 응답한 사람은 90%였다."
일리스 후(Elise Hu)가 NPR에 기고한 글, "Phantom Phone Vibrations: So Common They've Changed Our Brains?: All Tech Considered", 2013년 9월 27일. *http://www.npr.org/blogs/ alltechconsidered/2013/09/30/226820044/phantom-phone- vibrations- so-common-they-ve-changed-our-brains*

5 "벨소리 증후군 또는 유령 벨소리 증후군이라고도 불리는 이러한 환청 현상은 최근에 온라인상에서 뜨거운 논의 주제로 떠오르고 있다. 첨단 기술로 넘쳐나는 현대사회를 탄식하며 우리의 정신건강을 염려하는 또 하나의 사례로 꼽히고 있다."
브랜다 굿맨(Brenda Goodman)이 *New York Times*에 기고한 글, "I Hear Ringing and There's No One There. I Wonder Why", 2006년 5월 4일. *http://www.nytimes. com/2006/05/04/fashion/thursdaystyles/04phan.html*

6 (옮긴이) 미국의 코미디언 애보트와 코스텔로(Abbott and Costello)가 선보인 토크 개그를 말한다.

7 「고자질하는 심장(The Tell-Tale Heart)」은 미국 작가 에드거 앨런 포(Edgar Allan Poe)의 유명한 단편 소설이다. 1843년 1월에 초판되어 *Pioneer*에 짧게 실렸다."
Shmoop, 2014년 9월. *http://www.shmoop.com/tell-tale-heart*

8 Project Gutenberg에 게재된 자료, 에드거 앨런 포, "The Works of Edgar Allan Poe-Volume 2", 2008년 5월 19일. *http://www.gutenberg.org/files/2148/2148-h/2148-h.htm*

9 "레오나르도 다 빈치(Leonardo da Vinci)가 1508년 플로란스의 집에서 수집했던 내용."
British Library의 소장 자료, "Digit-ised Manuscripts", 2014년 9월. *http://www.bl.uk/manuscripts/FullDisplay. aspx?ref=Arundel_MS_263*

10 "레오나르도의 노트는 궁극적 앎(universal mind)의 살아있는 기록이다. 수학에서부터 하늘을 나는 기계까지 독학한 박식가의 모든 관심사와 경험이 들어있다."
조너선 존스(Jonathan Jones)가 *The Guardian*에 기고한 글, "Leonardo da Vinci's Notebooks Are Beautiful Works of Art in Themselves", 2013년 2월 12일. *http://www.theguardian.com/artanddesign/ jonathanjonesblog/2013/feb/12/leonardo-da-vinci-notebooks-art*

11 마틴 게이포드(Martin Gayford), 캐런 라이트(Karen Wright)가 저술한 책, *The Grove Book of Art Writing*(New York: Grove Press), p.447. Google Books에서도 확인 가능. *http://books.google.com/books ?id=vl02nclOLiYC&lpg=PA447&pg=PA447#v=onepag e&f=false*

12 "변상증은 최근 아무 의미 없는 현상으로 알려졌다. 레오나르도는 얼룩진 벽에서 자연스럽게 보이는 모습들이 그의 예술 작업에 영감이 된다고 했다."
데이비드 롭슨(David Robson)이 BBC에 기고한 글, "Neuroscience: Why Do We See Faces in Everyday

Objects?", 2014년 7월 30일. *http://www.bbc.com/future/ story/20140730-why-do-we-see-faces-in-objects*

13 "아포페니아(Apopheni)는 인지 지각의 오류이다. 서로 연관성이 없는 패턴에서 의미를 찾으려고 하는 성향으로 변상증은 시각적 아포페니아를 말한다. 인류의 조상에게 패턴을 인식하는 일은 포식자를 알아보거나 먹이를 찾는 데 필수적인 필수적인 능력이었다."
존 후프스(John W. Hoopes)가 *Psychology Today*에 기고한 글, "11-11-11, Apophenia, and the Meaning of Life," 2011년 11월 11일. *http://www. psychologytoday. com/blog/reality-check/201111/11-11-11- apophenia-and-the-meaning-life*

14 (옮긴이) 스위스 정신 의학자인 로르샤흐(Rorschach) 가 제작한 것으로, 종이 위에 잉크 방울을 떨어뜨린 다음, 종이를 반으로 접어 생긴 얼룩 모양의 도판 10 장을 피험자에게 보여주고 이미지를 연상시키는 방법이다. 개인의 성격에 잠재된 지적·정서적 요인의 상호작용을 밝혀내기 위한 임상적 수단의 검사다.

15 "그 범죄는 치밀하게 계산된 것이었다. 살인자는 사체를 조각내어 마룻바닥 아래에 숨겼다. 결과적으로 화자는 마룻바닥 아래에서 들리는 환청 때문에 스스로 자신의 범죄를 드러냈다."
「고자질하는 심장」 개요. Barnes & Noble, 2014년 9 월. *http://www.barnesandnoble.com/w/the-tell-tale-heart-edgar-allen-poe-edgar-allan-poe/1110565661?e an=2940014490115*

16 (옮긴이) 사용자 커뮤니티를 통해 질문하고 답변을 요청하며 다른 사용자들의 답변에 편집을 제안하면서 협업할 수 있는 SNS 질의응답 사이트다.

17 "하루 평균 300에서 500개의 알림 메시지."
수 베이시(Xu Beixi)가 Quora에 기고한 글, "Top Writers on Quora: How Many Notifications Do Top Writers on Quora Receive Every Day?", 2014년 2월 12 일. *http://www.quora.com/Top-Writers-on-Quora/How-many-notifications-do-Top-Writers-on-Quora-receive-every-day*

18 "로켓의 자료에 의하면 스마트폰 사용자들은 하루 평균 110번 가량 화면을 밀어서 잠금을 해제한다고 한다."
일리스 후(Elise Hu)가 NPR에 기고한 글, "New Numbers Back Up Our Obses-sion with Phones : All Tech Considered", 2013년 10월 10일. *http:// www.npr. org/blogs/alltechconsidered/2013/10/09/230867952/ new-numbers-back-up-our-obsession-with-phones*

19 KPCB의 사이트 "Kleiner Perkins Caufield Byers - Companies", 2014년 9월. *http://www.kpcb.com/ companies*

20 "KPCB의 연간 인터넷 트랜드 리포트에 의하면 '사람들은 하루에 약 150번 정도 휴대폰을 확인한다'고 한다."
조안나 스턴(Joanna Stern)이 ABC News에 기고한 글, "Cellphone Users Check Phones 150x/Day and Other Internet Fun Facts", 2013년 5월 29일. *http://abcnews. go.com/blogs/technology/2013/05/cellphone-users-check-phones-150xday-and-other-internet-fun-facts*

21 "모빌리티(mobility)에 대한 사람들의 태도를 이해하기 위해, *Time*은 퀄컴(Qualcomm)의 협조를 얻어 모빌리티 설문조사를 시작했다. 이 조사는 총 8개국(미국, 영국, 중국, 인도, 한국, 남아프리카, 인도네시아, 브라질)에서 전 연령대에 걸쳐, 전 소득층의 약 5000명을 대상으로 하였다."
낸시 깁스(Nancy Gibbs)가 *Time*에 기고한 글, "Your Life Is Fully Mobile", 2012년 8월 16일. *http://techland. time.com/2012/08/16/your-life-is-fully-mobile*

22 "한편 일부 젊은 층에서는 깨진 스크린이 소위 '먹히는' 상징 같은 것이라고 말한다. 게임에서의 성취감을 실제 일상에서도 비슷하게 느끼는 것처럼 말이다."
"그들은 급히 스마트폰을 꺼내, 깨진 스크린 모양의 월 페이퍼나 스크린 세이버를 판매하는 웹사이트에 접속한다." 웹사이트는 '언젠가는 깨질 스크린인데 왜 지금 당장 배경화면으로 하지 않는가?'라는 문구를 내세우기도 했다.
에밀리 왁스(Emily Wax)가 *Washington Post*에 기고한 글, "Beat-Up Cellphones with Cracked Screens Are Point of Pride for Some Young People", 2013년 5월 17 일. *http://www.washingtonpost.com/lifestyle/style/beat-up-cellphones-with-cracked-screens-are-point-of-pride-for-some-young-people/2013/05/17/0334ebe0-be36-11e2-89c9-3be8095fe767_story.html*

23 "운동할 때 흘리는 땀 때문에 아이폰이 고장 난 경험이 있는가? NB는 아이폰을 쥐거나 몸에 착용한 상태로 운동을 했을 때, 땀으로 인해 기기가 고장 났다는 소비자 불만이 접수됐다고 전했다."
데이비드 마틴(David Martin)이 CNET에 기고한 글, "Sweaty Workouts Killing iPhones?", 2009년 4월 8 일. *http://www.cnet.com/news/sweaty-workouts-killing-iphones*

24 애플에 게재된 글, "아이폰 및 아이팟: 액체에 의한 손상에는 보상이 적용되지 않음", 2014년 9월. *http://*

support.apple.com/kb/ht3302

25 리치 트렌홈(Rich Trenholm)이 CNET에 기고한 글,
"Quarter of iPhones Have a Broken Screen, says
new poll", 2013년 2월 7일. *http://www.cnet.com/news/*
quarter-of-iphones-have-a-broken-screen-says-new-poll

26 빅터 H.(Victor H.)가 Phone Arena에 기고한 글,
"Americans Replace Their Cell Phones Every Two
Years, Finns-Every Six, a Study Claims", 2011년 7월 11
일. *http://www.phonearena.com/news/Americans-replace-*
their-cell-phones-every-2-years-Finns-every-six-a-
study-claims_id20255

27 브래드 모렌(Brad Molen)이 Engadget에 기고한 글,
"iPhone 6 and 6 Plus Review: Bigger and Better, but
With Stiffer Competition", 2014년 9월 16일. *http://*
www.engadget.com/2014/09/16/iphone-6-and-6-plus-
review

28 "스마트폰이 출시된 이래 폰 케이스는 거의 필수품이
되었다. 왜 100달러에 가까운 휴대폰을 구매하면서
휴대폰을 보호하기 위해서는 돈을 쓰지 않는가?"
그레고리 슈미트(Gregory Schmidt)가 *New York Times*
에 기고한 글, "Cellphone Cases to Prepare You for
Anything, Even a Flat Tire", 2014년 4월 23일. *http://*
www.nytimes.com/2014/04/24/technology/personaltech/
cellphone-cases-to-prepare-you-for-anything- even-a-
flat-tire.html

29 "NPD 그룹에서는 13세 이상 스마트폰 사용자 중 3,200
명이 넘는 수를 조사했다."
마샬 호노로프(Marshall Honorof)가 Tom's Guide
에 기고한 글, "One-Quarter of Smartphone Owners
Spurn Cases", 2013년 12월 26일. *http://www.tomsguide.*
com/us/smartphone-owners-spurn-cases,news-18024.
html

30 페이스북 그룹, "나는 배터리 방전이 싫어요", 2014년
9월. *https://www.facebook.com/pages/I-hate-battery-*
low/147670411993839

31 힐러리 루이스(Hilary Lewis)가 New York Post에 기고한
글, "Here's a Hard-Charging App", 2012년 10월 21일.
http://nypost.com/2012/10/21/ heres-a-hard-charging-
app

32 케이틀린 맥게리(Caitlin McGarry)가 *Macworld*에
기고한 글, "iPhone 6 Pocket Problems: Some Buyers
Report That Sitting Down Bends Phones", 2014년 11월
23일. *http://www.macworld.com/article/2687107/iphone-*
6-pocket-problems-some-buyers-report-that-sitting-
down-bends-phones.html

33 200명 이상의 성인들이 캠프 나바로(Camp Navarro)
를 통해 문명에서 벗어난 생활을 체험한다. 이
체험에서는 주말 동안 컴퓨터, 휴대폰, 인스타그램,
시계, 해시 태그, 명함, 일정, 업무 용어 등을 전혀
사용하지 않는다. 대신 그들을 순수하고 완전한
재미와 맞바꾸도록 한다. 돈에 대한 가치를 덜고,
개인화, 자기 표현, 친구와의 관계, 자유, 기억 등으로
더 가치 있는 공동체를 만드는 것이다."
"Camp Grounded: Summer Camp for Adults", Digital
Detox & Camp Grounded Blog, 2014년 9월. *http://*
blog.thedigitaldetox.org/camp-grounded

34 "앱의 정확도와 전력 소모량은 개선되어야 하지만,
단순한 자가 추적 기능만큼은 자신할 수 있다."
레이첼 맷츠(Rachel Metz)가 *MIT Technology Review*
에 기고한 글, "Every Step You Take, Tracked
Automatically", 2013년 2월 12일. *http://www.*
technologyreview.com/news/510491/every-step-you-take-
tracked-automatically

35 수마티 레디(Sumathi Reddy)가 *Wall Street Journal*에
기고한 글, "Why We Keep Losing Our Keys", 2014년 4
월 14일. *http://online.wsj.com/news/articles/SB10001424*
052702304117904579501410168111866

36 Esure.com에 게재된 글, "We're a Bunch of 'Losers",
2012년 3월 21일. *http://www.esure.com/media_centre/*
archive/wcmcap_100800.html

37 "와이 콤비네이터*가 지원하는 락키트론은 휴대폰으로
도어록을 제어하여, 물리적인 열쇠를 완전히 대체하는
것을 목표로 한다."
알렉시아 토시스(Alexia Tsotsis)가 TechCrunch에
기고한 글, "Lockitron Lets You Unlock Your Door
with Your Phone", 2011년 5월 13일. *http://techcrunch.*
com/2011/05/13/lockitron-lets-you-unlock-your-door-
with-your-phone

* (옮긴이) 와이 콤비네이터는 아이디어를 현실로
만들 수 있도록 자금 및 자원을 공급하는 실리콘
밸리의 조직이다.

38 "락키트론은 이렇게 동작한다. 집안 모든 문의
잠금장치를 락키트론의 부품으로 교체한다. 그런
다음, 집으로 돌아가 앱을 작동시켜 '잠금해제' 버튼을
누른다."
찰리 소렐(Charlie Sorrel)이 *Wired*에 기고한 글,
"Lockitron: Unlock Your Home with Your Cellphone",
2011년 5월 8일. *http://www.wired.com/2011/05/*
lockitron-unlock-your-home-with-your-cellphone

39 (옮긴이) 2009년에 설립된 미국의 대표적인 크라우드

펀딩 서비스로 개인이나 기업이 상품 아이디어, 목표 모금액, 개발 완료 예정일 등을 올려놓으면 해당 아이디어를 지지하는 회원들이 후원자로 나서는 시스템이다.

40 나타샤 로마스(Natasha Lomas)가 TechCrunch에 기고한 글, "Lockitron Still Hasn't Shipped to Most Backers Over a Year After Its $2.2M Crowdfunding Effort", 2014년 1월 16일. *http://techcrunch. com/2014/01/16/lockitrons-long-march*

41 "IHL 그룹은 셀프 계산대가 북미에서 10%까지 증가할 것이라고 했다. 편의점, 철물점, 약국은 셀프 계산대의 도입이 가장 기대되는 곳이다. 셀프 계산대는 노동비용을 줄여주고 특히 빠른 시간 안에 쇼핑을 끝내고 싶어 하는 고객에게 만족스러운 서비스를 제공할 수 있다. 그러나 고객들이 직접 상품을 스캔해야 하는 것에 어려움을 느낀다면, 오히려 역효과를 부를 것이다."
TABS의 소비자 분석가 커트 제타(Kurt Jetta), 제인 오도넬(Jayne O'Donnell)과 사라 미한(Sarah Meehan) 이 *USA Today*에 기고한 글, "More Stores Moving to Self Checkouts Despite Higher Rates of Theft", 2012 년 4월 9일. *http://usatoday30.usatoday.com/money/ industries/retail/story/2012-04-06/self-scanning- checkout/54117384/1*

42 엔졸리 프란시스(Enjoli Francis)가 ABC News에 기고한 글, "Self-Checkout Gets Extra Set of Eyes with Video Software", 2012년 4월 12일. *http://abcnews. go.com/blogs/technology/2012/04/ self-checkout-gets- extra-set-of-eyes-with-video-software*

43 크리스 매티시치크(Chris Matyszczyk)가 CNET에 기고한 글, "Major Grocery Chain Gets Rid of Self- Checkout", CNET, 2011년 7월 9일. *http://www.cnet. com/news/ major-grocery-chain-gets-rid-of-self- checkout*

44 "생각지 못했던 물건이 계산되어 버린 걸 자율 포장대에서 발견했다면? 마음속 깊은 곳에서부터 분노가 느껴지신다구요? 걱정마세요. 무려 48%의 영국인들도 여러분과 마찬가지로 이 셀프 계산대가 끔찍하다고 대답했습니다. 그들의 불만이 내 일처럼 익숙하게 느껴지네요."

45 "영국의 가장 큰 슈퍼마켓인 테스코는 셀프 시스템의 선두로 나서기 위해 256개 매장에 셀프 계산대를 설치했다. 세인즈베리는 220개의 매장에 우선 설치한 뒤, 점점 더 늘려나갈 계획이라고 한다."

46 데니스 윈터만(Denise Winterman)이 BBC News Magazine에 기고한 글, "The Problem with Self-Service Checkouts", 2009년 12월 9일. *http://news.bbc.co.uk/2/ hi/8399963.stm*

47 클레어 카터(Claire Carter)가 *Telegraph*에 기고한 글, "Shoppers Steal Billions Through Self Service Tills", 2014년 1월 29일. *http://www.telegraph.co.uk/finance/ personalfinance/household-bills/10603984/ Shoppers- steal-billions-through-self-service-tills.html*

48 제시카 홀(Jessica Wohl)이 *Chicago Tribune*에 기고한 글, "McDonald's slump offers no easy fix", 2014년 9 월 18일. *http://www.chicagotribune.com/business/ct- mcdonalds-fix-0918-biz- 20140917-story.html*

49 레슬리 팻튼(Leslie Patton)이 *Chicago Tribune*에 기고한 글, "McDonald's expanding build-your-burger test in search of growth", 2014년 9월 18일. *http://www. chicagotribune.com/business/breaking/sns-wp-blm-news- bc-mcdonalds20-20140920-story.html*

50 YouTube에 게재된 영상, "Jack Dorsey Explains Square's Pay-by-Voice Technology", Techonomy Media, 2012년 7월 20일. *https://www.youtube.com/ watch?v=2zoeiNBdPdo*

51 스울 첸(Sewell Chan)이 *New York Times*에 기고한 글, "A Test at 25 Stations: Subway Riding Without the Swiping" 내용 중 "MasterCard International, which first tested the PayPass in 2003", 2006년 1월 31일. *http:// www.nytimes.com/2006/01/31/nyregion/31fare.html*

52 마크 페트론(Marc Perton)이 Engadget에 기고한 글, "Chase to Issue RFID Credit Cards", 2005년 5월 20일. *http://www.engadget.com/2005/05/20/chase-to-issue- rfid-credit-cards*

53 마크 페트론이 Engadget에 기고한 글, "Amex to Include RFID in All New Blue Cards", 2005년 6월 7일. *http://www.engadget.com/2005/06/07/amex-to-include- rfid-in-all-new-blue-cards*

54 사라 페레즈(Sarah Perez)가 ReadWrite에 기고한 글, "Visa to Launch Contactless Mobile Payments for iPhone", 2010년 5월 6일. *http://readwrite. com/2010/05/06/visa_to_launch_contactless_mobile_ payments_for_iphone*

55 구글 공식 블로그에 게재된 글, "Launching Google Wallet on Sprint and Working with Visa, American Express, and Discover", 2011년 9월 19일. *http:// googleblog.blogspot.com/2011/09/launching-google- wallet-on-sprint-and.html*

56 "서남부 지역에 217개의 지점을 가지고 있는

앨버트슨즈(Albertsons LLC)의 한 여성 대변인은 앨버트슨즈의 100여 개의 지점에서 셀프 계산대를 없애고 일반 또는 소량 계산대로 교체할 계획이라고 밝혔다. 이 여성 대변인인 크리스틴 윌콕스(Christine Wilcox)는 '우리는 고객들과 대화할 수 있는 기회를 더 많이 가지려고 한다. 직원들의 동기부여에도 더 도움이 될 것이다'라고 말했다."
애니카 애넌드(Anika Anand)가 NBC News에 기고한 글, "Major Grocer Getting Rid of Self-Checkout Lanes", 2011년 7월 10일. *http://www.nbcnews.com/id/43687085/ns/business-retail/t/major-grocer-getting-rid- self-checkout-lanes/#.VCZfumSwltv*

57 마커스 올센(Marcus Wohlsen)이 *Wired*에 기고한 글, "Square Wallet Had Everything Going for It. And Now It's Dead", 2014년 5월 12일. *http://www.wired.com/2014/05/square-wallet-folds*

58 "이는 모바일 결제 회사와 거대 커피 브랜드 사이에 자연스럽게 전개된 가장 최근의 움직임이다. 이전에 보도했듯이 이 파트너십은 스타벅스가 2013년에만 적어도 2천만 달러 이상 투자했고 실제로 얼마나 잘 돌아가는지 지켜보고 있는 중이다."
트리시아 듀리(Tricia Duryee)가 GeekWire에 기고한 글, "Square Bails on Wallet App in Latest Fallout from Troubled Starbucks Partnership", 2014년 5월 12일. *http://www.geekwire.com/2014/square-bails-wallet-app-starbucks-fails-promote*

59 어스틴 칼(Austin Carr)이 *Fast Company*에 기고한 글, "Starbucks's Shoddy Square Rollout Baffles Baristas, Confuses Customers", 2013년 3월 20일. *http://www.fastcompany.com/3005410/industries-watch/starbuckss-shoddy-square-rollout-baffles-baristas-confuses-customers*

10장
습관처럼 그려놓고 보는 직사각형

1 루이스 콜럼버스(Louis Columbus)가 *Forbes*에 기고한 글, "Using Customer Analytics to Improve Corporate Performance", 2014년 7월 13일. *http://www.forbes.com/sites/louiscolumbus/2014/07/13/using-customer-analytics-to-improve-corporate-performance/#3cb76e46498d*

2 (옮긴이) 마우스 위치나 스크롤의 움직임에 따라 스크린 안의 여러 오브젝트와 이미지가 시간차를 두고 변하는 기술이다.

3 앨런 쿠퍼(Alan Cooper)가 저술한 책. *The Inmates Are Running the Asylum: Why High Tech Products Drive Us Crazy and How to Restore the Sanity*, Indianapolis, IN: Sams Publishing, p.123.

4 윌리엄 스미스(William D. Smith)가 *New York Times*에 기고한 글, "Show Pledges Electronics for Every Taste", 1967년 6월 27일. *http://timesmachine.nytimes.com/timesmachine/1967/06/27/83127329.html*

5 라우라 준(Laura June)이 *The Verge*에 기고한 글, "Incredible Photos from the CES Vault: 1967 to 2013", 2013년 1월 4일. *http://www.theverge.com/2013/1/4/3828848/ces-photo-history*

6 Directed에 게재된 글, "Viper SmartStart from Directed Electronics Awarded Best of Innovations Honors at 2010 Consumer Electronics Show", 2009년 11월 10일. *http://www.directed.com/Company/Press/2009/20091110.aspx*

7 제임스 R. 힐레이(James R. Healey)가 *USA Today*에 기고한 글, "Hands-Free Tailgate Coming on Next Ford Escape," 2011년 10월 31일. *http://usatoday30.usatoday.com/money/autos/story/2011-10-31/ford-tailgate-gestures/51020918/1*

8 데일 버스(Dale Buss)가 *Forbes*에 기고한 글, "Ford Debuts Escape Advertising with Liftgate Sleight of Foot", 2012년 7월 2일. *http://www.forbes.com/sites/dalebuss/2012/07/02/ford-debuts-escape-advertising-with-liftgate-sleight-of-foot*

9 스티브 텡글러(Steve Tengler)가 *UX Magazine*에 기고한 글, "Tesla's Groundbreaking UX: An interview with User Interface Manager Brennan Boblett", 2013년 11월 4일. *http://uxmag.com/articles/tesla%E2%80%99s-groundbreaking-ux-an-interview-with-user-interface-manager-brennan-boblett*

10 NHTSA에 게재된 글, "Children and Cars: A Potentially Lethal Combination DOT HS 810 636", 2014년 9월. *http://www.nhtsa.gov/people/injury/enforce/childrenandcars/pages/unattend-hotcars.htm*

11 Nissan USA에 게재된 글, "CARWINGS | Nissan Innovation Labs", 2014년 9월. *http://www.nissanusa.com/innovations/carwings.article.html*

12 데릭 톰슨(Derek Thompson)이 *The Atlantic*에 기고한 글, "Why Do All Movie Tickets Cost the Same?", 2012년 1월 3일. *http://www.theatlantic.com/business/archive/2012/01/why-do-all-movie-tickets-cost-the-*

same/250762

13 더그 그로스(Doug Gross)가 CNN에 기고한 글, "The 10 Most Annoying Smartphone Habits", 2010년 10월 22일. *http://www.cnn.com/2010/TECH/mobile/10/22/ annoying.smartphone.habits*

14 제이콥 닐슨(Jakob Nielsen)이 Nielsen Norman Group에 기고한 글, "100 Million Websites", 2006년 11월 6일. *http://www.nngroup.com/articles/100-million-websites*

15 Netcraft에 게재된 글, "In the August 2014 survey we received responses from 992,177,228 sites . . .", "August 2014 Web Server Survey", 2014년 8월 27일. *http://news.netcraft.com/archives/2014/08/27/august-2014-web-server-survey.html*

16 피터 파셀(Peter Passell)이 *New York Times*에 기고한 글, "Economic Scene; End of the Game for Motor City?", 1991년 10월 23일. *http://www.nytimes.com/1991/10/23/ business/economic-scene-end-of-the-game-for-motor-city.html*

17 도론 레빈(Doron P. Levin)이 *New York Times*에 기고한 글, "Mazda Reportedly Planning to Make Luxury Car in U.S.", 1991년 8월 17일. *http://www.nytimes. com/1991/08/17/business/mazda-reportedly-planning-to-make-luxury-car-in-us.html*

18 짐 마테야(Jim Mateja)가 *Chicago Tribune*에 기고한 글, "Hottest Offering From Mazda: Solar-powered Cooling", 1991년 9월 24일. *http:// articles.chicagotribune.com/1991-09-24/business/ 9103120605_1_solar-power-premium-motor-car-solar-ventilation*

19 "태양열을 이용한 환기 시스템은 차량 내부 온도가 30° C에 이르게 되면, 전기 팬을 이용하여 외부 공기를 내부로 유입하게 해준다. 다시 차로 들어갈 즈음에는 차량 내의 온도가 외부의 온도와 비슷하게 낮아져 편안하게 만들어 주는 것이다. 다만, 이 장치는 사용자가 차량을 떠나기 전에 켜져 있어야 하며, 에어컨과 같은 냉각 기능을 기대하기는 어렵다." Toyota에 게재된 글, "Hybrid Cars | Toyota Prius 2015", 2014년 9월. *http://www.toyota.com/prius/#!/ Welcome*

20 "회사로서는 전혀 예기치도 못한 일이었다. 문루프(moonroof)는 도요타의 예상보다 훨씬 유명해졌으며, 바이어들로부터도 생각보다 더 많은 주문이 들어왔다." 존 뵐커(John Voelcker)가 Green Car Reports에 기고한 글, "2010 Toyota Prius: Solar Sunroof Smash Success, Hard To Get", 2009년 8월 12일. *http://www. greencarreports.com/news/1034110_2010-toyota-prius-solar-sunroof-smash-success-hard-to-get*

11장
성질 나게 만드는 컴퓨터

1 (옮긴이) 마이크로소프트 홈페이지에서 제공하는 안내 메시지다. *http://support.microsoft.com/ko-kr/kb/276304*

2 리안 리틀(Ryan Lytle)이 *US News & World Report*에 기고한 글, "Computer Science Continues Growth on College Campuses", 2012년 7월 12일. *http://www. usnews.com/education/best-colleges/articles/2012/07/12/ computer-science-continues-growth-on-college-campuses?page=2*

3 로빈슨 마이어(Robinson Meyer)가 *The Atlantic*에 기고한 글, "Stanford's Top Major Is Now Computer Science", 2012년 6월 29일. *http://www.theatlantic.com/ technology/archive/2012/06/stanfords-top-major-is-now-computer-science/259199*

4 조너선 스와츠(Jonathan Swartz)가 *USA Today*에 기고한 글, "Stanford's Newest Majors Marry Computer Science and the Humanities", 2014년 3월 14일. *http:// college.usatoday.com/2014/03/14/stanfords-newest-majors-marry-computer-science-and-the-humanities*

5 "체스 천재 게리 카스파로프(Garry Kasparov)는 12세부터 새로운 기록들을 수립하기 시작했다. USSR 주니어 챔피언십의 최연소 승자가 된 이후, 16세의 나이로 세계 주니어 챔피언십에서 승리를 차지했다. 그는 공격적이고 역동적인 스타일이었으며 그의 17세 생일에 마침내 그랜드 마스터에 등극했다." Chess Games에 게재된 글, "Kasparov World Championship Match(1984)", 2014년 10월. *http://www.chess-games.com/perl/chess. pl?page=2&tid=55015&eresult=*

6 "1984년, 당시 21세였던 카스파로프는 체스 역사상 최연소 선수로 세계 챔피언십 결승전에 출전했다." Harry Walker Agency에 게재된 글, "Garry Kasparov", 2014년 10월. *http://sbm.sa/sites/default/files/dc/ Kasparov_Garry.pdf*

7 "8kg이나 빠진 카스파로프 만큼이나 관중들도 다들 기진맥진했었다…" 매튜 위버(Matthew Weaver)가 *The Guardian*에 기고한 글, "Karpov v Kasparov: The Guardian's Coverage of

an Epic World Chess Championship Match", 2009년 9
월 22일. *http://www.theguardian.com/news/blog/2009/
sep/21/kasparov-karpov-chess-rematch*

8   "1984년 세계 챔피언십 경기는 게리 카스파로프와
    당대 챔피언이었던 아나톨리 카르포프(Anatoly
    Karpov)와의 대결이었다. 5개월 동안 치뤄진 48게임
    중 아나톨리가 5:3(40게임이 무승부)으로 앞섰다는
    판정 하에 논란 속에서 마무리되었다. 이듬해 세계
    체스 챔피언십은 다시 개최되었다."
    "체스 연맹은 경기 기간(5개월: 1984년 9월 10일~1985
    년 2월 8일)의 압박으로 인한 선수들의 건강을 염려해
    경기 중단을 발표했다…"
    "이는 세계 체스 챔피언십 역사상 최초이자 유일하게
    승자 없이 마무리된 경기였다."
    위키피디아에 게재된 글, "World Chess Championship
    1984", 2014년 10월. *http://en.wikipedia.org/wiki/World_
    Chess_Championship_1984*

9   YouTube에 게재된 '토크쇼 인터뷰'(15:37)
    '어떻게 컴퓨터를 흔들어 놓을 것인가'(21:00)
    '두 손으로 머리를 감싸 쥔 카스파로프'(1:04:08)
    "Game Over: Kasparov and the Machine", Directed
    by Vikram Jayanti. Ontario: Alliance Atlantis
    Communications, 2003. *https://www.youtube.com/
    watch?v=EtMdMmrfipY*

10 "1997년의 경기는 일반적인 무대가 아니라 작은
    스튜디오에서 열렸다. 관중들은 빌딩의 지하 극장이나
    실제 경기가 열리는 층에서 경기를 관람했다. 500석
    규모의 극장은 여섯 게임 모두 매진을 기록했다."
    IBM100에 게재된 글, "Icons of Progress: Deep Blue",
    2014년 10월. *http://www-03.ibm.com/ibm/history/
    ibm100/us/en/icons/deepblue*

11 "1997년 5월 11일, 딥 블루는 6차전의 승부 끝에 70만
    달러의 상금을 차지했다."
    History.com에 게재된 글, "Kasparov loses chess game
    to computer-This Day in History", 2014년 10월. *http://
    www.history.com/this-day-in-history/kasparov-loses-
    chess-game-to-computer*

12 IBM TJ 왓슨(Watson) 연구센터의 머레이 캠벨(Murray
    Campbell) 박사로부터 사실 여부를 확인한 이메일
    메시지. 2014년 11월 16일.

13 클린트 핀리(Klint Finley)가 *Wired*에 기고한 글, "Did a
    Computer Bug Help Deep Blue Beat Kasparov?", 2012
    년 9월 28일. *http://www.wired.com/2012/09/deep-blue-
    computer-bug*

14 래리 에반스(Larry Evans)가 Sun Sentinel에 기고한 글,

"Chess", 2003년 11월 2일. *http://articles.sun-sentinel.
com/keyword/deep-blue*

15 "딥 블루는 워싱턴 DC의 스미스소니언
    국립미국사박물관에 잠들어 있다."
    IBM100에 게재된 글, "Icons of Progress: Deep Blue",
    2014년 10월. *http://www-03.ibm.com/ibm/history/
    ibm100/us/en/icons/deepblue*

16 (옮긴이) 컴퓨터의 연산 속도를 헤아리는 단위로 초당
    10억 회의 연산 능력을 의미한다.

17 Deep Blue, 11.38 GFLOPS
    Intel Core i7, 107.55 GFLOPS
    SuperUser에 게재된 글, "Parallel Processing-
    Have Today's Desktop PCs Surpassed IBM's Deep
    Blue of 1997?", 2014년 10월. *http://superuser.com/
    questions/250070/have-todays-desktop-pcs-surpassed-
    ibms-deep-blue-of-1997*

18 "에러 메시지: 암호는 18,770자 이상이어야 하며 이전
    30,689개의 암호와 중복되어서는 안 됩니다."
    Microsoft Support, 2014년 12월. *http://support.
    microsoft.com/kb/276304*

12장
머신 인풋

1   (옮긴이) 머신 인풋(machine input)은 컴퓨터
    스스로 상황에 필요한 데이터를 수집하여 작동하는
    커뮤니케이션 방식을 말한다.

2   (옮긴이) 유저 인풋(user input)은 컴퓨터가
    사용자로부터 데이터를 입력받는 커뮤니케이션
    방식을 말한다.

3   (옮긴이) 기억 용량을 나타내는 정보량의 단위로 1
    테라바이트(tera byte)는 1,024기가바이트(GB)에
    해당한다.

4   (옮긴이) 기억 용량을 나타내는 정보량의 단위로 1
    페타바이트(peta byte)는 약 100만 기가바이트(GB)에
    해당한다.

5   제이 새들러(Jay Schadler)가 ABC Primetime Live에
    기고한 글, "Virtual Reality", 1991년 9월 19일.

6   (옮긴이) 영어로 발행되는 대중과학 잡지로, 오랜
    역사를 가지고 있으며 일반인이 이해할 수 있는
    수준에서는 가장 전문적인 내용을 다루는 것으로
    유명하다. 루퍼스 포터(Rufus Porter)가 창시했고 1845
    년 8월 28일 이래 매달 발행되고 있다.

7   "이 초소형 컴퓨터인 배지에는 작은

마이크로프로세서와 적외선 송신기가 들어 있다. 배지는 착용자의 신원정보를 전송하여 자동으로 문을 열거나 전화를 연결하고 각 개인에게 맞춰진 컴퓨터 화면을 보여준다."
마크 와이저(Marc Weiser)가 *Scientific American*에 기고한 글, "The Computer for the 21st Century", 1991년 9월. *http://web.media.mit.edu/~anjchang/ti01/weiser-sciam91-ubicomp.pdf*

8 (옮긴이) CAPTCHA는 Completely Automated Public Turing test to tell Computers and Humans Apart 의 약자로, 어떠한 사용자가 실제 사람인지 컴퓨터 프로그램인지를 구별하기 위해 사용되는 방법이다.

9 로이 반트, 앤디 호퍼, 베로니카 팔코(Veronica Falcão), 조나선 기번스(Jonathan Gibbons)가 쓴 글. "The Active Badge Location System", ACM Transactions on Information Systems(TOIS), 1992년 1월. *http://alumni.media.mit.edu/~dmerrill/badge/Want92_ActiveBadge.pdf*

10 (옮긴이) 반경 50~70m 범위 안에 있는 사용자의 위치를 찾아 메시지 전송, 모바일 결제 등을 가능하게 해주는 스마트폰 근거리 통신 기술이다.

11 Tennessee, West Virginia, Alabama, Florida, Wyoming, Kentucky, Virginia, Georgia, South Dakota, Texas, Arkansas, Missouri, Vermont Connecticut, Arizona, California, Indiana, Utah, Florida, Hawaii, New York, Colorado, New Mexico, Missouri, Washington.
"2013년 동굴 탐사 사고 및 사건 보고서", 전미 동굴학 협회(National Speleological Society), 2014년 10월. *https://caves.org/pub/aca/13index.html*

12 (옮긴이) 미국의 유명한 아웃도어 관련 전문매체로, 아웃도어 장비에 대한 리뷰와 뉴스를 제공한다.

13 스티브 레지놀드(Stephen Regenold)가 Gear Junkie 에 게재한 글, "'Best in Show' Awards: Latest, Greatest Gear for 2012!", 2012년 1월 23일. *http://gearjunkie.com/outdoor-retailer-best-in-show-winter-2012*

14 "주니어 서(Junior Seau)는 1990년 NFL 선수 지명에서 190.6cm 키와 112.5kg의 몸무게, 4.61초의 스피드 (36.58m(40야드) 기록라는 이상한 조합으로 다섯 번째로 지명되었다."
티 슈할터(Ty Schalter)가 Bleacher Report에 기고한 글, "Junior Seau's All-Around Dominance Will Never Be Seen from an NFL LB Again", Bleacher Report, 2012년 5월 3일. *http://bleacherreport.com/articles/1170420-junior-seaus-all-around-dominance-will-never-be-seen-from-an-nfl-lb-again*

15 YouTube에 게재된 영상, ABC 10, "The Life and Death of Junior Seau", 2012 5월 3일. *https://www.youtube.com/watch?v=gTu8bR0tglY*

16 크리스토퍼 L. 개스퍼(Christopher L. Gasper)가 Boston Globe에 기고한 글, "Seau shakes off late hit", 2008년 12월 22일. *http://www.boston.com/sports/football/patriots/articles/2008/12/22/seau_shakes_off_late_hit*

17 돔 코센티노(Dom Cosentino)가 Deadspin에 기고한 글, "The Night Junior Seau Picked Up A Marine Captain's Tab And Serenaded Bar Patrons With A Ukulele", 2012년 9월 3일. *http://deadspin.com/5907297/the-night-junior-seau-picked-up-a-marine-captains-tab-and-serenaded-bar-patrons-with-a-ukulele*

18 그레그 비숍(Greg Bishop), 롭 데이비스(Rob Davis) 가 *New York Times*에 기고한 글, "Junior Seau, Famed N.F.L. Linebacker, Dies at 43-Suicide Is Suspected", 2012년 5월 2일. *http://www.nytimes.com/2012/05/03/sports/football/junior-seau-famed-nfl-linebacker-dies-at-43-in-apparent-suicide.html*

19 메리 필롱(Mary Pilon), 켄 벨슨(Ken Belson)이 *New York Times*에 기고한 글, "Junior Seau Had Brain Disease", 2013년 1월 10일. *http://www.nytimes.com/2013/01/11/sports/football/junior-seau-suffered-from- brain-disease.html*

20 제이크 플래너건(Jake Flanagin)이 *New York Times*에 기고한 글, "Boycott the N.F.L.?", 2014년 9월 18일. *http://op-talk.blogs.nytimes.com/2014/09/18/boycott-the-n-f-l/?_php=true&_type=blogs&_r=0*

21 켄 벨슨(Ken Belson)이 *New York Times*에 기고한 글, "Brain Trauma to Affect One in Three Players, N.F.L. Agrees", 2014년 9월 12일. *http://www.nytimes.com/2014/09/13/sports/football/actuarial-reports-in-nfl-concussion-deal-are-released.html*

22 탐 패리(Tom Farrey)가 ESPN에 기고한 글, "Study: 1 in 27 Head Injuries Reported", 2014년 10월 3일. *http://espn.go.com/espn/otl/story/_/id/11631357/study-says-26-27-potential-concussions- unreported-college-football*

23 셰인 딩먼(Shane Dingman)이 *The Globe and Mail*에 기고한 글, "Reebok's Checklight Measures Hits to the Head. But Is It Useful in Predicting Concussion?", 2014년 3월 1일. *http://www.theglobeandmail.com/life/health-and-fitness/health/is-reeboks-skull-impact-monitor-useful-in-predicting- concussion/article17498255*

13장
아날로그 잡일과 디지털 잡일

1 "응답 여성 중 68%는 원하는 일을 할 수 있는 시간이
충분하지 않다고 응답했다."
LifeStyle에 게재된 글, "Are You Too Busy For Your
Friends?", 2014년 10월. *http://www.lifestyle.com.au/*
health/are-you-too-busy-for-your-friends.aspx

2 알렉스 골드마크(Alex Goldmark)가 WNYC에 기고한
글, "Young Adults: We're Just Too Busy to Get Driver'
s Licenses, Says Survey", 2013년 8월 6일. *http://www.*
wnyc.org/story/310971-young-adults-were-too-busy-get-
drivers-license

3 "보고서에 따르면 사람들이 스트레스를 다스리지
못하는 가장 큰 이유는…"
노먼 B. 앤드루스 등이 American Psychological
Association에 기고한 글, "Stress in American
Findings", 2010년 11월 9일. *https://www.apa.org/news/*
press/releases/stress/2010/national-report.pdf

4 데보라 앤드루스(Deborah Andrews)가 *Daily Mail*
*Online*에 기고한 글, "We Really ARE the Great
Unwashed! Brits 'Too Busy' to Wash Hands After
Using Loo While 58% of Men Skip Daily Shower",
2012년 6월 18일. *http://www.dailymail.co.uk/femail/*
article-2161019/Brits-busy-wash-hands-using-loo-58-
men-skip-daily-shower.html

5 "최근 5년간 수행된 연구결과를 보면 전세계의
크리스천들이 하느님 앞에서도 바빠졌다고 할 수
있다. 139개국의 15~88세에 해당하는 2만 명 이상의
크리스천들을 대상으로 수집된 데이터에 의하면, 10
명 중 4명이 '자주' 혹은 '항상' 일에 쫓겨 살아간다고
응답했다. 일본, 필리핀, 남아프리카, 영국, 멕시코,
인도네시아에서는 바쁘다는 것 자체가 최고의
도전이라는 인식을 가지고 있다. 우간다, 나이지리아,
말레이시아, 케냐의 크리스천들은 상대적으로 일에
덜 쫓기는 것으로 나타났다. 그러나 비교적 서두르지
않는 문화권의 크리스천들 중에서도 3분의 1정도는
일에 쫓기고 있다고 응답했으며, 특히 일본의 경우,
57%의 응답자가 이에 동의했다."
오드리 배릭(Audrey Barrick)이 *Christian Post*에 기고한
글, "Survey: Christians Worldwide Too Busy for God",
2007년 6월 30일. *http://www.christianpost.com/news/*
survey-christians-worldwide-too-busy-for-god-28677

6 데이브 길슨(Dave Gilson)이 *Mother Jones*에 기고한 글,
"Overworked America: 12 Charts That Will Make Your

Blood Boil", 2011년 7/8월. *http://www.motherjones.com/*
politics/2011/06/speedup-americans-working-harder-
charts

7 (옮긴이) 원서 제목은 *Overwhelmed: Work, Love, and Play*
*When No One Has the Time*이다.

8 "2014년 뉴욕타임스의 비소설부문 베스트셀러", Good
Reads, 2014년 10월. *http://www.goodreads.com/list/*
show/72828.NY_Times_Non_Fiction_Best_Sellers_2014

9 Bureau of Labor Statistics에 게재된 글, "Volunteering
in the United States, 2013", 2014년 2월 25일. *http://*
www.bls.gov/news.release/volun.nr0.htm

10 (옮긴이) 정책결정권자 또는 선거 입후보자가
지역주민들을 초대하여 정책 또는 주요 이슈에 대하여
설명하고 의견을 듣는 비공식적인 공개회의로, 미국
참여 민주주의의 토대로 평가된다.

11 *The Rush Limbaugh Show*에 게재된 러시의 인터뷰,
"Obama Solves Energy Crisis: Inflate Your Tires",
2008년 7월 31일. *http://www.rushlimbaugh.com/*
*daily/2008/07/31/obama_solves_energy_crisis_inflate_*
your_tires

12 "미국 교통부는 매일 미국에서만 5백만 갤런의 연료가
낭비되고 있다고 발표했다. 이는 타이어 공기압이
지나치게 낮을 때 자동차를 운행하면 연료가 낭비되기
때문이다. 단지 타이어 공기압을 체크하는 데 시간을
들이지 않았다는 이유만으로 1년에 20억 갤런의
석유가 낭비되고 있는 셈이다."
필립 리드(Philip Reed)가 Edmunds.com에 기고한 글,
"How to Check Your Car's Tire Pressure and Inflate
Tires", 2014년 6월 12일. *http://www.edmunds.com/how-*
to/how-to-check-tire-pressure-and-inflate-tires.html

13 "미국 자동차기술협회(SAE)에 따르면, 적정치 못한
타이어 압력 때문에 매년 발생하는 교통사고만 해도
26만 건에 이른다고 한다. 이 사고로 인한 사상자만
만여 명에 이른다."
"미국 도로교통안전국(NHTSA)이 2005~2007년의 사고
데이터를 분석한 결과, 타이어 공기압이 기준보다
미달인 경우, 정상 압력인 차량과 비교했을 때, 사고
확률이 3배 가량 높아지는 것으로 나타났다."
제이슨 팍스(Jason Parks)가 Safe Auto blog에 기고한
글, "How's the Air in Your Tires? Here's Why You
Should Know", 2012년 5월 31일. *http://blog.safeauto.*
com/hows-the-air-in-your-tires-heres-why-you-should-
know

14 (옮긴이) PSI(Pound per Square Inch)는 압력의 단위로
1제곱인치 당 파운드를 말한다.

15 NHTSA(National Highway Traffic Safety Administration, 미국 도로교통안전국)에 보고된 리포트. "Air Pumps at U.S. Gas Stations: An Investigation into Factors Associated with Gauge Accuracy", p.4의 첫 번째 표, National Center for Statistics and Analysis Research and Development, 20012년 6월. *www-nrd.nhtsa.dot.gov/Pubs/809-454.PDF*

16 (옮긴이) 고무, 플라스틱 등을 제조하는 미국 회사로 자동차, 트럭, SUV, 경주용 차량, 항공기 등의 타이어를 제조한다.

17 iTunes에서 제공하는 굿이어의 앱. "KnowHow for iPhone on the App Store on iTunes", 2014년 9월. *https://itunes.apple.com/us/app/knowhow-for-iphone/ id596134704?mt=8*

18 YouTube에 게재된 영상(2:56), Corporate Valley, "Inspiring Google Story-Larry Page", 2013년 4월 22일. *https://www.youtube.com/watch?v=f_eiMKp4QW8*

19 YouTube에 게재된 영상, "Whirlpool Duet Washer & Dryer: Teen Jeans", 2013년 5월 13일. *https://www.youtube.com/watch?v=YfzdDRhOG2M*

20 (옮긴이) 가전제품을 제조 및 판매하는 미국 회사다.

21 Statista에 게재된 글, "The home appliance industry is a multi-billion dollar industry with 583 million appliances being shipped world-wide in 2013 alone", "Home Appliance Industry-Statistics & Facts", 2014년 10월. *http://www.statista.com/topics/1068/home-appliances*

22 "미국 가정의 평균 세탁 횟수는 일주일에 약 8회 정도이다(연간 400회 이상)." *Good Housekeeping*에 게재된 글, "LG WT5101HV Washing Machine - Top Loading Washer", 2014년 10월. *http://www.goodhousekeeping.com/product-reviews/ appliances/washer-reviews/lg-wt5101hv-washing-machine#slide-5*

23 "얼마나 많은 사람이 알레르기를 겪고 있는가? 약 5천만 이상의 미국인들이 알레르기를 가지고 있으며, 미국 시민 중 약 55% 정도가 한 개 이상의 알레르기 항원에 반응하는 것으로 알려져 있다." AchooAllergy에 게재된 Allergy 관련 FAQ, 2014년 10월. *http://www.achooallergy.com/allergy-faqs.asp*

24 "남성의 절반이 세탁기 사용법을 제대로 모르며, 심지어 25%는 전원을 켤 줄도 모른다고 한다." (내가 데일리 메일(Daily Mail)에서 인용한 내용이지만, 이를 변명의 근거로 삼지는 말았으면 한다. 해야 할 일은 그냥 하는 걸로…)

데니 커코바(Deni Kirkova)가 *Daily Mail Online*에 기고한 글, "Half of Men Can't Use a Washing Machine Properly and a Quarter Can't Even Figure Out How to Switch It On", 2013년 6월 12일. *http://www.dailymail.co.uk/femail/article-2340216/Half-men-use-washing-machine-properly-quarter-figure-switch-on.html#ixzz2eyGy9Kr*

25 프레더릭 뭉크(Frederick Muench) 박사가 *Psychology Today*에 기고한 글, "The Burden of Choice", 2010년 11월 1일. *http://www.psychologytoday.com/blog/more-tech-support/201011/the-burden-choice*

26 YouTube에 게재된 영상, TED, "Barry Schwartz: The Paradox of Choice"*, 2007년 1월 16일. *https://www.youtube.com/watch?v=VO6XEQIsCoM#t=552*

  * (옮긴이) 한국어판은 『점심 메뉴 고르기도 어려운 사람들』(김고명 옮김, 예담 펴냄, 2015)이란 제목으로 발간되었다.

27 "첨단 세탁기술을 적용하여 빨랫감의 양과 크기를 자동으로 감지한 뒤, 적당량의 물을 사용함으로써 세탁 후에도 선명한 색상을 유지할 수 있습니다." RCWilley에 게재된 글, "Whirlpool Washer", 2014년 9월. *http://www.rcwilley.com/Appliances/Laundry/ Washers/Top-Load/WTW8500BW/3809722/Whirlpool-Washer-View.jsp*

28 "월풀의 습도센서 감지시스템은 3개의 빌트인 센서를 이용하여 건조기 내부의 습도를 체크하면서, 내부로 유입되고 배출되는 공기의 온도를 감지한다. 따라서 모든 빨랫감이 완벽하게 건조된 후에 코스를 종료한다. 히터 박스 안에 든 서미스터(themister) 주입구는 유입되는 공기의 온도를 감지한다. 세탁 드럼 안의 습도센서는 빨랫감이 얼마나 축축한지를 감지한다. 또, 서미스터 배출구는 배기가스를 확인하여 배출되는 공기의 온도를 확인한다…" YouTube에 게재된 영상, "Whirlpool Dryers-Advanced Moisture Sensing", 2010년 10월 25일. *https://www.youtube.com/watch?v=yP4Cyc3kp5g*

29 YouTube에 게재된 영상, "Whirlpool Dishwasher Sensor Cycle", 2013년 1월 22일. *https://www.youtube.com/watch?v=-ONoToFSR00*

30 TripIt에 게재된 글, "About Us," 2014년 10월. *http://www.tripit.com/press/about*

31 케빈 퍼디(Kevin Purdy)가 Lifehacker에 기고한 글, "TripIt Adds Automatic Itinerary Importing from Your Gmail Inbox", 2010년 8월 11일. *http://lifehacker.com/5610002/tripit-adds-automatic-itinerary-importing-*

from-your-gmail-inbox

32 Dropbox에 게재된 글, "What Is Background Uploading?", 2014년 10월. *https://www.dropbox.com/en/help/500*

33 앨드린 캘림림(Aldrin Calimlim)이 AppAdvice에 기고한 글, "Automatic Photo and Video Uploading Comes to Dropbox for iOS", 2012년 6월 14일. *http://appadvice.com/appnn/2012/06/automatic-photo-and-video-uploading-comes-to-dropbox-for-ios*

34 IFTTT에 게재된 글, "About IFTTT", 2014년 10월. *https://ifttt.com/wtf*

35 mach3maelstrom이 IFTTT에 게재한 글, "If I miss a call from my mom/wife/gf, text her that I'll call her back. by mach3maelstrom", 2014년 4월 25일. *https://ifttt.com/recipes/166322-if-i-miss-a-call-from-my-mom-wife-gf-text-her-that-i-ll-call-her-back*

14장
단 한 사람만을 위한 컴퓨터

1 (옮긴이) You're spécial. 저자는 'You're special'이라는 문장을 타이핑할 때 'special'이 자동으로 'spécial'로 자동 수정되어 버릴 만큼 '여러분은 특별하다'고 표현했다.

2 (옮긴이) 미국의 어린이 TV 시리즈인 "Rogers' Neighborhood"의 주인공이자 진행자다.

3 몰리 세이퍼(Morley Safer)가 CBS News에서 리포트한 영상, "The Age Of The Millenials", 2008년 4월 25일. *http://www.cbsnews.com/videos/the-age-of-the-millenials* (5:52)

4 앨런 프램(Alan Fram)이 *Washington Post*에 기고한 글, "One in Four Read No Books Last Year", 2007년 8월 21일. *http://www.washingtonpost.com/wp-dyn/content/article/2007/08/21/AR2007082101045_pf.html*

5 조슈아 토폴스키(Joshua Topolsky)가 *The Verge*에 기고한 글, "Inside TED: The Smartest Bubble in the World", 2013년 3월 5일. *http://www.theverge.com/2013/3/5/4061684/inside-ted-the-smartest-bubble-in-the-world* (4:39)

6 "약 500개의 앱이 전체 다운로드 수의 80%를 차지하고 있기 때문에 좀비 앱은 계속 구석에 남아있을 수밖에 없다."
*San Francisco Chronicle*에 게재된 글, "Apps ignored by the thousands at Apple, Google sites", 2014년 6월 2일. *http://www.sfgate.com/business/article/Apps-ignored-by-the-thousands-at-Apple-Google-5523662.php*

7 댄 프러머(Dan Frommer)가 Quartz에 기고한 글, "Most Smartphone Users Download Zero Apps Per Month", 2014년 8월 22일. *http://qz.com/253618/most-smartphone-users-download-zero-apps-per-month*(구글북스에서도 확인 가능. *http://books.google.com/books?id=ZqMQOT9SMhAC&pg=PA193&lpg=PA193*)

8 리차드 바이어스(Richard G. Bias)와 데보라 메이휴(Deborah J. Mayhew)가 저술한 책, *Cost-justifying Usability: An Update for an Internet Age*, San Francisco: Morgan Kaufmann, p.193. Google Books에서도 확인 가능. *http://books.google.com/books?id=ZqMQOT9SMhAC&pg=PA193&lpg=PA193*

9 케르 탄(Ker Than)이 *National Geographic*에 기고한 글, "World's Oldest Cave Art Found-Made by Neanderthals?", 2012년 6월 14일. *http://news.nationalgeographic.com/news/2012/06/120614-neanderthal-cave-paintings-spain-science-pike*

10 길 프레스(Gil Press)가 *Forbes*에 기고한 글, "A Very Short History of Big Data", 2013년 5월 9일. *http://www.forbes.com/sites/gilpress/2013/05/09/a-very-short-history-of-big-data*

11 피터 데닝(Peter J. Denning)이 RIACS Technical Report에 보고한 리포트, "Saving All the Bits", 1990년 10월 15일. *http://ntrs.nasa.gov/archive/nasa/casi.ntrs.nasa.gov/19910023503.pdf*

12 "10년 후인 1990년, 일반적인 하드 드라이브의 용량은 40MB 정도로, 추가 비용을 지불하는 경우에는 100MB 이상 저장할 수 있었다."
Royal Pingdom에 게재된 글, "Amazing Facts and Figures about the Evolution of Hard Disk Drives", 2010년 2월 18일. *http://royal.pingdom.com/2010/02/18/amazing-facts-and-figures-about-the-evolution-of-hard-disk-drives*

13 Microsoft Research에 게재된 글, "MyLifeBits", 2014년 10월. *http://research.microsoft.com/en-us/projects/mylifebits*

14 YouTube에 게재된 영상, 앤드류 응(Andrew Ng), "Lecture 1 | Machine Learning (Stanford)", *http://youtu.be/UzxYlbK2c7E?t=53s*

15 "... 시카고 대학교에서 통계학 학사, 맥길 대학교에서 통계학 박사를 딴 뒤, 구글에 통계 전문가로 입사했다... 광고 팀에서는 다양한 종류의

통계 관련 업무를 수행했다…"
제프 릭(Jeff Leek)이 *Simply Statistics*에 기고한
글, "Interview with Nick Chamandy, Statistician
at Google", 2015년 2월 2일. *http://simplystatistics.
org/2013/02/15/interview-with-nick-chamandy-
statistician-at-google*

16 *Businessweek*에 게재된 글, "Gokul Rajaram: Executive
    Profile & Biography", 2014년 10월 26일. *http://
    investing.businessweek.com/research/stocks/private/
    person.asp?personId=40480108&privcapId=61767588*

17 (옮긴이) RTB(real-time bidding)는 실시간
    경매로, 광고단가 책정과 송출 과정을 자동화하여
    광고효율을 높인다. 앱에 광고를 게재하고 수익을
    얻고 싶은 앱 개발자가 RTB 시스템을 적용하는
    경우, 사용자가 앱을 실행했을 때 앱에 실릴 수 있는
    광고들이 자동호출된다. 이중 가장 높은 경매가를
    제시한 광고가 광고란에 실리는 방식이다.

18 애슐리 반스(Ashlee Vance)가 *Business Week*에 기고한
    글, "This Tech Bubble Is Different", 2011년 4월 14일.
    *http://www.businessweek.com/magazine/content/11_17/
    b4225060960537.htm#p2*

19 마이클 로젠왈드(Michael S. Rosenwald)가 *Washington
    Post*에 기고한 글, "For Tablet Computer Visionary
    Roger Fidler, a Lot of What-Ifs", 2012년 3월 10일.
    *http://www.washingtonpost.com/business/for-tablet-
    computer-visionary-roger-fidler-a-lot-of-what-
    ifs/2012/02/28/gIQAM0kN1R_story.html*

20 "일부 직원들은 골드만의 아이디어를
    대놓고 무시하며 왜 사용자가 링크드인에서 자신의
    네트워크를 확인해야 하냐고 묻기도 했다."
    토마스 데이븐포트(Thomas H. Davenport)와 디제이
    파틸(DJ Patil)이 *Harvard Business Review*에 기고한 글,
    "Data Scientist: The Sexiest Job of the 21st Century",
    2012년 10월. *http://hbr.org/2012/10/data-scientist-the-
    sexiest-job-of-the-21st-century/ar/1*

15장
프로액티브 컴퓨팅

1 (옮긴이) 과거의 학습 내용을 바탕으로 다음 번 결과에
   영향을 주는 주도적인 컴퓨팅 환경을 말한다. 예를
   들면 집안 곳곳에 센서를 설치하여 기억력이 떨어지는
   노인들에게 화장실 이용 등 일상생활에 필요한 행동
   지침을 주거나 이상한 움직임을 즉각 포착토록 해 치매

현상 등 이상 징후를 조기에 발견하는 컴퓨팅 환경
등이 있다. 이를 위해서는 센서와 컴퓨팅, 통신 기술,
생명 공학, 나노 기술과 이들의 통합이 핵심 기술이다
(출처: IT용어사전, 한국정보통신기술협회).

2 "제 2차 세계대전 중, 그 로봇은 오하이오에 있는 윅스
   (Weeks) 가족의 집 지하실에 보관되어 있었다. 그
   로봇은 여덟 살 잭의 놀이 친구가 되었다."
   노엘 샤키(Noel Sharkey)가 *New Scientist*에 기고한
   글, 2008년 12월 25일. *http://www.newscientist.com/
   article/mg20026873.000-the-return-of-elektro-the-first-
   celebrity-robot.html?full=true*

3 (옮긴이) 웨스팅하우스(Westinghouse)는
   미국에 위치한 세계적인 원자력 관련 회사로, 조지
   웨스팅하우스가 1886년 가전제품 회사로 설립하여
   라디오를 처음으로 만들기 시작했다. 이후 텔레비전,
   냉장고, 세탁기, 전화 등 각종 가전제품을 만들어
   GE, RCA와 경쟁하고 협력했다. 그러나 1999년
   가전제품 회사에서 원자력 회사로 업종을 변경했고,
   일본 기업인 도시바가 인수했다.

4 "잭은 2m의 키에 135kg의 몸무게를 가진 로봇 옆에
   서있었다."
   Internet Archive에 게재된 글, 2004년 9월 7일. *http://
   web.archive.org/web/20041011003402/http://www.maser.
   org/k8rt*

5 "웨스팅하우스가 세계 2차 대전 생산품의 재고를
   정리할 때, 일렉트로는 로봇 배선을 담당했던 한
   기술자의 지하 창고로 가게 되었다."
   "그는 우리에게 일렉트로와 함께 카우보이 게임과
   '경찰과 도둑' 놀이를 하면서 수레로 끌며 이리저리
   돌아다니는 모습을 보여주었다."
   "일렉트로는 전쟁이 끝난 후, 웨스팅하우스로
   돌아갔다. 지역 박람회나 백화점 개점 행사에
   참여했으며 존은 도우미로 동행했다."
   엠마 제이콥스(Emma Jacobs)가 NPR에 기고한
   글, "America's First Celebrity Robot Is Staging a
   Comeback", 2012년 4월 2일. *http://www.npr.
   org/2012/04/02/149850779/americas-first-celebrity-
   robot-is- staging-a-comeback*

6 "알루미늄 표면으로 이루어진 일렉트로의 모습이
   1939년 공개되었다… 2m 크기의 일렉트로는 전화
   수화기를 통해 음성명령을 내릴 수 있다."
   아만다 쿠서(Amanda Kooser)가 CNET에 기고한 글,
   "Elektro: 1939 Smoking Robot Saved from Oblivion",
   2014년 10월. *http://www.cnet.com/news/elektro-1939-
   smoking-robot-saved-from-oblivion*

7   YouTube에 게재된 영상, RedLightBulbs, "Elektro the Robot Breaks a Balloon", 2014년 10월. *https://www.youtube.com/watch?v=sdLEQNmsXag*

8   (옮긴이) 영화 '2001 스페이스 오디세이'에 등장하는, 우주선을 관장하는 컴퓨터로 주인공과 대화를 통해 업무를 처리한다.

9   (옮긴이) 스스로 생각하고 느끼는 인공지능 운영체제로, 남자 주인공과 대화를 나누다 사랑에 빠지는 이야기를 다룬 영화이다. 우리나라에서는 2013년 '그녀'라는 제목으로 개봉했다.

10 스튜어트 사이크스(Stuart Sikes)가 Parks Associates에 기고한 글, "And Now for the Rest of the Siri Story", 2012년 3월 28일. *http://www.parksassociates.com/blog/article/and-now-for-the-rest-of-the-siri-story*

11 라이언 닐(Ryan Neal)이 *International Business Times*에 기고한 글, "Apple iOS 7: 85 Percent of People Haven't Used Siri, 46 Percent Think Apple Oversold Its Release", 2013년 10월 23일. *http://www.ibtimes.com/apple-ios-7-85-percent-people-havent-used-siri-46-percent-think-apple-oversold-its-release-1437900*

12 (옮긴이) 미국의 음성인식 및 문자인식, 이미징 기술 전문업체다.

13 (옮긴이) 시스템 프로그램이 제공하는 명령이나 이용자가 작성한 명령의 파라미터를 화면으로 대화하면서 입력하는 기능이다.

14 롤프 윙클러(Rolfe Winkler)가 *Wall Street Journal*에 기고한 글, "What Google Gains from Nest Labs", 2014년 1월 14일. *http://online.wsj.com/articles/SB10001424052702303819704579321043556056678*

15 "추상적인 시에 대한 접근 중 하나로, 이해하기 어려운 다양한 언어들을 동시에 낭송하는 동시 시(simultaneous poem)의 형태가 나타났다. 일상적인 언어를 파괴한 음성 시(sound poem)는 전쟁의 파괴성에 대한 메타포가 되었으며 언어 기만에 대한 비평을 제공했다."
    "DADA - Techniques - Sound", National Gallery of Art, Washington, DC, 2014년 10월. *http://www.nga.gov/exhibitions/2006/dada/techniques/sound.shtm*

16 "그렇잖아도 버거운 업무량을 처리하고 있는 의료진에게 많게는 하루에 150개 이상의 메시지가 전달된다. 응급 알람을 관리하느라 매우 짧은 시간 안에 환자를 떠나야 하며, 적절한 후속 처치를 제공하지 못해 좌절감만 더해진다."
    니콜 루이스(Nicole Lewis)가 *InformationWeek*에 기고한 글, "Healthcare Providers Frustrated by Excessive EHR Alerts", 2011년 4월 19일. *http://www.informationweek.com/healthcare/electronic-health-records/healthcare-providers-frustrated-by-excessive-ehr-alerts/d/d-id/1097265?*

17 리즈 코발치크(Liz Kowalczyk)가 *Boston Globe*에 기고한 글, "Patient Alarms Often Unheard, Unheeded", 2011년 2월 13일. *http://www.boston.com/lifestyle/health/articles/2011/02/13/patient_alarms_often_unheard_unheeded*

18 EarlySense에 게재된 글, "Early Detection", 2014년 10월. *http://www.earlysense.com/early-detection*

19 EarlySense에 게재된 글, "Reducing Alarm Fatigue", 2014년 10월. *http://www.earlysense.com/reducing-alarm-fatigue*

20 YouTube에 게시된 동영상, Lakers Nation, "Lakers Injuries with Dr. Klapper: Kobe Bryant's Torn Achilles with Dr. Klapper", 2013년 4월 16일. *https://www.youtube.com/watch?v=SIAASV3t5wc*

21 "코비는 글썽거리는 눈으로 땀에 젖은 유니폼을 등에 걸친 채, 그의 락커 앞에서 목발을 짚고 서 있었다. 코비의 부상은 LA 레이커스 팀에게 이번 시즌 중 가장 가슴 아픈 소식이었다."
    데이브 맥메너민(Dave McMenamin)이 ESPN에 기고한 글, "MRI Scheduled to Confirm Kobe Injury", 2013년 4월 13일. *http://espn.go.com/los-angeles/nba/story/_/id/9166874/kobe-bryant-los-angeles-lakers-probably-tore-achilles-team-says*

22 데이비드 가이어(David Geier) 박사가 Sports Medicine Simplified에 기고한 글, "Is It Fair to Blame Mike D'Antoni for Kobe Bryant's Injury?", 2013년 4월 19. *http://www.drdavidgeier.com/blame-mike-dantoni-kobe-bryant-achilles-injury*

23 "NBA는 지난 시즌에 3억 5천 8백만 달러의 손실을 입었는데 그 중, 44만 달러가 LA 레이커스 팀의 부상으로 인한 액수였다."
    브라이언 카메네츠키(Brian Kamenetzky)가 *Fast Company*에 기고한 글, "The Next Big Thing in Sports Data: Predicting (And Avoiding) Injuries", 2014년 8월 25일. *http://www.fastcompany.com/3034655/healthware/the-next-big-thing-in-sports-data-predicting-and-avoiding-injuries*

24 하워드 벡(Howard Beck)이 *New York Times*에 기고한 글, "Sophisticated Cameras to Begin Tracking Every N.B.A. Play", 2013년 9월 5일. *http://www.nytimes.com/2013/09/06/sports/basketball/sophisticated-cameras-*

to-begin-tracking-every-nba-play.html

25 NBA.com에 게재된 글, "NBA Stats-Player Tracking", 2014년 10월. *http://stats.nba.com/playerTracking.html*

26 자크 맥캔(Zach McCann)이 ESPN에 기고한 글, "Player Tracking Transforming NBA Analytics", 2012년 5월 5일. *http://espn.go.com/blog/playbook/tech/post/_/id/492/492*

27 탐 하버스트로(Tom Haberstroh)가 ESPN에 기고한 글, "NBA Innovating Injury Prevention", 2014년 4월 3일. *http://insider.espn.go.com/nba/story/_/id/10721396/nba-how-catapult-technology-changing-nba- injury-prevention-training-methods*

17장
개인정보 보호

1 맨스필드(Mansfield Memorial Museum) 박물관장인 스콧 슈하트(Scott Schaut)의 이메일 메시지, 2014년 12월 15일.

2 우미카 피다파르시(Umika Pidaparthy)가 CNN에 게재한 글, "What You Should Know about iTunes' 56-page Legal Terms", 2011년 5월 6일. *http://www.cnn.com/2011/TECH/web/05/06/itunes.terms*

3 에릭 실브카(Eric Slivka)가 Mac Rumors에 기고한 글, "Apple's 500 Million iTunes Store Accounts Offer Significant Potential for Growth in Services", 2013년 6월 4일. *http://www.macrumors.com/2013/06/04/apples-500-million-itunes-store-accounts-offer-significant-potential-for-growth-in-services*

4 The Innocence Project에 게재된 글, "Understand the Causes: False Confessions / Admissions", 2014년 11월. *http://www.innocenceproject.org/understand/False-Confessions.php*

5 Microsoft에 게재된 글, "Microsoft by the Numbers", 2014년 11월. *http://news.microsoft.com/bythenumbers/index.html*

6 Microsoft에 게재된 글, 2014년 11월. "Microsoft Software License Agreement", *http://products.office.com/en-US/microsoft-software-license-agreement*

7 I/S: A Journal of Law and Policy for the Information Society에 제출된 알리샤 맥도널드(Aleecia McDonald)와 로리 페이스 크래너(Lorrie Faith Cranor)의 연구, "The Cost of Reading Privacy Policies", 2008년 8월. *http://moritzlaw.osu.edu/students/groups/is/files/2012/02/Cranor_Formatted_Final.pdf*

8 정확한 수식은 54,000,000,000/24이다.

9 "페이스북은 그간 미흡했던 개인정보 보호 정책에 대하여, 사용자에게 작고 귀여운 파란 공룡을 제공하는 것으로 대응했다."
*The Week UK*에 게재된 글, "Facebook sends in blue dinosaur to dispel privacy fears", 2014년 5월 23일. *http://www.theweek.co.uk/technology/58661/facebook-sends-in-blue-dinosaur-to- dispel-privacy-fears*

10 (옮긴이) 컴퓨터 기술자로 CIA 전 직원인 에드워드 스노든(Edward J. Snowden)을 말한다.

11 "우리가 판결에 동의하지 않는 것은 이러한 이유들 때문이다. 말했다시피 우리는 법원의 권위를 존중하며 신속하게 책임을 준수하기 위해 최선을 다하고 있다. 지난 5월 이후로 약 7만 건의 삭제요청을 받았으며 이는 25만 페이지에 이르는 어마어마한 분량의 일이다. 이에 따라 별도의 팀을 꾸려 개별적으로 앱을 검토하고 있다."
데이비드 드러먼드(David Drummond)가 *The Guardian*에 기고한 글, "We Need to Talk about the Right To Be For-gotten", 2014년 7월 10일. *http://www.theguardian.com/commentisfree/2014/jul/10/right-to-be-forgotten-european-ruling-google-debate*

12 "인터넷 사용자의 68%가 현재의 법률이 온라인상의 개인 정보를 보호하는 데 충분하지 않다고 응답했다..."
에 레이니(Ee Rainie), 사라 키슬러(Sara Kiesler), 루오구 강(Ruogu Kang), 메리 매든(Mary Madden)이 퓨 리서치센터(Pew Research Center)의 Internet & American Life Project에 게재한 연구, "Anonymity, Privacy, and Security Online", 2013년 9월 5일. *http://www.pewinternet.org/2013/09/05/anonymity-privacy-and-security-online*

13 "엘비스 프레슬리(Elvis Presley)는 이미 6번이나 TV에 출현한 뒤였지만 1956년 6월 5일에 방송된 밀튼 배럴 쇼(Milton Berle Show)에서 화제가 되면서 그의 커리어에 아주 중요한 전환점이 되었다. 프레슬리는 그의 마지막 싱글곡 '하운드 독(Hound Dog)'을 불렀는데 팬들의 환호성으로 머리가 울릴 정도였다. TV 평론가들은 '음악성이 부족하다' '동물적이다' '상스럽다'며 프레슬리의 퍼포먼스를 맹비난하기도 했다. 가톨릭교에서는 '엘비스 프레슬리를 조심하라'며 미성년자의 범죄뿐 아니라 유명 가수로 인해 청소년들의 도덕적 가치가 변질될 것을 우려하기도 했다."

PBS에 게재된 글, "Culture Shock: Flashpoints: Music and Dance: Elvis Presley", 2014년 11월. *http://www.pbs.org/wgbh/cultureshock/flashpoints/music/elvis.html*

14 에밀리 너스바움(Emily Nussbaum)이 *New York Magazine*에 기고한 글, "Kids, the Internet, and the End of Privacy: The Greatest Generation Gap Since Rock and Roll", 2007년 2월 12일. *http://nymag.com/news/features/27341*

15 "컴퓨터 보안업체 맥아피의 보안 책임자 미셸 데네디(Michelle Dennedy)."
마르코 델라 카바(Marco della Cava)가 *USA Today*에 기고한 글, "Privacy Integral to Future of the Internet of Things", 2014년 7월 11일. *http://www.usatoday.com/story/tech/2014/07/10/internet-of-things-privacy-summit/12496613*

16 몰리 우드(Molly Wood)가 *New York Times*에 기고한 글, "Facebook Generation Rekindles Expectation of Privacy Online", 2014년 9월 7일. *http://bits.blogs.nytimes.com/2014/09/07/rethinking-privacy-on-the-internet*

17 매리 매든(Mary Madden)이 퓨 리서치센터의 Internet & American Life Project에 기고한 글, Amanda Lenhart, Sandra Cortesi, and Urs Gasser, "Teens and Mobile Apps Privacy", 2013년 8월 22일. *http://www.pewinternet.org/2013/08/22/TEENS-AND-MOBILE-APPS-PRIVACY*

18 Berkman Center에 게재된 글, "Teens, Social Media, and Privacy: New Findings from Pew and the Berkman Center", 2013년 5월 21일. *http://cyber.law.harvard.edu/node/8325*

19 "하버드, 버클리, 펜실베이니아대학교 연구진들의 논문을 보면 아이들과 젊은 세대들이 개인정보를 지키고 싶어 한다는 사실을 확인할 수 있다."
제니퍼 발렌티노-드브리스(Jennifer Valentino-Devries)가 *Wall Street Journal*에 기고한 글, "Do Young People Care About Privacy Online?", 2010년 4월 19일. *http://blogs.wsj.com/digits/2010/04/19/do-young-people-care-about-privacy-online*

20 크리스 후프네이글(Chris Jay Hoofnagle), 제니퍼 킹(Jennifer King), 수 리(Su Li), 조셉 터로(Joseph Turow)의 연구, "How Different Are Young Adults from Older Adults When it Comes to Information Privacy Attitudes and Policies?", 2010년 4월 14일. *http://papers.ssrn.com/sol3/papers.cfm?abstract_id=1589864*

21 크리스 매티시치크(Chris Matyszczyk)가 CNET에 기고한 글, "Online Game Shoppers Duped into Selling Souls", 2010년 4월 16일. *http://www.cnet.com/news/online-game-shoppers-duped-into-selling-souls*

22 YouTube에 게재된 영상, Computerphile, "Blindly Accepting Terms and Conditions?", 2014년 2월 5일. *https://www.youtube.com/watch?v=9Hb2oMlRI0I* (0:33)

23 톰 로든(Tom Rodden) 교수가 게재한 글, "About Me", 2014년 11월. *http://rodden.info*

24 Executive Office of the President, "The Big Data and Privacy Review", White House, 2014년 5월 1일. *http://www.whitehouse.gov/issues/technology/big-data-review*

25 데이브 모린(Dave Morin)이 Path Blog에 기고한 글, "We Are Sorry", 2012년 2월 8일. *http://blog.path.com/post/17274932484/we-are-sorry*

26 "소셜네트워크 서비스인 패스 앱은 고객을 속이고 부적절하게 사용자의 '모바일 연락처'에서 개인정보를 수집한 것에 대하여 연방거래위원회로부터 벌금형을 선고받았다."
2013년 2월 2일. *http://www.ftc.gov/news-events/press-releases/2013/02/path-social-networking-app-settles-ftc-charges-it-deceived*

27 존 패럴즈(Jon Pareles)가 *New York Times*에 기고한 글, "Jay-Z Is Watching, and He Knows Your Friends", 2013년 7월 5일. *http://www.nytimes.com/2013/07/05/arts/music/jay-z-is-watching-and-he-knows-your-friends.html*

28 제이 지(Jay-Z)가 Twitter에 게재한 글, "Mr. Carter on Twitter", 2013년 7월 8일. *https://twitter.com/S_C_/statuses/354337385468805122*

29 "글림스에서는 위치정보를 누군가와 공유할지, 얼마나 오랫동안 공유할지를 설정할 수 있다. 가족과 친구, 동료들과 더욱 안전하게 만날 수 있다."
Glympse에 게재된 글, "What Is Glympse?", 2014년 11월. *https://www.glympse.com/what-is-glympse*

18장
자동화

1 (옮긴이) 마이크로소프트의 오피스(MS Office) 97/2000에 기본으로 설정되어 있는 도우미로, 클립 모양을 하고 화면 구석에 자동으로 등장해 사용자에게 도움이 필요한지를 묻는다. 작업을 방해하고 요구를 제대로 파악하지도 못해서 많은 사용자로부터 비난을 받았다.

2 (옮긴이) 영화 주인공 마티(Marty)가 신었던 신발로,
신으면 자동으로 끈이 묶이는 운동화.

3 피터 제임스(Peter James)와 닉 소프(Nick Thorpe)가
저술한 책, *Ancient Inventions*, New York: Ballantine
Books, p.130.

4 Horton Automatics에 게재된 글, "Ownership", 2014
년 11월. *http://www.hortondoors.com/about-us/Pages/
Ownership.aspx*

5 (옮긴이) 테크놀로지의 발전이 유토피아를 만들
거라고 믿는 사람들을 말한다.

6 Consumer Affairs에 게재된 글, "A Short History of the
Airbag, 2006년 9월 25일. *http://www.consumeraffairs.
com/news04/2006/airbags/airbags_invented.html*

7 AP(Associated Press)가 NBC News에 기고한 글,
"Around 15,000 saved by air bags in last 20 years",
2004년 7월 10일. *http://www.nbcnews.com/id/5410761/
ns/us_news/t/around-saved-air-bags-last-years/#.
VFqXNot4pkk*

8 (옮긴이) 제너럴 모터스(General Motors)가 생산했던
자동차 브랜드를 말한다.

9 Prelinger Archives에 게재된 글, "Oldsmobile Presents
Motoring's Magic Carpet: Hydra- Matic", *https://archive.
org/details/1809_Oldsmobile_Presents_Motorings_
Magic_Carpet_Hydra-Matic_B-44_194_07_30_39_00*

10 *New York Times*에 게재된 글, "1940 Cars Offer Added
Comfort", 1939년 10월 15일.

11 "2013년 8월 현재, 수동 변속 방식의 신차는 3.9%
뿐이다."
캐롤 라흐니트(Carroll Lachnit)가 Edmunds에
기고한 글, "Five Myths About Stick Shifts: Manual vs.
Automatic Transmissions", 2013년 9월 26일. *http://
www.edmunds.com/fuel-economy/five-myths-about-stick-
shifts.html*

12 존 캐리(John Carey)가 *Motor Trend*에 기고한 글,
"Lamborghini to Drop Manual Transmissions", 2011년
7월 7일. *http://www.motortrend.com/features/auto_
news/2011/1107_lamborghini_to_drop_manual_
transmissions*

19장
실패

1 "에어백을 움직이는 두뇌는 전자제어장치(Electronic
Control Unit, ECU)라고 할 수 있는데 이 장치가 다양한

센서를 통해 신호를 받아서 언제, 어떻게 각 에어백을
작동시킬지 결정한다. 사고 당시의 충격뿐 아니라
탑승자의 무게, 앉은 자세, 좌석 위치, 안전벨트 사용
유무 등에 따라 어떤 강도로 작동하는 것이 최선일지
결정하게 된다."
safercar.gov에 게재된 글, "Advanced Frontal Air Bags",
2014년 11월. *http://www.safercar.gov/Vehicle+Shoppers/
Air+Bags/Advanced+Frontal+Air+Bags:+Know+The+F
acts+-+They+Should+Save+Your+Life*

2 마르코 아눈치아타(Marco Annunziata)의 TED 강연,
"Welcome to the Age of the Industrial Internet", 2013년
10월. *http://www.ted.com/talks/marco_annunziata_
welcome_to_the_age_of_the_ industrial_internet*

20장
예외 사항

1 (옮긴이) 맥(Mac) OS용 글쓰기 프로그램이다.

2 (옮긴이) 맥(Mac) OS용 글쓰기 프로그램이다.

3 (옮긴이) 어도비(Adobe)에서 출시한 출판 레이아웃
소프트웨어를 말한다.

4 (옮긴이) 그래픽적으로 실제 사물의 모습과 거의
유사하게 구현한 디자인을 말한다. 리얼 메타포(Real
Metaphor) 디자인이라고도 한다.

찾아보기